What's happening
to our
boys

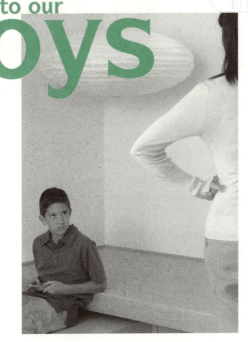

揭开青春叛逆的真相

我们的**男孩**
怎么了

〔澳〕玛吉·汉密尔顿　著

李孟洁　王海翔　译

北京出版集团公司

北京出版社

著作权合同登记号

图字：01-2013-0225

What's happening to our boys?

Text Copyright © Maggie Hamilton, 2010

First Published 2010

First published in Australia in the English language by Penguin Group (Australia)

Copyright © Chinese translation, Beijing Publishing House 2016

图书在版编目（CIP）数据

我们的男孩怎么了：揭开青春叛逆的真相／（澳）汉密尔顿著；李孟洁，王海翔译. —北京：北京出版社，2016.3

书名原文：What's happening to our boys?

ISBN 978-7-200-11409-6

Ⅰ.①我… Ⅱ.①汉… ②李… ③王… Ⅲ.①男性—家庭教育 Ⅳ.①G78

中国版本图书馆CIP数据核字（2015）第130071号

我们的男孩怎么了
揭开青春叛逆的真相
WOMEN DE NANHAI ZENME LE

［澳］玛吉·汉密尔顿　著

李孟洁　王海翔　译

*

北 京 出 版 集 团 公 司
北 京 出 版 社　　出版

（北京北三环中路6号）

邮政编码：100120

网　　址：www.bph.com.cn

北 京 出 版 集 团 公 司 总 发 行
新 华 书 店 经 销
北京画中画印刷有限公司印刷

*

787毫米×1092毫米　16开本　18.75印张　170千字
2016年3月第1版　2016年3月第1次印刷

ISBN 978-7-200-11409-6

定　价：38.00 元

质量监督电话：010-58572393

　　21世纪的生活既让人兴奋也不乏挑战，教育男孩也一样，因为他们正处于一个日新月异的世界，每天都面临着许多新的变化。孩子们的所见所闻要比成人更多。他们能清楚地意识到代沟的存在，知道自己在五六年前的所作所为与更年轻的孩子相比已经过时。现在，许多青少年非常关注比他们年轻的男孩，尤其是他们的价值观、压力和冒险精神。

　　当今时代，年龄代沟似乎比以往任何时代都更大。男孩明白这一点，也十分苦恼。所以，他们求助于同龄人，或者从媒体和网络上寻求答案。即使通过这些途径得到的信息并不准确，或者容易产生误导，但它们无疑容易理解又十分便捷。再加上跟父母接触的机会越来越少，男孩们就更不太可能向成人寻求建议。

　　这一代青少年不喜欢等着别人给他们灌输信息。如今的他们不用再依赖父母或老师来了解生活，因为大众文化已经在许多方面成为了他们的新导师。在那里，男孩接受教育，享受娱乐，寻求慰藉，建立社会关系。

　　一个男孩，无论他是住在悉尼、安大略省、迪拜、奥克兰、伦敦或是新加坡，都能获得同样的信息，尤其是年轻消费者和名人价值方面的信息。

　　同样，如果男孩们能直接接触到这个世界的信息，就意味着商人可以直接影响到男孩们。因此，对于那些一味追求市场份额的公司来说，男孩必然是它们关注的重点。"置入式营销""广告游戏""客户关系营销""关注群体""感官营销""符号营销""整合营销""产品植入""神经营销"等只是用于吸引男孩的部分手段而已。越来越多的男孩成为众多产品生产商的目标客户，其中包括娱乐产业、时装和化妆品生产商。如果我们再不行动，商业活动对男孩们的影响会越来越严重。

当商业市场以压倒性的规模扑向孩子的时候，恰恰是青少年不断出现思想心理问题之时。童年时光缩减、家庭和社会的支持减少，以及过于关注消费品是造成新型心理问题的根源。由此造成的结果是男孩们以自己的准则来评价自己和他人，即外貌、受欢迎程度和所有物，而这些都会给商人带来赢利。仅就美国现在的儿童而言，一年的花费就预计达到400亿美元，这还不包括间接让家长花费的7000亿美元，这些已经相当于世界最贫穷的115个国家的GDP总值。我们是怎样走到这一步的呢？

不仅仅是因为沉迷于自己钟爱的物品，还因为越来越弱化的价值观和不断盛行的营销手段的影响，孩子们对自我私利越来越放纵。然而，不断追求物质并不能满足男孩。正如媒体评论家罗伯特·麦克切斯尼所说："不断地追求物质只会促成这样一个世界——在这个世界里，你认为一切都无关紧要，除非不断地追求物质才能够满足你的功利需求。诚实有什么用？为什么要正直？关心他人对自己有什么好处？"每天有成千上万个精心编造的谎言向我们的孩子狂轰滥炸，怂恿他们相信金钱可以买到诸如快乐、友谊和安全之类的必需品。在这种情况下，越来越多的男孩在广告商精心装饰的花花世界里迷失了自己。如果他们将全部的焦点都放在下一个乃至下下个该买什么的问题上，我们将如何为他们的成年生活做准备？

在《男人不愿说的话》（主要调查男人和男孩的生活）出版后不久，我认为男孩在许多重要领域变得更加不堪一击。受文化中不断蔓延的消费主义的影响，他们越来越关注自身形象和外在表现。当听到10岁甚至更小的男孩只关注他们的发型和衣饰，并且将外表和别人的看法，以及是否有女朋友视为失败或成功的标准时，我们感到十分沮丧和难过。有的时候，男孩之所以不愿脱掉T恤或短裤，是因为他们对自己的身材丧失自信。可是，谁规定一周穿同一件T恤两次，或者穿K市场（美国一家大众化廉价超级市场）的裤子就是"社交自杀"？

如今，男孩们在出生几个月后就已经被商人盯上，生活里充斥着名牌的无用之物和相关DVD视频。他们通过电视或者电脑屏幕来了解世界，而不是在户外呼吸新鲜空气、自由地玩耍，也无法对周围世界保持好奇心。这些改变以男孩的精神、身体和情感发展为代价。他们需要直接接触这个世界，这样才能形成自己的思维。然而，当基本的生活体验被限制之后，男孩很难再重视自己的个体价值，也无法拥有丰富的内心世界、活跃的想象力和真实的自我感知。

英国神经学专家苏姗·格林菲尔德提醒，当今社会的生活方式，尤其是人们对电脑的依赖可能会让男孩"长不大"——他们的生活中离不开时时的安慰和即时的满足，还臆想世界围绕他们转动。而这种滞后的不成熟，恰恰就发生在他们接触信息世界（包括能想象到的最有危害性的物质）之时。

这种不成熟使得男孩在面对数百万美元商业活动时毫无抵抗力，这些商业活动以男孩为目标，还会指导他们的穿着和行为举止。此外，苏姗·格林菲尔德还提出，由同样的商业元素笼罩的童年经历，且思维方式和价值观都相同的一代人，他们未来的成年生活将十分糟糕，令人难以想象。

不得不提的是，父母的地位不断被市场力量侵蚀，这使得许多父母无法定位自己的角色，男孩们也越来越无法抵抗过于强大的商业影响，男孩对商业唯一的价值就是为商人贡献利润。这种倾向开始得到越来越多的儿童青少年健康专家的关注。正如媒体评论家马克·克里斯宾·米勒所说："现在，广告宣传的世界观就是，父母是怪物，老师是书呆子和笨蛋，权威人物是笑话，没人能真正理解孩子的想法。当然，除了广告赞助公司之外。"

面对这种情景，更多的是挑战。男孩生性活泼好动，有时，这种好动本身也具有一定的挑战性。而当生活完全被商业活动操控时，他们除了在电脑游戏中寻求刺激和冒险之外，别无他法。这些电子游戏常常充满暴力。而且，男孩们很快就会发现游戏中的虚拟世界比现实世界更吸引人，毕竟他们的生活范围很小。校内校外暴力事件不断增加，男孩们拉帮结派，打架斗殴。他们将武器带到学校，出入地下斗殴场，而且针对父母和老师们的暴力事件也日益增加。因此，在这种情况下，当暴力成为娱乐时，我们根本无法预测将会发生什么。

如果我们已经习惯了这个对男孩受到伤害习以为常的社会，就说明我们应该静下来反思一下自己的行为举止。我们需要正视男孩易受暴力、任意攻击、恋爱、强奸事件影响的事实，这点十分重要。男孩们需要知道怎样去处理这些情况。

不过，奇怪的是，家长既然那么害怕陌生人给孩子带来不良影响，为什么有时候却不限制孩子上网。在网上，他们可能会欺负别人，赌博，谎用身份，观看在线色情视频，以及发生其他一些可以想象到的糟糕的暴力事件。一些在线社区网站的成员现已达几百万人，就人数上看，这的确是网络世界中的大团体。目前，网络社区的数量已达几百万个，而里面的世界也是纷繁复杂。我们平时从来不敢允许一个小男孩在异国他乡独自启程旅行。一些父母却认为给予孩子上网的无限自由没有什么大碍。在网络世界，一个男孩可以接触到他能够想象到的所有信息。

随着新技术发展，虚拟世界对男孩来说极具诱惑力。网络上每天发出和接收的文字比地球上的总人口还要多。谷歌每个月的搜索量就达310亿。而现实活动和人际交往却退居二线。如果男孩在新技术上迷失自己，那么他们丢失的将不仅是锻炼身体和与他人面对面交流的机会。受此影响，他们还会出现失眠、健康和情感等方面的问题。

很多时候，我们无法预料男孩何时会遇到危险。我们只是想当然地认为，女孩面对性侵犯时是无辜脆弱的，却总是忽略了这些正在成长的男孩在处理新出现的生理特征时，会遇到什么样的问题。我们也忽视了这样的问题，即当男孩们整天被一群开放的、性感的女孩包围时，又会变成什么样子。这个话题虽然不是在本书中我们要讨论的，但是我遇到的许多家长都有这样的担忧。

流行文化总是鼓励女孩展现出女性魅力，可是这种展现的方式常常令她们处于危险之中。尽管如此，为了吸引他人的注意，女孩还是会这么做。男孩也同样如此，因为他们也希望被别人关注，成为焦点。或者，正如一个男孩所描述的那样："一切都是恶性循环，谁都不会赢。"而对于我们来说，我们最起码要知道这种性别上的自我表现会让孩子遭遇非常复杂的情况。

当男孩接触色情刊物越来越多时，我们又该如何处理？由于一些大型企业和强有力的营销集团联合起来为色情刊物的发行提供便利和支持，处理这一问题成了我们面临的最大挑战之一。有研究表明，经常观看色情刊物会封闭男孩的情感，甚至会将他引入性虐待的歧途。如果没有深入的了解，你看到的只是观看色情刊物的男孩的数量。但是，家长还需知道，男孩不一定非得在家里下载色情刊物，手机和朋友家也可以实现这一目的，这种做法不仅限于高中生，越来越多的小学生也开始接触色情刊物，他们总是一起观看。在男孩看来，色情刊物提供了一种新的，但不被他人接受的社交方式。

也许，现在的孩子比以往的孩子更能藏住秘密。而这种新发展也带来了新的挑战，网络和现实生活中的"坏人"已经不再局限于成人。借助于新技术，进入成人世界的通道增加，男孩开始向其他孩子传输性内容。再加上少年们拥有自己的秘密语言，他们能借此来隐藏自己的身份，进而享受这种隐蔽的友谊，使得父母日渐远离孩子的世界。这就是父母一定要知晓男孩青春期秘密的原因。父母们还得知道，男孩在难过或孤独的时候会在何处"疗伤"，以及男孩在经历孤立感后可能带来的后果。

有时候，男孩会对我们失望，因为我们无法理解他们在成长道路上需要什么。要想成为男孩情感生活的依靠，帮助他们早日成为自信的交际家和读者，教给他们珍贵的生活技能，我们还需要努力。同样，在给他们讲述关于男人和男孩的故事时，我们一定要加倍注意。在很多情况下，男孩总是被视为麻烦和累赘。我们往往更关注少数危险的、虐待他人的男性，却忽略了无数优秀的男性一直以来所做的巨大贡献。这容易使得男孩们为身为男孩而愧疚。

虽然本书选取的某些材料令人震惊，但这对于了解男孩子每天所面临的有害环境十分重要。更重要的是，在问题面前我们不能退缩，而是要记在心里，然后付诸行动。并非所有男孩都会做出本书所描写的危险行为，可是当他们在这种"炫耀文化"中长大，当不良行为被当作时髦，当大多数男孩高度认同时，他们很快就会将这些行为正常化，进而进行效仿。

在我试着以21世纪男孩的独特视角展现他们生活的过程时，我将关注点放在男孩从出生到青春期结束这段时间里。我还采访了老师、儿童心理学家、执法人员、医疗人员以及儿童和青少年健康专家，以获得相应的建议和意见。此外，我还通过了解消费者文化的最新动态，获悉广告和市场的动向。由于该领域如此之新，我在充分利用当地资源的基础上，更多地搜集了国际研究的成果。尽管每个国家的数据不尽相同，但男孩们接触到的技术和流行文化却十分相似。而且，国家间的数据差异比10年前更小。

在许多方面，我们的男孩正在面临挑战。不过，这些挑战从另一个方面而言也是绝佳的成长机会——帮助他们认识力量，并学会怎样以恰当的方式与家人和社会交流。一旦我们了解他们将面临的情况，就可以帮助他们提高适应能力，帮助他们做出必要的改变，通过一些富有吸引力而且卓有成效的方式给予他们支持。

"百万美元" 婴儿

  现在的男孩生活在一个令人振奋的时代。与前辈相比，男孩一天之内可获得的信息量甚至超过前辈一生获得的信息量。男孩的消费能力更强，工作机遇更多，医疗卫生和教育条件更好，旅行机会更充足，还能够在世界不同的地方工作。在男孩的一生中，大多数人会从事几份不同的工作，尽管他们梦想中的许多超现实工作仍缺乏技术支持，还尚未出现。

  当然，伴随着这些优越条件随之而来的则是全新的挑战。近几年来，男孩们可以随意地使用网络，以及自带摄影和录像功能的手机。然而，这些先进的技术和设备却极大地改变了他们的童年和少年生活。你13岁的儿子在他6岁时所做的事情与你6岁的儿子现在所做的事情完全不同。因此，在日新月异的今天，只有亲近并了解男孩的所思所想，我们才能给他们提供支持。

  于是就有了以下问题：如今的男孩们到底怎么了？为什么他们想要的如此之多？为什么手机对他们来说必不可少？为什么他们这么注重表现、身材以及同龄人的看法？为什么他们对酗酒、未成年性行为、在线赌博和色情书刊这么热衷？为什么他们如此沉迷于电子游戏？如果想将他们拉回到正确的轨道，我们就得清楚他们的弱点，也要知道如何帮助他们健康成长。因此，在查看一个男孩的成长历程之后，答案就会显而易见了。

一般来说，一个人的消费行为习惯在他出生16周时就开始形成了。

——詹姆斯·马克尼尔，国际市场营销专家

☆ 谁的孩子

小男婴的降生会使父母倍感喜悦，觉得为男孩准备玩具、衣服以及一切婴幼儿用品的过程也是一种享受。父母为孩子的购物选择将在多方面影响男孩，其影响力之大甚至会超过预期想象，毕竟婴儿对于我们正面临的社会变化毫无抵抗力。

广告商都知道，小孩子能够记住某个商品的商标。因此，如何利用这一特点就成了关键。营销专家詹姆斯·马克尼尔曾指出，婴儿坐直身体的时候，总是喜欢盯着自己滴下的口水看。詹姆斯认为，如果广告商将商标设计得有趣，印在婴儿的衣服、围嘴或者尿布上，几周之后婴儿就能记住这个商标了。当孩子两岁的时候，他们就能从食品包装袋和其他产品中认出这些商标。詹姆斯的"口水原理"现已被全世界的商人运用到产品包装上，而且已经对数百万小孩子产生了影响。不过，大多数父母并未发现这一点。

可悲的是，名牌玩具和卡通人物形象正在取代这个丰富多彩的世界，无论是游戏、探险，还是其他活动。

这种对婴儿的商业冲击是以广告艺术体现的，因为意义深远的依恋感对婴儿来说十分重要，而这种依恋会让他们在这个新世界感到安全和可靠。可悲的是，名牌玩具和卡通形象正在取代这个丰富多彩的世界，代替游戏和探险活动，让婴儿觉得有了依靠。不过，在广告商眼中，婴儿只是未来的潜在顾客而已。越早让他们对一个商品产生依赖，孩子的品牌忠实度就越高，也就越有利可图。据詹姆斯·马克尼尔计算，一个有着固定品牌选择的孩子，他的一生将会给商家带去10万美元的利润。

无论选择哪个品牌，你都已经将孩子一部分的爱转移给了一个大企业。

—— 丹尼尔·安德森教授，心理学家和儿童媒体学家

☆ 感官营销

"摇篮—坟墓"营销模式虽是最近才提出的，但这种营销模式已经有了新的发展。心理学和神经系统科学的专家们都认为，营销手段正向感官品牌效应迈进，靠味道、声音、色彩和嗅觉来捕获并强化品牌意识。例如，发现母乳中含有香草的味道之后，我们会发现育婴产品就会向人们灌输一种观点，即产品中也有香草的味道。将产品和味道联系在一起非常聪明，国际市场营销专家马丁·林斯特龙指出，嗅觉是人类最原始的感官意识，而嗅觉效果常由潜意识产生。

"感官营销"并不是全新的营销理念，比如说，商品生产商早已认识到色彩的魔力。小孩喜欢原色，这就是他们为什么将玩具和卧室家具等一切物品都制成原色的原因。广告商十分善于用颜色来唤醒我们的品牌意识，比较典型的是一些产品的销售，如可口可乐，有时候我们只需要看到这个商标的颜色就会产生购买欲。这些对于商家来说十分有用，他们可以借此从孩子身上大发其财。

婴儿和刚学步的小孩无法筛选他们面前的商品品牌。他们只是受到这些物品的吸引。早在孩子们还没有意识到自己与周围环境互相独立时，就已经成为商家的营销对象。对孩子而言，玩具"巴布工程师"与自己的大脚趾没有区别。这对于商人十分有利，因为孩子会自愿地将品牌玩具和衣服纳入自己的世界。

如果你越早地抓住孩子的目光，你就拥有了他以后几年的追随。

——麦克·塞尔，Kids-R-Us
（玩具反斗城，美国的玩具和婴幼儿产品零售商）前任董事长

☆ 那么，这些都是为了什么

不仅仅婴儿无法抵抗营销手段，父母在给孩子准备物品时也会受到很大影响，广告商深知这点。除此之外，如今的父母工作繁忙，无法给孩子更多的关怀。于是，商家借此大做文章。他们告诉家长，给孩子购买名牌婴幼儿产品就是关爱孩子。尽管这些产品本身有趣又可爱，但它们并不能为孩子提供成长所需的内心动力。

广告商也经常破坏家长的自信，让他们觉得不给孩子买礼品就是失职。如今，我们在每个0~3岁孩子身上花费的用于购买玩具和相关产品的费用已经达到每年1000美元。而每年用在婴儿产品上的花费已经超过10亿美元。了解这点后，当我们看到婴儿商店和网上婴儿用品商店的数量不断增长时也就无须惊讶。然而问题在于，家长在打扮婴儿上面花的时间和金钱越多，就越会增加孩子对外表的关注度。这些关注会日渐对孩子的成长造成影响。

依恋上一件物品会让孩子觉得有安全感——一个枕头、一条毯子、一家商店、一个品牌——都会增加他们的快乐感。

——詹姆斯·马克尼尔，国际市场营销专家

在网上购物，你可以为小男孩买到任何东西，从顶级朋克风到嘻哈风，从都市风到传统风的婴儿服饰应有尽有。选择众多并且使人眼花缭乱，同时代表了时下流行趋势。醒目的标题和有趣的设计相当地吸引人。为了尽快赶上"摇篮—坟墓"的商业流，从拉夫·劳伦到Quiksilver（澳大利亚时尚运动服饰品牌）等畅销品牌都开拓了婴儿服饰系列。此外，一些头号儿童娱乐公司现在也加入了这个行列中，如迪士尼（现在推出了自己的迪士尼少女配饰系列）。

这种绝佳的氛围迫使品牌商制造出各种能想象到的品牌婴儿用品。全球顶级品牌 Bugaboo 更是推动这股生产风，曾经独家推出了15款全黑马克·雅克布 Bugaboo 婴儿推车，印有曾在纽约、巴黎、迪拜、伦敦和阿姆斯特丹风靡一时的小马克标志。儿童健康专家们担心这种针对儿童的激烈的市场营销手段会对孩子产生负面影响，正如广告语中所说的"孩子变得成熟"。然而，尽管孩子看起来成熟了，但他们仍然只是小孩子。不过，由于儿童牛仔、运动鞋和连帽衫等的流行，父母也许会忍不住将男孩当作自己的缩影。

☆ 时尚至上

男孩的裤子上印有"想要摇滚""很酷的文身""黑色的吻"的字样，或者鞋子上有灰色头骨或手榴弹图案，这些真的重要吗？当我们急着装扮自己的男孩时，我们可能会忽视他们并非是我们成人的缩影。他们的成长需要经过多年的培养和引导，可是当我们急匆匆地以某种方式包装他们的时候，却忽略了他们的品格和素质教育。这个问题很重要。在消极情绪不断攀升及有心理问题的男孩数量不断增加的现实面前，我们要将教育置于首要位置。我们要更进一步并持续不断地关心男孩的心理成长。教育开始得越早，结果就会越好。

若我们不能发现这一点，在面对男孩的问题时，我们就会束手无策。最近，生产婴幼儿棉衣的 Cotton On Kids 开发了紧身T恤系列，配有像"我是个小男人"和"妈妈最爱它"的语句。尽管受到争议，这个系列的衣服仍在出售。Cotton On Kids 在起初推出这个系列的时候，又是

怎么考虑的呢？

☆ 学步小孩市场营销

市场营销者们非常聪明。他们知道，当孩子在看到火车头托马斯和其他牌子露出高兴的表情时，家长会十分乐意买下那些运动产品、袜子和T恤衫。商家最喜闻乐见的是，我们买下可以重复播放的DVD，然后将孩子对于这个商标的品牌意识上升到一个生产商都不敢期望的高度。但是他们却没有意识到，孩子还这么小，甚至都不能将最简单的DVD形象和商标联系起来。除非有人能够为他解释他所看到的东西，否则他很可能只会记得商标的特征。

如果你是儿童产品的零售商或者营销者，而且你关注的焦点是儿童产品的营销，那么下一个正确方向将会是年轻化，而不是成熟化。

——马歇尔·科恩，NPD媒体集团首席市场分析师

☆ 聪明的孩子

如果渴望给你的孩子一个好的启蒙教育，你可以买一些教育性的DVD，如《芝麻街的孩子》《聪明宝宝》《小小爱因斯坦》来帮助你的孩子学习知识。然而，即使你舍得花钱购买这些销售额超过几十亿的DVD，它们是否真的具有教育价值还有待进一步证实。因为有研究表明，当父母亲自给孩子演示该做什么时，孩子的学习速度比仅仅观看屏幕演示要快上两倍。

我认为，任何录好的视频、CD、电脑程序或者音乐磁带，即使是有科学背景，都不可能会真正帮助孩子们。

——杰伊·吉德，神经系统科学家

简单说来，看电视对幼儿并不好。近10年来，专家呼吁父母在孩子2岁前不要让他们看电视，因为电视会影响孩子的早期大脑发育。此外，另一种看法是，在看电视的时候孩子的大脑处于一种低摄取的状态（尽管该结论还需要更多的研究证明）。还有些研究认为，男孩每看电视1小时都会增加他们出现注意力问题的风险。尽管没有最终确定，但这些研究发现不可忽视，尤其是男孩比女孩更容易出现注意力障碍的问题。法国政府曾颁布法令，禁止3岁以下的小孩子观看电视节目，同时有线频道还要标出电视对孩子健康有影响的警示语。

男婴不断接收周围世界的信息、感觉和观感印象，在商品制造商构建的虚拟世界中长大。男孩已经错过了重要的童年生活经历，并且还会认为他们的生活因为最新款的跑鞋、微软游戏机或者iPod而变得优秀。我们会发现，小男孩需要探索这个真实的世界，这样他们的大脑才会发育，他们才会茁壮成长。品牌玩具和游戏的数量再多也无法为我们快乐、健康的小男孩提供必要的成长要素。

为了你的孩子有个好的开始，你需要知道：

◆ 减少他的名牌玩具和衣服。

◆ 看电视和DVD，对2岁以下的孩子无益。

◆ 名牌产品永远无法代替关怀、爱以及负责任的父母。

◆ 不要忘记孩子只有亲自探索世界时才能学得更好。

◆ 触觉、味觉、视觉、听觉和嗅觉的体验会帮助孩子的大脑发育。

男孩们成长的必备因素

　　在现实生活中，不仅仅是前文中提到的越来越多的商业性营销使得男孩的心理防线不堪一击，家长们自以为是的观念也会伤害男孩子。我们认为男孩比女孩更坚强，然而事实却并非如此。男婴的流产和死胎发生率，以及出生第1年的死亡率都高于女婴。此外，有助于男孩身体健壮的睾酮同时会影响其免疫力，容易导致他们在幼年时期出现一些健康问题，如患肝炎、白血病以及呼吸道和胃肠疾病。相对于女孩，男孩更有可能出现说话和学习困难，遭受心理问题的困扰，患注意力不集中症、阿斯伯格综合征（即自闭症）等精神问题。

☆ 让小男孩强壮起来

　　既然清楚了小男孩的脆弱之处，我们就应该明白培育小男孩的重要性。从他们出生起，家长要经常抱抱他们，给他们唱歌，对他们说话，并低声哄慰，让他们获得安全感。这些十分必要。然而通常情况下，我们为了培养男孩独立的性格，从一开始就很少抱他们，任他们长时间独自无助地哭泣。其实，男婴哭泣、不安甚至害怕都很正常。在他们真正强壮之前，他们需要安全感，需要确定他们的情绪会得到回应，并且需要学会处理自己的情感，以防止伤害自己和他人。

无论在何种情况下，孩子最想抓住令他们心安的事物。

——格拉尔德·许特尔，国际大脑早期发育领域的专家

☆ 小男孩也会害怕

从刚出生的几个月起，小男孩就开始观察别人对他的反应，并做出相应的回应。如果他基本的情感需求总是得不到满足，他就会开始封闭自己的情感。他会认为，在处理生活中大大小小的情况时，只能靠自己。这种情况下就会发生心理学家丹·金德伦所说的对男孩的"情感教育失误"。当我们在《男人不愿说的话》一书中更深入地讨论这一重要话题时，我们需要回到男人的童年。从根本上说，那些不被允许表达情感并且过于压抑情感的男孩会变得精神紊乱。而且，不管是否被允许释放情感，男孩始终有着丰富的感情。可令人难过的是，许多小男孩在感到害怕或者哭泣时，往往会受到责骂，甚至还会挨打。有时候他们会说他们并没有害怕，但事实上他们的内心十分恐惧。当这种情况发生时，小男孩除了将情感深埋，别无他法。

在他们真正变得强大之前，他们需要安全感，需要确定他们的情感会得到回应，并且学会处理自己的情感，防止伤害自己和他人。

一个小男孩在6个月大的时候就开始学着处理自己的恐惧情绪。国际大脑早期发育专家格拉尔德·许特尔教授提醒道，认真对待小男孩的恐惧情绪十分重要。因为如果处理得当，他会有安全感并提高自信。在男孩成长的过程中，他会观察父母在面对可怕情形时的反应。他会观察别人的做法，建立珍贵的经验宝库，然后在某一天他就能够凭借这些经验来处理自己所面对的情况。

也就是说，妈妈或者爸爸要清楚孩子的感受，并且帮助他克服不安

和恐惧。那么渐渐地，孩子就能顺利地对待自己的情感。父母可以借助他人在面对困难时的感受以及最佳的处理方式，鼓励孩子的心理成长。以这种方式培养男孩，才能使他们获得内心的力量。同时，他们也能够对自己的情感负责，并且了解别人的感受。

☆ 学会说话

语言，是男孩需要获得他人支持的另一个方面，因为言语技巧对男孩来说，并非像女孩那样简单。刚出生几周的婴儿能够分辨细微的声音变化。4个月大的时候，他们就知道自己的名字，不久之后还能说出几个单词。当他们听到"咕咕"或者"咯咯"的声音时，他们开始将这些声音与自己正在发出的声音联系起来。不久之后，他们就能够模仿别人发出的声音，最终能模仿整个单词。

男孩学习说话需要更长的时间，所以，定期与他们对话和阅读十分有助于他们的学习。同样重要的是，要尽可能地关闭电视，并将噪声降到最低，因为孩子在嘈杂的情况下很难发出声音。同样地，我们也知道在大多数情况下，家里放着音乐或者电视不利于小男孩大脑中语言控制区域的发展。那些从小就看电视的孩子很可能要花费更长的时间才能学会说话，因为电视会导致家庭交流变少，同时减少他组织语言和练习新词汇的机会。其实很多有趣的方式可以鼓励小男孩说话，比如：唱童谣、和孩子一起与玩具公仔说话等等，都会让语言变得有趣，睡前阅读也是如此。所以，在他成长的过程中，你可以教他唱儿歌，而且在唱的过程中，你们可以一起玩耍。

父亲可以成为男孩的榜样，鼓励男孩阅读。

与说话相伴而来的是阅读和讲故事。编或者讲简单的故事可以帮助男孩更加容易地掌握词汇。如果是个好故事，你可以重复地讲，因为小孩子喜欢重复听相同的故事。在男孩的成长道路上，这些简单的小故事可以是虚构的故事、家族和地方的历史、科幻故事以及其他能够发挥想象并且有趣的事物。在这件事上，父亲扮演的角色十分重要。借着给男孩读故事的机会，你可以告诉他，阅读也是男孩可以做的事。在选择书的时候，要允许男孩选择自己感兴趣的书籍。大多数男孩喜欢幽默、探险、奇遇和古怪离奇的故事。不过，如果他们刚开始只对一两个话题感兴趣，也不用担心，兴趣会让他们一直阅读下去。

☆ 大脑的发育

在小男孩大脑发育的过程中，不可缺少触觉、味觉、嗅觉、视觉和听觉上的体验。依靠这些经历，他开始建立自己对周围世界的感官认知。一段时间之后，他会意识到，妈妈和爸爸是不同的，家里养的猫和妹妹也是不同的，等等。

> 我们的手会为孩子与这个世界建立起第一层关系。当我们用温柔、耐心、平和的双手呵护他们时，他们的世界将会变得多么与众不同。
>
> ——埃米·皮克勒博士，布达佩斯皮克勒研究所

☆ 触摸的重要性

触摸尤其会让小婴儿觉得安心，正如他们被抱着轻轻地摇晃或者被抚摸时一样。不同材质和不同声音的玩具会给孩子的大脑提供许多新鲜的感觉和体验。歌唱游戏会帮助孩子认识自己的手、肚子和脚。把玩具放在他周围的各个方向发出"吱吱"的叫声，会帮助他理解声音和空间

的概念。只要是有价值的事物，无论何时都要指给孩子看，这样他才会慢慢开始理解正在接收的信息。越多地让小男孩参与进来，他的好奇心和反馈就越大，之后他会更多地理解他周围的环境而不是被环境压倒。

☆ 父亲的作用

出生在21世纪的男孩的好处之一在于，与前几代的父亲相比，他们的父亲能够更多地参与到他们的生活中来。父亲在男孩生活中起着举足轻重的作用，因为他们会以一种自然的、非正式的，且通常是喧闹的方式和孩子玩耍来帮助孩子的成长。尽管这种方式常会使母亲惊恐，不过父亲与男孩们的这种互动方式却会让孩子觉得外面的世界精彩异常，在等着他们去探索。我们应该理解，与孩子互动所产生的价值是无法估量的。一旦父母明白自己对小男孩成长过程中所起到的作用，那么即使不给孩子买名牌产品也没什么大不了。

以下行动将帮助小男孩成长：

◆ 清楚男孩需要什么，给予他们和女孩一样多的关心。

◆ 尽可能地关闭电视。

◆ 知晓你自己的观点和购物习惯。

◆ 选择可以开发想象力的玩具。

◆ 将玩具分为三类，当你的儿子厌倦了正在玩的玩具时，给他第二类玩具，以此类推。

◆ 花时间陪孩子玩耍、说话和阅读。

不断消逝的童年

当小男孩开始成长的时候，一个充满挑战的世界就会向他招手。当父母挣扎在名牌玩具、衣服和游戏的海洋中时，他们离现实世界越来越远。不像前几代人只有少量的玩具，如今的男孩越来越痴迷于成堆的名牌"垃圾"。而对这些物品的痴迷在他们早期接触到如"巴布工程师"之类的名牌形象之时就开始了。各种各样能想象到的名牌产品层出不穷，从书本、玩具、DVD、袜子、T恤到寝具、窗帘、墙纸、夜间照明灯、电话和文具。

☆ 淹没在名牌"垃圾"中

巨大的销量使这些品牌有着充足的资金确保赢利。十几年前，国际市场营销专家詹姆斯·马克尼尔曾计算过，约有10亿美元被投入到针对儿童受众的广告上，20亿美元在公众关系上，30亿美元在包装上，超过40亿美元在样品、促销和与之类似的活动上。随着现在的广告和宣传机构将重心更多地放在针对儿童顾客的营销策略上，我们很难估计现在的数字是多少了。很显然，轰炸性的市场营销不会让父母的工作更轻松。

观看DVD，玩名牌玩具会减少孩子和家人在一起的时间，也会减少孩子在户外享受新鲜空气、阳光、社交活动的机会，甚至还会减少孩子直接与世界接触的机会。心理学家艾伦·肯纳谈到孩子受到的"创伤"

时指出，现在的孩子很小的时候就会总感到虚弱，除非能得到自己想要的所有东西。在让男孩对《摇摆小精灵》《少年骇客》《蜘蛛侠》《哈利·波特》《加勒比海盗》等感兴趣的同时，我们也剥夺了他们的天性和想象力。经过包装的、依赖于屏幕的被动接受的娱乐活动代替了宝贵的探险和探索过程。这使幼儿园和学前班的老师很难教育我们的孩子。

"男孩很在意他拥有了什么，"学前班老师杰恩解释道，"他们有许多名牌玩具，而且把玩具带到学前班来。这周有个小男孩甚至带了一部手机。"接着，杰恩还解释了为何孩子的肢体运动能力（包括走路、站立、坐姿和旋转）很差，因为他们平时缺乏足够的肢体活动。她告诉我说："在学前班，孩子宁可坐在电脑前，也不愿去外面玩耍。"她觉得让男孩参与其他活动变得越来越难了。

孩子一般都善于开发自己的游戏。现在，我不得不更加努力地为他们提供如《少年骇客》之类的超级英雄的角色。

——迪伊，幼儿教师

☆ 市场营销的影响

学前班的老师们清楚地知晓男孩所承受的压力。"现在非常明显，"一个老师告诉我，"当我们要男孩表演的时候，他们总想借助自己最新购买的玩具——巴布工程师的卡车或者其他东西。然而，表演秀的重点在于讲述一些发生过的趣事，一些他们在大自然中发现的东西，或者是他们自己制作的手工艺品。"想要抵制市场营销的影响虽非易事，却十分必要，因为这种影响对孩子的危害十分长远。正如这名老师指出的，当孩子们将购买的物品带进学前班的时候，他们的生活中已经开始了不健康的竞争。有时候我们很难估量男孩们受市场营销影响到了何种程度，直到看见一些研究调查的结果。一项研究显示，3岁的男孩中有70%能够辨别麦当劳的金色拱门标志，而其中只有一半的男孩知道自己的姓氏。

我的小弟弟疯狂地迷恋《加勒比海盗》，这是他的全部兴趣所在。

——TJ，10岁

然而，不仅仅名牌玩具让学前班的老师们觉得烦恼，包装袋、T恤、午餐盒和饮料瓶上随处可见的商标图案也同样让老师们不胜其烦。正如一名老师所说，如今的孩子就是一个个移动广告。从3岁起，男孩就热衷于收集物品。前几代人热衷于到处搜寻羽毛、昆虫、贝壳等一切奇怪却又有趣的东西。这种活动激发了他们对自然界的好奇心，并帮助他们提高注意力。不过如今，这种搜寻活动似乎变了调。粗心的父母只是一味地给予孩子一切想要的东西。早期童年研究专家露丝·哈蒙德建议，无论何时小男孩认出了一个品牌，父母只要简单地告诉孩子那是个有趣的标志就行了。这将帮助父母打消孩子一看到这一标志就想购买这个品牌的商品的想法。

☆ 潮流装扮

学前班和稍大一些的小男孩表现出来的另一个明显的趋势，就是对于穿着和外表的焦虑。小男孩头上打着发胶、身着名牌衣服来到学前班。一些孩子甚至把头发染上颜色或条纹。父母并不会意识到，他们对形象的关注越多，孩子对自己和他人的外表形象的关注也就越多。

当你认为孩子的装扮很酷很靓的时候，你根本无法认识到生产商已经把营销对象指向了那些甚至还不会阅读或者写字的孩子。如果父母不帮助孩子屏蔽这些促销手段的影响，孩子们本该拥有的纯真童年和纯自

然的游戏将被追求物质和外表造成的焦虑所淹没。

> 孩子们以前从未拥有像现在这样的购买力。
>
> ——丹·S. 阿库夫，《孩子们买什么，为什么》的作者

☆ 想象力下降

学前班和幼儿园的教师们同样担心现在的男孩缺乏想象力。相比以前，现在的男孩不再是想到什么就玩什么，而是重复回忆他们看过的一遍又一遍的DVD故事情节，或者模仿幼儿动画中的战争人物动作。但是，让男孩充满想象力是非常必要的。有了想象力，男孩才会知道自己还可以有其他选择。有了想象力，才能帮助他应对难以相处的人和困难，以及认识自己和世界。保持男孩的想象力越来越难，因为2~12岁的孩子，每年仅在电视上看到的广告就已经达到25000条，但是尽管事实如此，我们绝不能放弃努力。

> 如今，孩子们的游戏相当不同寻常——它们更具侵略性。他们模仿电视和电子游戏中的人物和情节，假想自己是个超级英雄。
>
> ——迪伊，幼儿教师

幼儿教师杰恩表示，如果男孩子能凭借他们的想象力做一件事情，简直是非常罕见的。"在最近的一次展示与讲述活动中，我们有一名小男孩带来了一个蘑菇人，完全是由蘑菇做成的。他有本专门制作蔬菜人的书。你也许从未见过这种东西。他的作品与买来的完全相同。"现在，每当杰恩上课的时候，她总要花大力气让孩子去创造东西。"如果你做拼贴画，或者用纸袋做个小人偶，你就一定要和孩子们一起做。他们必须得有东西模仿才能够自己制作。"让孩子们集中

注意力，与他们一起进行一个小项目，也不再那么容易了，因为他们很难集中注意力。

☆ 缺乏基本的社交能力

老师们总是不断地说，让男孩遵守秩序要花更多的时间。"10年间的变化很大，"一名老师这样对我说，"10年前，男孩会听你的话，可是现在的男孩不会了。他们根本不了解会有什么后果，因为他们在家就缺乏约束。"由于小男孩会模仿许多卡通动画里的暴力动作，所以情况变得更加麻烦。教师杰恩认为《少年骇客》对男孩的危害尤其大。她说："你告诉他们，'别那样做，那样会伤害别人'。但是他们还是我行我素。"她告诉我说，男孩们喜欢跆拳道和在电视上看到的充满武力的东西，她还提到了，让孩子一起合作、共同分享也很困难。"与人分享已经成了问题，他们不想和别人分享。如果他们正在玩玩具火车，那么他们大多不知道怎样和别人一起玩火车。这真的很悲哀。"

☆ 缺失好奇心

缺乏想象力的男孩会变得更为敏感，并且很少问问题。最近，我在巴厘岛的一家咖啡店休息时，看到一群穿着寺庙服装的小男孩进来了。他们敲着鼓，还拿着一张精致的油画，在桌子中间穿梭而过，引起满屋的尖叫和笑声。我旁边坐着一对父母，带着他们4岁的小男孩。小男孩一直低头玩着掌上游戏机，甚至都没有抬头看一眼。激起他好奇心的时刻就此消失了。我忍不住在想，除了虚拟的飞机旅行，他是否意识到他并不是在家里。

我4岁的小弟弟痴迷于看《巴布工程师》之类的动画片。妈妈试着

关闭电视，不让他看，弟弟就大哭起来了，因为他不知道还能做些别的什么。

——罗宾，9岁

☆ 语言和学问

21世纪，壁挂电视、DVD和名牌产品出现后造成的众多"损失"之一就是剥夺了给孩子讲故事的机会——不仅仅是为了娱乐，重要的是讲故事可以帮助男孩认识这个世界。越来越多的孩子在成长的过程中不再有家庭归属感，不再关注家庭成员的喜怒哀乐，也不会对家人讲述的家庭趣事做出反应。前几代男孩伴随着古代神话长大（比如希腊和罗马的神话故事），这些神话故事讲述的是牺牲、背叛、失去、来自陌生人的善意，以及辛苦拼搏后取得的胜利。而如今的男孩看的是最简单的故事书，这些故事书只能增加产品的销量，却无益于男孩了解生活的复杂多变。不过尽管如此，并不是所有的好奇心都已丢失。在幼儿教师迪伊看来，"男孩们的好奇心仍然是存在的，只是尚未被挖掘出来而已"。她发现消防员出现在幼儿园的时候，孩子们表现出了好奇心。"后来我们拿着胶管，戴着消防帽玩消防员灭火的游戏。"她继续解释道，"这样慢慢地激发了他们的想象力。"

☆ 打闹游戏

男孩十分爱动，因此他们需要估量自己的能力和动作的限度并确定自己的能力极限。在这方面，父亲是最好的老师。和男孩玩摔跤能够帮助他们了解自己的力量和用力的方式及力度。肢体动作是男孩与他人交流的方式之一。向父亲或者能够担任父亲角色的长者学习如何安全而灵活地运用肢体动作与他人交流是最理想的。同样，肢体活动也是男孩子释放多余精力的最佳方式。前运动员马克·格拉博斯基十分享受和儿子乔希一起打闹游戏的时光。他试图在乔希体验"惧怕与快乐并存"的时候为乔希提供一个安全的环境，这样乔希在未来的生活中就可以"在压力下保持冷静，在迎接挑战时不再害怕"。

父亲和儿子之间的打闹游戏很重要，教会孩子们什么是界限。在他们还没做出伤害他人的行动之前，要尽可能早地进行这项游戏，这样他们以后就不至于拿出刀伤害别人了。

——特里·多林，一位父亲，同时也是青年工作者

☆ 界限

对于父母来说，给男孩指明界限非常重要，这样他们就不会伤害自己和他人，同时获得安全感。因为担心会给男孩造成压力，我们往往不愿意涉及界限这一话题，但如果不给他们指明，他们反而会产生不安，孩子就不能确定别人希望他们怎样做。幼儿园的老师在男孩身上花的精力越来越大，因为他们不能集中精力，也无法享受到集体合作的快乐。"在幼儿园，我们会讨论为什么要制定规则，这些规则怎样保证孩子的安全，而且这些规则对每个人都是公平的。不过一些孩子无法遵守这些规则，我想这是因为从来没人对这些孩子说'不可以'。在某些情况下，孩子在家里无法无天。然而当他们被限制被管教之后，他们也会遵守。"一位老师解释道。理解一些限制，其实就是让孩子了解到生活里不仅仅只有自己，也要考虑到他人，要学会分享，要和别人共享衣服和玩具。

☆ 真实生活中游戏的重要性

玩耍是孩子的天性，也是学习的绝佳方法。一些研究表明，不玩耍可能会引发注意力不集中症。为了激发孩子的好奇心、毅力和想象力，父母可以把树枝或树叶漂浮在装满水的水桶或碗中，告诉孩子树枝和树叶也可以当作小船；鼓励孩子利用在家发现的东西来创造自己的游戏；与孩子一起随着音乐运动，以培养他的协调能力。

☆ 父母能做什么

开发男孩的想象力有成百上千种方法，而且大多数方法都不需要花钱。*Dads on Air* 节目的播音员伊恩·柏迪提醒听众："男孩通过'做'来学习，可以通过从树上掉下来后和到处探险玩耍中积累经验。"因此，父母们要鼓励男孩去探索他们最喜欢的东西。当孩子自己探险时，给他提供一个舒适安心的环境。当孩子还小的时候，这种探险活动在他发现家中有令他感兴趣的东西时就已开始，也许是盆、平底锅，也许是纸盒子。男孩还需要和地球建立起紧密的联系，而且最好是很小的时候就学会懂得关爱地球。比如回收垃圾，主动关注周围的环境。当你和孩子在花园或者公园玩耍时，要鼓励他们多多关注树木、鸟儿和季节的变化，让孩子去寻找有趣的树叶、石头和昆虫。多去一些可以收集石头、树叶和羽毛的地方，和孩子一起在秋天的落叶中漫步，去岩石上的小水塘探险，搜寻贝壳，在花园用旧床单搭一个临时帐篷，也可以让孩子建造城堡和秘密藏身处。总之，就是让孩子收集形形色色美妙的东西，来开发他们的想象力。你可以和孩子一起在黑夜里数天上闪烁的星星，还可以和孩子一起观察月亮的月相变化，一起吹散蒲公英的种子，定期去当地的图书馆。桑迪·法西奥老师建议家长和孩子外出时，准备一些游戏玩具——一个球、风筝、沙滩工具桶和小铁铲。

培养孩子的方式有：

◆ 孩子能看见东西的时候（超过两岁），尽量将看电视的时间
  减少到最小。

◆ 自己准备一套包括教育、野生动物和其他有趣事物的DVD光
  盘或者影片，以便观看。

◆ 避开商业卡通频道。

◆ 无论何时，只要有可能，给孩子制作礼物。

◆ 捐款捐物或者花时间来保护环境。

◆ 鼓励废物再利用。

◆ 将旧玩具捐给当地的慈善机构或者给贫困地区的孩子。

◆ 让就寝、沐浴和打扫时间变得有趣。

◆ 在家里给孩子开发一片自由玩耍的空地。

青少年面临的世界

男孩上学之后，他就会进入一个全新的世界。10年前，商人的目标只放在青少年（13~19岁）身上。可是现在，他们突然意识到还可以从更小的孩子身上赚很多钱。这些8~12岁的小小少年们对于商人来说是营销的绝佳对象，因为他们很容易被影响。采纳市场营销专家的建议，商家开始向这些少年提供产品和服务。受此影响，少年们会认为拥有了这些产品，他们更受欢迎了，也更加成熟了。短短几年之内，生产商为了让少年们看起来或者表现得更像青年人，想出了许许多多诱人的办法。当少年们迅速地脱离父母的影响之后，他们想要的是时尚的衣饰、潮流的发型和玩具，以及高科技产品。看到新兴的少年市场利润如此之高，电影公司也忍不住根据少年消费群体的关注焦点来改变广告、预告片和电影概念。

广告最终的目的是让人产生一种如果没有购买这种产品，他们就是失败者的感觉。而孩子们对此十分敏感。

——南希·夏立克，夏立克广告公司前董事长，
也是一位关注广告危害的母亲

☆ 商家要赚更多的钱

尽管全世界男孩的消费加起来达数十亿美元，他们的购买力却远

不及女孩。这是因为商人的营销重心大多数还是在女孩身上。但是在意识到这个全新的男性消费市场的潜力后，许多公司开始以男孩为目标，推出大量的新计划和新产品。现今，销售榜上名列前茅的不外乎衣服、休闲鞋和运动鞋品牌。而且，高科技产品和娱乐设施正迅速地占有这个新兴市场的巨大份额。继《歌舞青春》《汉娜·蒙塔娜》获得数十亿美元利润之后，迪士尼正准备在迪士尼XD网络上开发适合少年观看的影片。许多成人品牌也想分一杯羹，寻找拓展少年产品和服务的方法，开发出旅游和家庭装饰等多种多样的产品。生产商在竭力争取少年顾客的市场竞争中，也必定会造成少年在追求时尚举止和外表方面的压力。

☆ 孩子正处于聚光灯之下

因为没有完善的规章制度来约束针对孩子的广告推销行为，商家更加肆无忌惮。但在瑞典，国家规定不得制作针对12岁以下儿童的广告。在比利时和卢森堡，政府规定儿童节目播出前后的5分钟之内不得出现广告。这些规定意义重大，因为在专家的帮助下，广告商现在更加了解孩子——知道孩子的大脑和身体如何运作，了解孩子的思想、情感发展，孩子有什么愿望，又有哪些弱点——了解程度比以往更深。如今，人类学家研究孩子的卧室，观察孩子的衣橱，拍下孩子的画作，还对孩子进行梦想测试，然后再将这些私密信息交给生产商和广告商。

生产商在竭力争取少年顾客的市场竞争中，也必定会造成少年在追求时尚举止和外表方面的压力。

那么，结果如何呢？受到营销手段影响的男孩不再像以前那样简单。而父母们，甚至是年轻父母不得不面对的问题是，社会变化得如此

之快，他们很难应对所有的情况。而这种快节奏的变化也对商人构成了挑战。尽管商人花费大笔的金钱研究孩子的习性与喜好，正如文化评论员道格拉斯·洛西科夫所说："当每一年中的时尚潮流被挖掘出来，且被重新包装并在商场上向孩子出售时，这种潮流就已经快要过时了。"商人们不仅要以开发男孩市场为关注的焦点，他们还必须关注市场开发所带来的价值。

"最近，当地报纸刊载了一系列5~11岁的小孩写给圣诞老人的信。"丽贝卡说。她是一名儿童保护工作者，也是一位母亲。她解释道："让我震惊的是，孩子们在提出他们想要的东西时是如此的直接，而且想要的还不少。大多数孩子想要的都差不多。他们对品牌、自行车的类型、T恤或者其他物品的要求都很详细。"

☆ 广告让人无处躲藏

商人们为获得少年的青睐想出了无数的营销策略，从电脑屏幕的弹出窗口，到电影派生产品、广告游戏、有奖销售以及免费样品。现在，男孩身边充斥着广告，公交车上、出租车上、火车上、户外广告牌，甚至在公园的长椅上，广告随处可见。电影里充斥着名牌产品，音乐视频、电影海报、电视真人秀和情景喜剧也不例外。一般来说，商家会通过一些"趣味"调查、聊天室以及优惠活动来建立自己的数据分析库。然而，这却让家长的生活变得异常辛苦，即使是最为警惕的家长也很难招架。贝塔，一位两个男孩的母亲这样评价说："虽然我的孩子受营销影响还不是太严重，但是也能唱很多广告歌。孩子们熟知很多儿童产品，甚至是成人产品。"

☆ 明星代言的影响力

同样地，电影、采访、聚会中总能看到明星在沙滩漫步的画面，当他们穿着或者使用某商品并被孩子们看到时，男孩们也会自然而然地想拥有这些产品。一些公司给那些穿着最时尚的孩子分发产品，这样孩子们就会立刻认为他们"必须"购买这些，这样就可以和同龄人加以区分。有些公司建立面向少年的网站，在聊天的过程中，他们肆意夸赞自己的产品。所有这些营销手段都在将我们幼小的男孩变成贪得无厌的购物狂。

关于潜意识广告，国际营销专家马丁·林斯特龙则为我们提供了更多信息。他曾做过一个实验，给成年吸烟者展示一些反映以前的顶尖香烟品牌广告的图片：红霞满天、夕阳西下，两个壮实的牛仔坐在马背上。吸烟者并没有看到产品、包装或者是商标，然而他们仍然能将这些图片与香烟品牌联系起来。研究人员认为观众的部分大脑活动与上瘾症和奖励机制有关。神经科学技术现正被用于公司产品开发中，商人甚至正在监测孩子眨眼的次数，借此观察产品的吸引力，并对产品做出相应的微调。

> 只需喝一瓶可乐，你就向社区伸出了援助之手。
>
> —— My Coke Rewards For Schools 网站
> （可口可乐公司的积分回馈校园网站）

☆ 学校里的广告

很快地，广告商已经利用了学校资金缺乏这一缺陷，通过向学校提供资金或者产品来换取在学校宣传产品和商标的机会。最能接近孩子的地方对商人来说就是最理想的宣传地，正如Kid Club Marketing Company

（儿童俱乐部营销公司）所说："学校内部的宣传促销活动在任何广告商看来都绝对是稳赚不赔的。"而且从细微的方面来看，你会认为，这些公司把产品引入学校只是为孩子着想，而不是那些大公司为了增加市场份额而采用的手段。在 My Coke Rewards For Schools 网站上，浏览者会看到这样一句话"喝可乐，你就是在帮助他人"，以及"喝可口可乐让我们的生活更加美好"。

☆ 商业性质的儿童俱乐部

正因为少年们无法将注意力从商店转移，名牌儿童俱乐部就成了最佳的解决办法。这绝不是什么新想法，只不过如今这个想法变得更加精细。商人能够跳过父母参与这一环节，直接并且持续地接触到孩子。当汉堡王引入汉堡王儿童俱乐部时，该公司的儿童饮食销量增长了300%。现在只要你登录汉堡王网站，你就会看到让男孩感到新奇的层出不穷的东西。他们可以观看关于小鸡的动画，还可以点击"星球大战"标志进入克林贡国防学院，抗击克林贡入侵地球。除此之外，在新闻中心还有许多儿童电影剪辑，包括从汉堡王到飞盘伏击，等等。这些活动看起来都很有趣，但是，它们除了会让孩子把自己变成一个移动的钱包外，对于他们理解自己或者周围世界的帮助少之又少。

☆ 礼物和奖励潜藏着商业目的

如今，越来越多的公司给小孩子分发礼物，让孩子们参与公司的顾客消费计划。在韦斯特菲尔德购物中心网站，孩子们可以点击 We Rock Kids 俱乐部，选择离他们最近的韦斯特菲尔德商店，通过填写详细的联系信息换取一个We Rock 标志。这样，孩子们就可享有与众不同的优惠待遇，并参加特价优惠活动。在许多威斯汀酒店，孩子可以享受和父母一样的五星级待遇。在办理入住手续时，3~12岁的孩子可以获得威斯汀儿童俱乐部提供的"乐趣无穷"缩口袋。当孩子去酒店的探险屋时，还能拿到一个探险背包，里面有指南针、会员手链、一次性相机、水壶、旅行护照，还有小吃。单独地看，这些行为似乎是无害的，但是联合其他所有的营销手段来看，我们会发现孩子受这些营销手段的影响是多么的大。

帮助孩子免受商业化影响的方法：

◆ 教孩子认识产品广告，并帮助他们理解这个广告的用途。

◆ 帮助孩子了解什么时候他的个人信息会被他人利用。

◆ 鼓励孩子们去发现，人们为何永远不会觉得满足。

◆ 引导孩子理解自我价值并不是靠拥有多少物品来衡量的。

◆ 和孩子谈谈广告商的策略缺陷。

◆ 和孩子讨论，为什么商人会以他们为目标，以及商人们能从他们身上挣多少钱。

◆ 保证这些谈话轻松，又不乏教育性。

男孩，快餐，时尚

全球各大公司熟知"摇篮—坟墓"的营销价值，并通过在广告宣传和优惠促销活动上花巨资来保证赢利不断增加。而快餐领域就是男孩消费群体最多的领域之一。几年前，麦当劳推出了每套快乐儿童餐送出一个豆豆娃玩具的活动。一周之内，快乐儿童餐的销售额就从100万美元增加到1亿美元。如今，随餐送玩具已成为快餐促销手段中必不可少的部分。

吸引孩子的关键就是玩具！

——埃里克·施劳斯，《快餐王国》的作者

如今，除了电视和其他形式的广告活动，许多餐饮生产商还会直接与孩子接触。这种关系营销对少年们具有强大的吸引力，因为他们渴望结交新朋友。在家乐氏世界儿童俱乐部，男孩可以玩游戏、参与趣味竞投，或者从世界七大奇迹中选取与其产品相关的问题进行小测验，比如威廉·凯洛格何时制造出玉米片。在雀巢巧伴伴的主页，会有巧伴伴小兔子欢迎前来访问的孩子，并打出"快乐就像巧伴伴一样简单"的标语。在这里，孩子们受邀下载图片来装饰自己的卧室、储物柜或"其他任何快乐的地方"。不难想到，这些海报的内容无非是邦尼兔形象或者巧伴伴标志。

广告是孩子擅长的一门课程。广告让孩子知道，购物是好行为，会让他们开心。广告还告诉孩子，解决生活中遇到的问题不是靠正确的价值观、辛勤的努力或者教育，而是依靠物质和购买越来越多的商品。

——盖莉·鲁斯金，美国广告警示协会首席执行官

☆ 现代食品技术

为了让我们不对快餐的口味感到厌倦，快餐总是不断翻新花样。同时，现代技术也被用于快餐业，通过将维生素和其他补充元素添加到食物中，以提高食物的色、香、味。一些食物，尤其是快餐，其中的成分有39种之多，而这些配料大多都是经过了深加工的。比如，苷糖现在被添加进了从面包到番茄酱、从低脂酸奶到浓缩固体汤料的各种食品中。盐也被添加进食物中来保证口感的诱人，只是盐的成本相对较高。研究人员发现，一份必胜客餐食中的盐分是6岁儿童标准盐摄入量的4倍。因此，尽管大多数儿童知道快餐并不健康，他们还是会被快餐的味道和包装深深吸引。

有些快餐店的烧烤食物十分诱人，但是这种香味其实并不是食物烹饪后自然散发的香味。而是由化学配方制成，模仿腊肉奶酪汉堡包的香味。此外，商家们还绞尽脑汁把和食物相关的声音也利用到食品推销上来，如打开易拉罐时发出的清脆的"砰"的声音，以及咀嚼谷类食物时发出的脆响声。这种营销策略同样使父母在帮助孩子拒绝快餐时更加困难。但是我们必须意识到，这些精细化的、圆滑的食品生产和推销策略都是针对男孩们的。因为有研究表明，男孩比女孩更容易被不健康的食物吸引。

☆ 化妆品

化妆品是男孩消费群体市场上另一个有利可图的领域。化妆品行业获利已超过20亿美元，这样的利润让商人发现青少年市场的潜力更大。一位专家曾把这个市场描述为"最后尚未开发的市场之一"。一些生产商现正着手生产适用于青少年的新产品。而其他的商人开始将成年男性产品向少年们推广。其中，吉列、妮维雅、欧莱雅是这个行业的领军公司。众多明星参与商业代言活动，大卫·贝克汉姆和本·阿弗莱克就是其中的两位。对于大公司来说，这项投资十分有必要。正如一位主管人员所说："你要在他们还小的时候就让他们对旗下产品产生好印象，因为这是赢得他们对该品牌一生忠诚的好手段。"

☆ 时尚竞赛

如今，时尚界也越来越关注青少年。NPD集团的马歇尔·科恩指出，青少年仍然在时尚潮流中摸索，从众多品牌中挑选适合自己的穿着，且热衷于形成自己独特的风格。专栏作家蒂芙尼告诉我们，在过去的几年中，男孩们的服饰穿着变化很大，"男孩不再满足于宽松的运动裤和T恤，他们想尝试更多不同风格的衣服——多袋裤、军装外套、印花衫、纽扣式开襟羊毛衫，还有细条纹纽扣式衬衫。"

男孩现在正流行穿格子短裤和中裤……这两种裤子很好搭，去学校的时候可以配件球衣，或者去沙滩打球的时候也可以穿。

——特里萨，高端婴儿博主

这样的现实让每位家长都十分焦虑，如果不必绞尽脑汁地为男孩选购服饰，就轻松多了。在一个聊天室，一位烦恼的母亲问道，她11岁的儿子背什么样的包最好，因为她不想让孩子再被同龄人嘲笑。另一位母亲就向她推荐了几个牌子，并保证："这些牌子都属于高端产品，在沃尔玛超市或塔吉特商店都是买不到的，孩子应该不会感到不满意。"

☆ 焦虑的男孩

对外表和物质的过度依赖和关注不断耗损着男孩的自尊。因为男孩只关注自己的外表和下一个购物目标，所以他们已经没有机会获得更多的基本生活经验。如今，大多数男孩对于自己的着装是否时尚，以及怎样紧跟时尚感到十分焦虑，而且这种焦虑情绪一直在增长。相比之下，前几代少年的童年生活，充满幻想、自然天性和冒险的童年经历，而如今的少年却在对外形的专注和昼夜不断的娱乐活动中丧失了这段宝贵的时光。

经济低迷可以挽救，但是对于孩子们的伤害却无法挽救。

——戴维·艾尔金德，儿童心理学家

☆ 商家正在控制孩子

如今，从食物到卧室装修，从衣饰到休闲娱乐，商业产品几乎渗透到男孩生活的方方面面。广告商利用人类学和儿童心理学的理论知识，轻而易举地设计出这样的策略，即让孩子们认为他们是在自主购物。这些从小就成为营销目标的少年儿童根本想不出其他的生活方式。在这个年龄段，孩子们根本无法意识到他们是被推销的对象，他们更多地将广告商视为朋友。由此看来，广告商所做的工作的确卓有成效。多数孩子在10岁时就能记住300~400个牌子，但他们能叫出名字的植物和鸟类却不多。广告商总是鼓励孩子消费，无论他们的消费能力是否能承受。而

男孩们如何看待自己，完全是从商家把他们变成消费者开始的。

那么结果如何呢？结果就是，我们的男孩正在一个表面繁荣，实则枯燥乏味的世界中长大。在这个世界里时尚流行的事物被误认为是有亲和力的，快乐的源泉在于名牌玩具、衣服和鞋子。男孩间友谊的基础是你拥有什么以及外表如何。然而，在这个快速发展的世界里，这周的时尚潮流或许下周就会无人问津。这就意味着，为了保证自己的时尚形象，男孩每时每刻都要留心观察潮流变化。在这个充斥着快餐、无尽的购买欲和永无止境的娱乐活动的世界里，男孩失去了个性、创造力和期盼的乐趣，迷失在这个商人为他们建造的世界里。在这里欲望永无尽头，越来越多的男孩追求的只是财富和出名。因此，当我们看到越来越多的男孩遭受精神疾病也就不会意外了。不过，尽管孩子们现在拥有的很多，但他们还是觉得没有安全感，情绪沮丧压抑。

☆ 父母应如何帮助男孩

我们需要让男孩知道广告的本质和特征，这样他们就可以辨别自己是否成为了推销对象。当你和10岁的卡勒姆（他懂得广告是什么）谈论广告时，你会感到他十分自信。"在学校时，老师们教了广告的相关知识，"他告诉我，"我们还要制作产品，然后再扮演那些不怀好意的广告商，自己制作广告，将产品销售出去。我们了解到，他们是怎样用鲜艳的颜色包装产品吸引消费者的，又是如何利用有趣的信息将同样的产品卖出更高的价格。"许多老师正在尽自己的努力，为孩子们剖析和讲解广告，让他们了解广告的伪善。"我给孩子们讲解电视和杂志上的广告，并告诉他们广告的目的。"一位小学老师告诉我，"我尝试着让孩子们注意节目之间出现的广告。"同样地，父母们也要加强这项工作，这点至关重要。

以下方法帮助你减轻营销对孩子的影响：

◆ 和孩子讨论广告、电视节目和广告牌上的内容。

◆ 和孩子一起观看有趣且有意义的电影。

◆ 严格规定上网和看电视的时间。

◆ 在就餐和来客人时，关闭电视。

◆ 限制孩子看电视的时间。

◆ 绝对不要在孩子的卧室放电视和电脑。

◆ 只是偶尔进行消费活动。

迷失于虚拟世界的男孩

除了过度沉迷于商品和时髦装扮之外，男孩们观看DVD和上网的时间也毫无节制。这些坏习惯，大多数男孩在上学之前就已经养成了，并很快成了他们生活的一部分。对少年们来说，除了玩游戏（我们之后会简要介绍），最诱惑男孩们的经历就是沉浸在如加勒比海盗、企鹅俱乐部、网娃、尼克频道的尼奥宠物网构成的虚拟世界中。

尼奥宠物网在2005年以1.5亿美元的价格被维亚康姆收购，在全球吸引了2500万的儿童，月访问量达22亿次。每个月只需要花7.99美元，男孩就可以玩付费游戏。广告游戏让人身临其境，如果不熟悉游戏就很难避开这些广告。一旦点开这些广告，男孩就会看到塔吉特商店有尼奥毛绒玩具出售、收藏者的数量以及游戏设置的信息。动画广告还提供限量版玩具，或者给顾客提供定制自己喜爱的尼奥玩具的机会。此外，众所周知的是，Leading市场调研公司正通过调查网站用户，搜集少年顾客的重要情报，来推动他们的营销活动。

男孩好奇的事物范围缩小了，他们的生活维度同样变得更加狭小。
——丽贝卡，一位母亲兼儿童保护工作者

☆ 男孩需要真实的生活

Emarketer 调研公司的分析师德博拉·埃荷·威廉姆森指出，我们现在必须为对抗虚拟世界这一洪水猛兽做准备。男孩在虚拟世界待的时间越长，他们对现实生活的兴趣就越少。比尔·奥赫希尔是一位心理学家，也是一位父亲。他认为虚拟世界对孩子们的狂轰乱炸着实令人担忧。"许多孩子回家，回的并不是我们理解中的家。而是他们自己独立的空间。他们在自己的房间吃饭。在房间里玩iPad、看电视、上网。"而正因为有了设备，除非迫不得已，孩子们根本不会走出房门半步。

我们现在面临的并不是所谓的年龄代沟，而是各自所处的不同世界的鸿沟。

——比尔·奥赫希尔，心理学家

☆ 不成熟的男孩

当我们还无法估测新技术在各方面造成的影响时，一些新潮流又逐渐兴起。有些人担心，孩子们在电脑上花费大量的时间将会使他们的大脑重组，导致更难集中精力或在不受外部刺激的情况下放松大脑。我们都知道，大脑的成长和发育需要大量丰富的真实生活的经历。而花费在电脑上的无节制的时间却意味着新时代的男孩正逐渐形成一种狭隘的生活方式，几乎没有直接的人际交流，不同年龄的朋友越来越少，没有创造性的游戏，与现实世界接触的时间更少。苏姗·格林菲尔德认为，电脑让孩子的大脑处于一种幼稚状态，而不是开发状态。因此，尽管男孩渴望获得更多成熟的价值观和行为习惯，但他们的内心其实比上一代的男孩更加稚嫩。就像小孩一样，男孩的注意力范围十分狭窄，他们假想世界总是围着自己转，而且沉醉于即时的满足感中。

苏姗·格林菲尔德还指出，在对11岁男孩进行的认知测试中，他们的成熟度比上一辈人11岁时要普遍低2~3岁。因此，苏姗认为，若是没有互动，没有营养丰富的食物和快乐的玩耍，没有直接参与现实生活，

那么孩子们的大脑将得不到全面的发育，无法形成自己的世界观，创造性地表达自己的能力也会持续衰退。儿童保护工作者丽贝卡十分赞同这一观点："我也感觉到男孩成熟的速度更加缓慢。他们主要是和同龄人交流，而不和不同年龄的人交流，他们倾向于待在这个有限的圈子中，因此才会如此幼稚。"

对于如何使我们的生活更加有意义和高尚的基本问题，电脑是无法回答的。电脑也不能为我们树立社会道德规范，更不能告诉我们哪些问题值得探寻。

—— 尼尔·波斯特曼教授，文化评论员

☆ 男孩需要成为思考者

要想变得成熟，男孩需要学会自己思考。他们同样需要知道怎样辨别正确的信息，观察这些信息是如何与其他信息相联系的。而要实现这一目标，男孩需要充满求知欲和好奇心，花费时间去探索和发现，还要学会聪明地处理麻烦事。孩子们需要在餐桌上与家人讨论，谈谈学校里和邻近社区里发生的事，以及最近的新闻。当孩子们的生活中每时每刻都充满真实的兴趣时，电脑也就不会再占据孩子们的时间了。

☆ 父母们可以做些什么

我们要早点介入男孩的生活，要及时为孩子守好思想的大门，这样他们的想象力和好奇心才能保持不变。如果孩子能花时间思考解决问题的办法，能够讨论最佳的解决方法，还能明白他们有哪些选择和可能获得的成果，孩子们会变得成熟起来。同样地，他们也能明白生活中有起有落，快乐的方法有千万种，比如接触大自然，和家人在一起，参与当地的社区活动，为目标奋斗，和别人一起玩，帮助别人，享受预想之外的发现和乐趣。不过，男孩仅凭自己无法走完成熟之路。

以下方法可以帮助男孩们早日成熟：

◆ 找到孩子的兴趣所在，并鼓励他保持这个兴趣。

◆ 带孩子参观博物馆和艺术馆，在他们对自己看到的东西做出反应时给予关注。

◆ 鼓励孩子在家里和花园里进行一些简单的娱乐活动。

◆ 一起去公园玩耍，去社区市场走走。

◆ 帮助孩子与不同年龄的人交朋友。

◆ 培养孩子的社区归属感。

◆ 玩家庭游戏，如棋盘游戏，或者是自编游戏。

重获真实的童年

面对男孩受到的这种压倒性的消费压力，我们该如何反抗呢？我们怎样才能让男孩拥有更强的归属感呢？现在，男孩通常生活在一个比较狭窄的世界，他们不再与不同的人交流，没有作为一个社区成员或者与他人分享的意识。要成为健康、快乐、成熟的大人，男孩们需要开阔视野，更多地关注自身的成长和他们周围的世界，这样男孩才会意识到他们也可以做一些有意义的贡献。这种归属感最好在男孩8~12岁的时候培养。

☆ 马上得到，还是再等等

当我们渴望一些东西的时候都希望能马上得到，然而作为成年人，我们知道这是不可能的，也清楚这并不是个好想法。男孩也需要知道这一点。几十年前，斯坦福大学的迈克尔·米歇尔教授进行了著名的"棉花糖实验"。实验对象为一群4岁的小孩，他们有两种选择，一种是立刻吃掉棉花糖，另一种是他们等一会儿吃的话，就可以吃到两根棉花糖。米歇尔对这些小孩子进行了14年的跟踪调查，研究这些孩子的成长过程和发展变化。结果显示，那些愿意延迟满足，等待吃两根棉花糖的小朋友表现出了更强的毅力，更有上进心，而那些等不及、要立刻吃掉棉花糖的孩子则缺乏决断性，注意力不够集中。

前教师安吉拉·达克沃斯和著名的心理学教授马丁·赛利格曼曾对300多名儿童进行了深入研究，测试内容包括智商、冲动行为、学习成绩及思想和情感，以及延迟满足的能力。结果显示，越是能够自我严格要求的小孩测试成绩越好。当然，这方面的问题需要更多更深入的研究。但毫无疑问的是，如果一个男孩想要得到他想要的东西时，我们就满足他的愿望，这对他的健康成长并无益处。为某件事物等待和计划的乐趣要远远大于即使拥有很多也感到无聊的生活。

☆ 学会感激，其乐无穷

事实上，让男孩认识到他们已是如此幸运非常重要，而不是让他们将关注点放在自己想要的众多物品上。通过交流和新闻，让男孩看到并了解世界上其他孩子如何生活——不仅仅是看到孩子们挨饿受冻的事实，而且让男孩设身处地地想一想，如果他们自己每天都要为一餐饭发愁，或者在垃圾堆中拾捡度日，他们又会如何。获得必须与付出平衡。父母在男孩玩游戏和购买衣服时采用"以一换一"原则就是个绝佳的办法。此外，鼓励孩子们将自己不想要的玩具和游戏送给那些有需要的小朋友；带孩子参加慈善活动，让他们在当地进行义卖，帮助慈善机构集资；让家人参与公共卫生和植树活动。这些活动都有助于增强男孩与社区的联系，让他们感受到相比一直与几个同龄人待在一起或着迷于品牌购物，这些活动更能让他有归属感。

☆ 礼貌很重要

礼貌是感恩的延伸表现。教会男孩礼貌举止，也是培养男孩为他人着想的意识。这样，当你的儿子收到一份礼物并向别人表示感谢时，他

会领会到别人为他花费时间和精力做一些事的情义和付出。父母应为孩子准备精美的文具（或者帮助他制作文具），用来写感谢信，并且做好示范，以此教会孩子怎样对别人说"谢谢"。

当然，在极少数情况下，如在公交车上为老人、残疾人或孕妇让座时，孩子们也许会认为这样对自己并不公平，但是却不会意识到这种行为是多么的特别。因此，我们有必要让孩子们知道让座行为也是一种英雄行为。让人沮丧的是，如今的孩子在成长过程中缺乏基本的生活技能。现在，许多年轻的公司主管不得不重修礼仪课程，因为他们不知道在顾客和客户面前应如何表现。其实，即使是简单的行为，如帮助邻居提购物袋或为别人开门都是非常礼貌的举动。这些简单的行为不仅带给他人方便，而且能让男孩充满自信和骄傲。

☆ 善于沟通是重要的生存技能

许多优秀品质都体现在交流和沟通中，而对话交谈是最核心的一部分。交谈也是一种艺术。一旦学会了交谈，男孩们在任何场合都能游刃有余。当交谈在家庭生活中习惯成自然，男孩会变得更加自信，言谈清晰，与他人交往良好，还能处理好生活中遇到的问题，并能从中学习进步。这些技能最好是在餐桌上学习，而非在电视前。而当男孩阅读或者观看电影时，正是我们和他们交流想法的绝佳时间，因为这样可以帮助孩子们形成自己的观点，学习怎样清楚地表达自己的想法。

如果能够轻松地和不同年龄、不同背景的人相处，对他人的生活感兴趣，还能让别人感到轻松自在，男孩就已经掌握了十分强大的生活技能。这些技能会让他们轻松应对学校和将来的成年生活，在人际关系和工作中也受益良多。不过，与女孩相比，男孩在交流方面更加困难，因此我们要帮助男孩跨过这道难关。所有这些机会和技能都能够帮助男孩展现个性品质，并且形成以为这个世界做出贡献而感到自豪的观念。

你可以为你的儿子创造这些让他变得成熟的机会：

◆ 以身作则，让孩子看到并在日常生活中学会感激。

◆ 教会孩子礼貌并告诉他为什么举止礼貌很重要。

◆ 确保孩子懂得，可以为家庭和社区做出贡献。

◆ 让孩子体验到给予的快乐。

◆ 培养孩子为他人着想的意识，不能只考虑自己。

◆ 鼓励孩子通过自己的努力获得他想要的东西。

◆ 帮助孩子尊重那些生活不如他的人。

让少年们参与社区活动

　　很多需要男孩们通过体验精彩的童年生活才能获得的品质，在"厨房花园"项目中都有涉及。"厨房花园"项目针对8~11岁的男孩开设，由斯蒂芬妮·亚历山大创办，教孩子如何种植植物，收获食物，并学会自己做饭。斯蒂芬妮的同事安吉·贝瑞表示："来自不同的社会群体和不同的文化背景的孩子相聚一堂，共同享受自己做的食物。对于孩子们来说最棒的事情是，食物增加了他们之间的联系。同时，老师和志愿者也参与进来，孩子们能够亲身体验到食物是如何团结每个人的。"

　　这个项目帮助孩子们积极地与同龄人进行交往。"因此，当一个孩子对他的朋友说：'尝尝这个美味的越南沙拉，是我做的呢。'他的朋友就会尝。"安吉解释道，"你会发现孩子们越来越多地参与到食物中来，他们会讨论哪种食物需要多放或者少放辣椒。回到家以后他们也会继续讨论应该购买哪种原料。孩子们还会在家里做饭，甚至有些孩子还在家里开辟自己的小花园。

　　"坐下来吃饭很重要。大多数情况下，孩子需要在父母的指导下才会乖乖地坐在饭桌旁专心地吃饭。孩子们学着传递盘子，选择盘中适量的食物。此时，孩子们正逐渐积累关于食物的知识与经验。父母们总是说，我的儿子不吃西蓝花，或者不吃某些食物。不过这些参与项目的孩子却喜欢吃蔬菜沙拉。近日，一个学校组织外出郊游，给孩子们提供的食物是热狗。孩子们说他们不吃这种食物，要求自己做饭，但是却被拒绝。回去之后，孩子们表示不想再参加这种郊游。

"他们认识到资源可持续性的重要性，并学会了制作肥料。他们不会浪费任何东西，很多都可以用来制作混合肥料，使植物更好地生长。现在，孩子们的参与度越来越高——不只有那些自愿加入的，还有那些以前很难参与课堂活动的孩子。

"孩子们经营着自己的菜园，制作自己感兴趣的食物。这对孩子们来说是一种真实的成就，因为成果清晰可见。在孩子们为此努力的时候，他们的词汇量也在不断扩大，而且通过学习测量，他们还做了一些数学练习。通过食物，他们还了解到不同的文化。在反馈中，老师们表示，他们都低估了孩子们的学习能力。

"我们发现，整个项目规划就是一个真实的社区建设实践活动。父母、祖父母和社区的普通成员都成了志愿者——这些人以前也许都不愿意在教室里为孩子念书。学校报告称，来自当地社区的志愿者队伍不断地壮大。同时，当地的商户也加入进来，当某些食物的产量不高时，他们就增加这类食物的供应量。"

我们总是为孩子参与社会活动而担心，是因为我们把生活想得太复杂。"厨房菜园"项目却让我们看到了希望——男孩在一个更广阔的天地成长的时候，可能会得到更高的成就。如今的男孩希望做一些有意义的事，那么我们就应该为他们提供一些机会和素材。

思考以下问题，培养你的男孩更强的社区团体意识：

◆ 男孩对什么充满热情？

◆ 何种社区团体或活动能让男孩展现这种热情？

◆ 在你自己的街区或者街坊之间，你怎样营造出强烈的团体感？

◆ 哪种社区活动能以家庭为单位参加？

男孩需要好男人做榜样

　　男孩的生活中需要好男人，这样他们就能知道做男人是怎么一回事，以及别人对他们有怎样的期望。然而，令人失望的是，现在的男孩很少和成年男人接触，所以他们永远无法直接体验成年男人的世界。年长的男人们也有失职，因为他们从未抓住机会或者将他们一生的知识和智慧传递给男孩们。在进行《男人不愿说的话》图书调研时，最让我痛心的发现是，许多老人因为害怕被扣上"恋童癖"的帽子而没能与家里或社区的男孩分享生活经验。这种现象在如今变得更为严峻。

　　随着越来越多的家庭分裂，许多男孩在单亲家庭中长大。母亲尽力做到最好，但是这并不能减少男孩的生活中对好男人的需要。当单身母亲们因烦琐的工作而累得疲惫不堪，或者当她们面临管教孩子的问题时，一个值得信赖的男人将给予她们巨大的支持。新西兰的西莉亚·西莉亚从事监管和教育少年犯的工作，她也是一位有着几个男孩的单身母亲，同时还是在男监狱工作的首位女性监狱官。西莉亚强调，好男人在男孩生活中的作用非常巨大："以我的个人经历来说，不管你是个多么优秀的单身母亲，你都无法充当男性在男孩成长道路上的角色。"凯丝作为一个中小学的校长，同时也是几个男孩的母亲，非常赞同西莉亚的观点："我了解这有多难，我带着儿子去看足

球赛，我们去钓鱼还有其他活动。但是我并不是个男人。"澳大利亚男性热线的安德鲁·金也十分同意："大多数成年男性的价值通常在偶然事件中体现出来，男孩就像身边跟着的学徒，在观察和参与中进行学习。而这些时刻提供了男孩们成长过程中赖以效仿的东西，他们知道在将来的某天他们也能充满自信地做着同样的事。"

我们详细地回顾了20年间的调查，结果表明与一位类似父亲形象的男性进行积极且规律的交流活动对男孩的成长十分有利。

——安娜·萨卡迪，瑞典乌普萨拉大学的儿童健康专家

如果我们希望男孩不辜负我们对他们的期望，那么他们就需要明白男孩和男人的意义所在，并且对未来充满热情。在理想状况下，男孩将在少年时期之前经历这种兴奋和热情。近年来最感人的电影之一《世上最快的印第安摩托》（又名《超速先生》《向极速出发》）讲述了退休摩托车爱好者伯特·孟若（安东尼·霍普金斯饰演）的传奇故事，他在60岁时打破了世界摩托车比赛纪录。在锦标赛的前期准备工作中，伯特煞费苦心地修整着自己的印第安侦查摩托。在这个过程中，邻家的小男孩汤姆经常待在伯特的车库，帮助他打下手。他们的友谊也是这部影片中最感人的方面之一。汤姆因为经常和伯特待在一起而受益匪浅，同时这位老人也因这个小男孩的好奇心而备受鼓舞。

当男孩生活中拥有上述重要关系，而且保持良好状态，就能帮助男孩在挫折与困难中保持坚定。

——安德鲁·金，就职于澳大利亚男性热线

☆ "守望相助"项目

那么，我们应该怎样帮助我们的男孩呢？"守望相助"（Big Buddy）的组织者理查德·阿斯顿认为，如今的男孩迫切需要效仿"强大的"人。几年前，"守望相助"成立，旨在帮助那些缺乏父爱的7~12岁的小男孩。"男孩对于成为男人的意义十分困惑，因为这过程中有许多令人疑惑的问题。'守望相助'之所以把那些没有父亲的男孩作为关注的焦点，是因为这些男孩没有任何有血缘关系的榜样。一些没有父亲的男孩甚至很少能看见男人。他们仅有的效仿目标来自于电子游戏和电视，因此他们也不会明白成为一个真正的男人到底是什么样子。"

"男孩有着成为男人的本能，"理查德解释道，"一些男孩十分渴望拥有男性伙伴的陪伴，甚至当他们第一次遇到良师益友时，就想独占他们。"男孩和他们的男性老师都可能会变得非常情绪化。理查德曾听到过一个7岁小男孩的事。这个小男孩经受了太多的虐待。当他第一次见老师时，他冲向老师，问道："你只属于我吗？"在"守望相助"的项目里，大多数的活动只是男孩和导师出去闲逛。"男孩就像海绵，他们想知道怎样去做男人的事。例如，男孩在学习如何修理轮胎时，也许会发生一些对他们影响深远的事。因为这不仅仅是简单地学习怎样修理东西，更重要的是让他们充满自信地去尝试做一件事。男孩会明白，其实他也有能力尝试做某些事——救火、浇筑混凝土或者修自行车。"

"守望相助"项目的好处之一就是帮助男孩为他们未来的生活打下坚实基础。同样，他们还能在一个安全的环境中探索成为男人的奥秘。"在这里，成年男性会保护这些小男孩，"理查德说道，"一般说来，男孩只是通过观察来学习，观察我们怎样走路，我们的肢体语言，听男

性声音的音色，以及男性怎样解决问题。男孩们在这些活动中会学到很多如何成长为男人的细小线索。同时，他们也会提高自己的身体素质和情感素质。在他们的成长过程中，男孩会靠自己的力量将自己塑造为成熟的男人，成为能自己做主的人。"

当然，"守望相助"在男孩成年之前的关键几年中，对男孩的影响和帮助非常大。有一个小男孩在他的父亲自杀去世之后加入到这个项目中来，那时的他才8岁。在之后的时间里，他的母亲从未和他谈起他的父亲是怎样去世的，因为那时的他实在太年幼。在他12岁时，他的母亲知道是时候告诉他了。在听取了一些建议之后，她告诉男孩父亲是在车库上吊自杀的。然而，男孩的反应却让母亲安心，并且相信他们会渡过这个难关。他还安慰他母亲说他现在很好，因为有导师陪伴他。"在参与项目的4年里，这个男孩从来没有缺少父亲般的关爱与影响，"理查德表示，"所以他的情况很好。"

辅导男孩的导师们从项目中收获了许多宝贵的东西。"无论是作为叔叔、祖父或者其他形象，这些都是作为一个男人、一个父亲形象的一部分。我们灵魂深处的情感要我们帮助这些小男孩。通过帮助他们，男人们心里也会得到深深的满足，"理查德解释道，"我的项目里有一位高级主管，他的儿子都已经离开家了。当我问起他为什么对这个项目感兴趣时，他表示希望能再次成为一个小男孩，乘着船到处游荡。和小男孩在一起，你的灵魂也会变得年轻而有活力，看着他们长大成熟，你也会觉得很开心、很满足。"

帮助你的儿子明白下述事项的重要意义：

◆ 最好有与父亲单独玩耍的时间。

◆ 确保他能接触到其他的好男人。

◆ 让他知道你爱他和其他男孩。

◆ 让他感受到作为小男孩的乐趣。

◆ 和他谈谈真正对他重要的事情。

◆ 因为男孩一般不喜欢面对面的交流方式，不如带他出去，边走边聊。

人们口中的男性形象

　　我们会被听到的故事影响，男孩也是如此。我们如何谈论别人，在很大程度上体现了我们的态度和价值观。消极地谈论男人和男孩已成为我们的一种习惯，只不过我们大多数人并没有认识到这一点。然而，男人们每天在新闻、广告和电影中扮演的形象多为掠夺者或者投机取巧者，或者是像霍默·辛普森一样的傻蛋。只需看一下流行的贺年卡和冰箱贴，就能了解到男孩们整天获取的信息是什么样的。最近，我在一所学校做报告时，一个小男孩问道，鉴于男性如此暴力，如果将控制世界的权力交给女性，世界会不会变得更好？虽然男孩有必要了解成年男性的阴暗面，但是诸如此类的论调却颇具误导性，根本毫无益处。

　　有时候很难理解为何我们能够如此迅速地把一个男人定义为失败者，或者暴力男，而在发生自然灾害、车祸事故、化学品溢漏、枪击事件，或者遇到困难或者失踪事故的时候我们又是如此地希望得到男人的帮助。我们很少对男孩讲述这些无名英雄的事迹，甚至意识不到我们的生活中无法缺少电工、管道工、道路维护员、垃圾清理工以及其他默默无名的英雄。也正因为这样，男孩在一种身为男孩的羞愧感中长大。

　　男孩应该先获得他人的尊重，才能给人以尊重。然而，事实上男孩很少能得到真诚的赞扬，尤其是从年长的男性身上，而这赞扬对于男孩至关重要。

——理查德·阿斯顿，"守望相助"项目负责人

☆ 负面报道不断

对于男孩接收到的那些关于男性的无休止的负面信息，不少父亲和男性工作者非常担心。"男性在媒体上的形象十分消极。这很糟糕。"9岁小男孩布雷德的父亲马丁说道，"我得不停地告诉儿子，身为男孩是件好事。"阿什利的两个儿子也正处于少年期，他也深有同感。"媒体和社会关于男性的评价大多数都是负面的。广告常把男性当作取笑的对象。这让人十分绝望，感觉生活是如此的不公，因为无论你做什么都无法改变现状。因此，男孩会疑惑身为男孩的意义何在。他们想要知道，自己是不是出了什么毛病，以及怎么做才能解决问题。"

☆ 男孩需要更多的正面评论

男孩的问题已经深入家庭，并且成为家庭交流话题中的一部分。任何褒贬不一或一带而过的评论都可能具有破坏性。"我生长在一个女性家庭。"18岁的狄伦告诉我，"最受欢迎的往往不是男性。我在成长过程中所见到和经历的一切都印证了这一点。"如果我们足够诚实，那么我们中的大多数人都应该为自己对男性做出的无礼评论而感到内疚。事实上，这种环境并不利于男孩成长。男孩会产生自卑心理，认为自己很没用，他们认为只有等到灾难发生时他们才能做些什么，或者只有去弥补别人犯下的错才是他们应该做的。更令人难受的是，我们每个人都在经历这种场景——每次家庭烧烤或是普通聚会，大家总会说些贬低男人和男孩的故事或笑话。也许我们会被这些笑话逗乐，也没意识到这些笑

话有什么影响，但是男孩并不会当作笑话一听而过。

☆ 让男孩了解自己的需求

近几年，男孩对女人和女孩的生活和需求越来越敏感。这确实很重要，但我们也应该鼓励男孩去发现并且将自己的需求说出来。否则，他们在成长中就不会真正地了解自己，这对于他们以后在成年生活中处理人际关系而言，也不是一个好的开始。若要让男孩获得一个好的开始，可以先帮助他们明白一个好男人应具备哪些品质——不只是理论上，而是要以实际的方式让他们了解并培养这些品质。有一个很好的方法就是，通过描述一些关于男性的积极向上的故事来激励他们。

☆ 在学校男孩常被视为麻烦制造者

由于现在的老师大多为女性，那么摆在我们面前的问题就是，怎样才能以最佳的方式教育男孩们。男性教师的缺乏让男孩和女教师压力倍增，因为男孩对于教育的反应与女孩是不同的。当然，要教育一群在教室中端坐听讲的学生很容易，但大多数男孩缺乏这种安静的性格。虽然，老师们为此做了不少努力，其中也不乏成功的例子，但毕竟只是少数。正因为如此，男孩和女老师之间的关系十分紧张。

> 男孩经常陷入麻烦。我相信老师们也觉得男孩非常麻烦。
>
> ——卡勒姆，10岁

当被贴上"麻烦"和"破坏者"的标签时，男孩在学校总被认为不如女孩。虽然我们有很多方法，但在鼓励男孩的问题上，我们还有一段路要走。观察一下大家在提到男孩时的态度和方式，这个非常关键，因为消极的玩笑和故事也许会成为现实。"我们总是把男孩看成麻烦，并希望他们离我们远远的。"小学校长凯丝承认说，"那是因为我们很少能帮助他们解决那些让人困扰的问题。"校长助理奥斯汀深有同感，"人们不喜欢男孩，这让男孩的生活更加困难。他们被冠上'喧闹'和'粗鲁'的标签，可在揭去这些负面形象之后，你会发现其实他们都是好孩子。"

☆ 建立良好的人际关系

我们需要与男孩建立良好的人际关系，不断增强他们正在形成的自我意识。澳大利亚男性热线的安德鲁·金对此十分赞成："我们都认为与男孩建立联系可有可无，并且认为只需要和他们进行男人间的谈话就已足够，然而事实并非如此。"不少老师对此很在行，安德鲁向我展示了一个成功的例子。有一位亚裔中年女教师性格十分温和，在面对班上那群格外顽皮的男孩子时，大家都以为她会在这群淘气包面前一败涂地。令人惊讶的是，她成功地收服了这群孩子，让他们不再调皮捣蛋。她是怎么做到的呢？首先，她对这些男孩做了较为深入的了解，包括他们的姓名、家庭住址、兴趣爱好等。然后将这些信息用到教学中，让学生感受到老师对他们的在乎和尊重。最后，这些男孩和这位女老师建立了良好的师生关系，因为他们觉得老师能够理解自己。

☆ 男孩也能成为英雄

在现实生活中，很少有故事讲到男孩的表现积极、英勇，大多数故事中的男孩沉溺于游戏和动作片的黑暗世界。男孩仿效这些动作片中的英雄，并将自己等同于那些暴力而且人际关系较差的孤独者。故事常

常蕴含着强大的影响力，能轻而易举地影响男孩的思考、感知和反应方式。如果我们讲述的故事能让男孩拥有更广阔的视野，那么自然就会产生不同的效果。

男孩渴望成为英雄，但是不知道如何才能实现。正如一个小男孩告诉我说："如今，成为英雄很难，因为根本就没有机会。"我们应该帮助男孩接触现实，了解他们在生活中的真实角色。在21世纪成为英雄的方式也许和前几代人的方式不同，但是他们仍然可以做一些重要的事情。他们可以参加助选，或者在社区、企业文化中扮演积极、关键的角色。不过，我们首先得正视男孩们做的英雄事迹。最近，在维多利亚发生的火灾中，有200多人幸存，19岁的里斯救了家人和邻居（包括几名不到10岁的小孩）。在家人和邻居都已经吓傻时，里斯用一辆小型拖拉机载着大家穿过正在燃烧的田地，众人才得以脱险。

这个不可思议的故事对于男孩来说十分有用，带给他们积极的力量。这个故事让他们觉得自己也有可能成为英雄。"把自己融入当时的情景之中，"安德鲁·金指出，"男孩看到的是男人们为了保护大家而将自己的生命安全放在一边。这些充满奉献精神的故事正是我们需要讲述给男孩的。"当然，大多数男孩也许永远都不会遇到自然灾害。问题在于，若是赋予男孩更广阔的自我发展空间，我们将会看到他们的归属感和目标感会因此增强。

当男孩们对自己的家庭背景和邻居们了解更多后，他就能够以此为基础创造出更加精彩的生活。

☆ 男孩也能有自己的精彩故事

另一方面，讲故事也是为男孩能随时讲述自己的经历营造氛围。我总会惊讶地发现使他们参与到谈话中来是如此轻松容易。我常常为他们清晰的逻辑和敏锐的洞察力惊叹不已。不过现在的男孩很少有机会讲故事。对我们所有人而言，清楚自己是谁，从何处来，可能会成为什么样的人十分关键。当男孩们对自己的家庭背景和邻居们了解更多后，他就能够以此为基础创造出更加精彩的生活。

在市场、媒体和名流文化的压倒性影响下，男孩的自我意识会被轻易消除。他只能通过同龄人、电影、名牌产品而不是自身经历得到归属感。这也是我们要努力帮助他们弥补并修复的方面。不久之前，我曾在蒙大拿州的一个小镇上生活，那里的男孩将先辈的事迹画成许多精美别致的壁画，每幅画上都有作者的签名。让一个男孩参与到这样的活动中来是多么有教育意义啊！虽然不是所有的地方都能以这样直接的方式来捕获人们生活中的故事，但是通过我们现在所拥有的各种媒体，我们可以为男孩们创造各种机会让他们去了解长辈们的故事以及他们自己的故事。这些举动将帮助男孩明白自己是谁，以及他们能做什么。

☆ 未来的路

伴随着愧疚心理成长起来并不是个好的开端。男孩需要明白自己的价值，要对社区、家庭和学校产生归属感。而我们可以通过各种方式帮助他们实现这一点。那些发生在家庭、社区和国家中的英雄事迹比同龄人、流行文化和游戏机更能激励男孩。

因此，帮助男孩理解人生的故事在哪里？分担失望和失败的故事又在哪里呢？幸运的是，现在有了新的契机。"我带儿子参加过'仪式之旅'，"大卫·马拉德说道，他是一位高级主管和男性社团组织者，"在那儿，男孩和成年男性无话不谈，从性到女人，从痛苦到失败。通过聆听男性长辈的故事能够引导男孩成长为男人。" 故事是生命构成

中的重要部分，值得一代代地传承。那么什么样的有关男人和男孩的故事能激励男孩们呢？

> **帮助你的孩子培养自我意识，你可以：**
>
> ◆ 用心挑选你讲述的那些故事，哪怕是开玩笑时讲的故事。
>
> ◆ 借助有关男人的积极故事，帮助孩子建立更加广阔的视野。
>
> ◆ 确保男孩传承家族男性的优良品质——例如，给男孩讲述经济萧条时期和世界大战时期的生活。
>
> ◆ 鼓励孩子阅读《男孩的冒险书》之类赞美男孩的书。
>
> ◆ 和孩子谈谈关于男人和男孩、女人和女孩负面的评论。
>
> ◆ 促进当地报纸报道社区里男孩取得的成绩。

早期性发育

　　男孩们需要为他们即将步入的生活做更多细致的准备，尤其是当他们刚刚进入性早期发育阶段之时。若是没有指导，男孩很可能会伤害自己和他人。在昆士兰的一所小学里，一名7岁的小女孩被一个同龄的男孩性骚扰长达两个多月。这名男孩经常用殴打的方式强迫女孩为其进行口交，还威胁她要是敢说出去就杀了她。在昆士兰另一所学校，一群6岁的男孩成群结队地强迫同学和他们进行不同的性行为。海蒂·约翰逊是反对儿童性虐待组织的一员。他指出，昆士兰每周约有13起儿童性虐待案件，而且大多数涉案儿童都在5~8岁之间。根据青年工作者罗恩的调查："现在，有些儿童通过过家家的方式，诱骗小女孩进行性交，这种恶行让孩子们沉醉其中，愈演愈烈。大多数案件的起因都要归咎于色情书刊和电影。"爆炸式的性感广告充斥着广告牌、杂志和电视，色情内容也充斥着家庭时常观看的节目和网络。现在的男孩女孩经常被暴露在色情内容之中，而在以前，他们是不会在这么小的年纪就看到这些的。

　　现在，有些儿童通过过家家的方式，诱骗小女孩进行性交，这种恶行让孩子们沉醉其中，愈演愈烈。

　　　　　　　　　　　　　　　　　　——罗恩，青年工作者

"当我听到5岁的儿子唱'宝贝，当你低下头来，我就幸福地想晕倒'时，我会感到非常惊骇。"一位父亲说道，"接着另一首歌唱的是'在我的小弟弟上来回运动'，这些都是从何而来？这些乱七八糟的东西被孩子学会了，过早地接触性。"澳大利亚儿童基金会负责人乔图斯博士指出，尽管孩子们并不理解歌曲的内容，但这些无疑极大地损伤了儿童的心理发展。15岁的扎克也赞成这个观点："现在的小男孩似乎想早些成熟。小学里许多10岁、11岁，甚至更小的孩子都将自己视为青少年。学校里攀比之风日益增长，男孩女孩交往过密。因此，现在8岁、9岁的小孩子也开始谈论这些。他们总是想着早点成熟，希望变得和年龄大的孩子一样酷。"

如果国际营销专家马丁·林斯特龙的观点得到证实，那么这种情况在近期根本不可能得到改善。他认为，广告宣传正向着更加尖锐和极端的方向发展，它的影响甚至可能会更加深入到孩子们的潜意识中，所以父母们一定要注意。家长要想办法找出一个微妙的平衡点，尽量让孩子们明白性的本质应该是有趣愉悦且能增加生活情趣的。我们不希望男孩在成长的过程中因为自己的性欲或性行为而感到不安或者羞愧。我们也不希望在男孩还没有准备好的时候就接触到色情内容，因为他们很可能会伤害自己和他人。正如心理学家史蒂夫·比达尔夫所说："当我们发现孩子进入成人的初始阶段时——也就是青年时期——我们希望孩子能够最好地体验到性行为的乐趣，自行揭开性的秘密，而不是受到伤害。"

☆ 色情游戏

如今，男孩可以通过多种媒介接触到色情内容，包括许多有问题的在线游戏。"许多游戏都带有性暗示，而且一些家长并不知道这些。"

儿童养育和青年工作者法兰克如此说道，"比如'偷窥狂派瑞'(Perry The Perv)。这个游戏的挑战规则是在不被发现的前提下，尽可能地偷窥女孩。游戏者从女孩的眼睛扫到臀部。用鼠标点击偷窥女孩的胸部和其他部位，如果女孩没有发现，那么就可得分。还有些游戏的规则要求掀起老师的裙子，查看老师的内裤。此类游戏还有很多。而且这些游戏的对象并不是青少年，而是小孩。"

孩子们在学校说些不合年龄的色情内容，自己却毫无意识。奇怪的是，父母们竟然会认为孩子的这种言语很有趣。
——迪伊，小学早教老师

一方面，我们喜欢孩子的天真无邪和无拘无束。然而，当我们看到孩子被当作营销对象、穿着过于成熟、沉迷于电视节目也习以为常时，我们居然没有意识到其中的问题，还以为这也是孩子天真的表现。现在男孩们随处可见色情内容，要是家长不能让孩子明白他看到的是什么，那么孩子就只能自己理解这些信息。面对这些问题，家长绝不能靠逃避，或者是电脑过滤器来解决问题。对于性话题，男孩需要不断和家长进行公开坦诚的讨论。他们需要一个认知框架来理解他们遇到的色情内容。

☆ 成长的压力

孩子们日益增多的性行为在一定程度上是由他们过早成熟的压力造成的，我们会经常看到：杂志将女孩描写成性感女郎；商家无休止地对孩子们进行狂轰滥炸，鼓励他们表现得成熟并穿着不符合年龄的衣服。久而久之，孩子们也开始这么做，因为他们希望被接受、获得归属感。所以孩子们努力想成为青少年。

孩子们在很小的时候，在还没有成长到足以形成正确观点之前，就接触到色情信息，这导致爱在他们心中只是低俗廉价的代名词。

—— 史蒂夫·比达尔夫，心理学家、《教出好儿子》的作者

此外，男孩在小学阶段就想要交女朋友，他们担心如果不这么做就会被同龄人冠上失败者的名号。当他们被鼓励做些不符合年龄的行为时，他们更有可能将女孩视为物品，因为他们还太小，不能明白人际关系的复杂和重要性。在与男孩的交流中，我们清楚地发现，男孩认为女朋友和附属品差不多。"和我同龄的男孩想交女朋友的原因很简单，他们觉得这样很酷。"10岁的马克告诉我，"我的朋友有女朋友，因为每个男孩都有。"

"如果你想让朋友接受你，最好的方法就是告诉他们你有女朋友，你们亲吻、拍照、互发信息。"小学校长凯丝如此说道，"这将涉及孩子在同龄人群体中的地位问题。在压力下你不得不加入这一队伍，如果你不参与，那么就说明你自己有问题。"将女孩子视为附属品，对于孩子们的人际交往并非一个好的开始。正因为如此，当看到越来越多的青少年喜好窥阴，喜好诋毁女孩时，也就不足为奇了。儿童保护工作者丽贝卡表达了自己的顾虑："几天前，我的同事在当地健身房的更衣室发现一群10~11岁的小男孩在偷窥女孩。这种侮辱人格的粗鲁行为让她十分震惊，她及时阻止并斥责了他们。"

我很担心女孩们。儿子告诉我他有了新女朋友，因为他的前女朋友甩了他。可是，他今年才9岁。

—— 马丁，布雷德的父亲

对父母来说，他们要面临的众多艰难挑战之一是铺天盖地的色情内容和图片，很难限制孩子们不看这些东西，因为即使孩子不在家里看，

他们也可以在外面看到这些色情内容。"所有的性内容都呈现在你面前——通过音乐视频和电视节目。"戴夫·马拉德说道。他的两个儿子正处于青春期，"人们的态度已经改变了。我很惊讶，小孩现在居然被允许看某些包含色情内容的电视节目。"一些家长认为监督孩子是在侵犯隐私，也有些家长对色情内容并不敏感也不重视。但男孩们会因此变得易受伤害，他们甚至会接纳那种无益的态度，模仿所看到的行为。

☆ 沉迷于色情内容

家长们不仅要担心广告牌、杂志、电影上的广告和视频短片的诱惑力很大的问题，还要意识到小男孩很容易接触到色情内容。负责问题少年工作的罗恩深表同意："我们可以看到，由于接触色情内容或者受父母行为的影响，10岁以下的孩子性行为异常活跃。我见到过很多例子，色情书刊在家中随处可见，已经成为家庭文化的一部分。家长小心翼翼地将色情书刊、电影藏起来，然后又被孩子们找出来。"随着社会生活和家庭生活的日益自由化，越来越多的孩子接触到一些令他们疑惑和困扰的问题。

也许只有青春期的男孩们不会对小男孩的这种生活方式感到惊讶，因为他们也经受着同样的压力，触及同样的色情内容。许多青春期的男孩也表达了他们对现在的小男孩们的成长的担忧。其他的人则认为事情本就如此，无须惊讶。"关于性的信息无处不在，这也难怪现在的孩子会过早进行性行为了。但孩子们需要正确的指导——不仅仅是被媒体美化过的性。孩子们认为性行为很酷。"17岁的加里这样告诉我。除非小男孩可以早点接受有用的性知识，不然他们只会变得不堪一击。而且，如果父母不参与其中，不能与孩子公开坦诚地讨论这个问题，那么他们也会从别的地方了解这个问题。

家长不能再自欺欺人了，孩子们可以随时随地获得详尽的色情内容，这非常糟糕。而接触色情内容将影响男孩的生活，而且这种影响是不可弥补的。布莱恩·杜克是一位父亲（儿子才5岁），也是男孩辅导项目的区域负责人。杜克很担心色情内容带来的不良影响。"男孩们接触性内容过早，他们还没有能力用健康的方式处理这一问题，他们还太小，根本不能做出常识性的决定。这就跟孩子遭受性虐待没有什么两样，他们的经历会表现在图画、思想和观点之中。现在性行为已经成为越来越多的10~12岁男孩思想中的一部分。"研究结果证实了这一观点，那些观看过色情内容的孩子对此变得迟钝、麻木，还可能出现性侵犯行为。此外，色情内容的数量十分庞大。据计算，每3~4周就会出现1000个包含色情内容的新网站。

进入色情世界比以往更加便利，很难避免。

——奥斯汀，校长助理

☆ 无底限自拍

与以往相比，孩子们在更小的年龄段就已经开始用手机拍摄清晰的照片，由此带来的负面影响也常常让老师们担忧和失望。一所小学最近发生了一件裸照事件，一群8岁的小女孩自拍了大量裸露上身的照片，然后到处传播。孩子们这种不恰当的性行为不断增加，让人十分担心，因为这些行为不仅剥夺了孩子们的童真，同时也严重影响了他们成人后的生活。一名在市医院负责性侵犯调查的心理学家认为，如果孩子们从很小的年纪就开始经常拍照摄像，他们就更容易不设禁忌。理所当然地，触犯伦理的界限对他们来说也是无所谓的。如果想帮助男孩正确地度过青春期，就应该让他们在接到色情短信之前明白何为色情短信，还应该让他们明白为什么这样做不好。我们应该和孩子们讨论这些问题，帮助他们树立抵制这种做法的观念，这样他们在拒绝色情内容的时候就会更加坚定。这些早期的谈话将会让孩子们在未来的道路上免受许多的痛苦。

☆ 受虐待儿童

一名心理学家为性侵犯受害者打抱不平，她认为"孩子们的童年已被摧毁，儿童成为性侵犯牺牲者的年龄越来越小"。她担心，社会会一直强调流行文化为孩子的中心，并将之视为孩子的"外在世界"。孩子们受到的限制越少，他们就越容易被同龄人或者成年人影响，做出他们以后可能后悔的事情。在采访受害者时，她发现这一切恶果都是"炫耀文化"造成的。这位心理学家在性侵犯案件中发现，"炫耀文化"推崇冒险的表现方式，鼓励公开的性行为。

事实上，已经有许多孩子受到了广告推销的危害，而新技术让广告推销更加便利。数据调查的结果显然十分严峻。据美国国家失踪和受虐待儿童服务中心的统计，在美国因非法色情描写而遭到拘留的人，10个人中就至少有2个涉及描写3岁以下儿童的色情内容。超过2/3的内容关于3~5岁儿童，令人惊愕的是约有83%的内容是关于8~12岁的孩子的。同时，我们还看到越来越多的儿童互相虐待，大多数专家认为这是由于孩子们受到了色情内容的影响。"我们看到6岁、7岁、8岁的孩子参与胁迫、指使他人的性行为，但是他们对于性到底意味着什么并不清楚。"澳大利亚儿童基金会的乔图斯博士说道，"被胁迫和虐待的孩子遭受了极大的创伤。"他继续解释道，受害儿童经常得接受高强度的心理辅导来抚平创伤。

☆ 邪恶的网站

新技术时代赋予男孩许多极佳的机会，包括建立和观看在线相册。然而，因为在照片共享网站粘贴照片具有简易、免费且可匿名上传的优势，这里也成了色情照片发放的出口。互联网监察基金会2006年的调查发现，在所有包含儿童色情照片的网站链接中，超过10%来自网上相册。由于不受地域限制，孩子接触赤裸裸的内容的方式不断增加。2006年，在所有以儿童性虐待内容为特色的网域中，80%以上是来自美国和俄罗斯的网络服务器。当父母们极尽所能地屏蔽这些色情内容的时候，大多数孩子也能在自己家、朋友家或者别人的手机上看到色情内容。因此，父母们需要告诉孩子，色情图片会带来哪些危险和危害，同时在遇到这些情况之前就要告诉孩子应该如何处理这些问题。

☆ 陷入麻烦中

当男孩开始接触黄色书刊，如果没有正确的指导，那么他们就会进一步寻找其他途径接触更多的色情内容。一旦男孩试图将所看的内容付诸实践，那么他们可能会因此陷入大麻烦之中。"孩子们从小就受到'要变得性感迷人'的影响和熏陶，"布莱恩·杜克说道，他本身是一个父亲，还进行着一个当地青少年辅导计划，"孩子们期望被他人接受，且为此会采取一切努力。于是，他们将自己融入到性的场景当中，并且对看到的色情内容进行模仿，结果却陷于困境。他们真正地失去了童年的天真无邪，但是他们对自己的行为并不是完全理解，只是照做而已。"因此，男孩需要成年人为他们规定明确的界限，诚实面对行为所产生的后果，让生活变得丰富而有趣，而不只是围着同伴和电脑打转。有一点很重要，即使当男孩表现出了令人担忧的性行为，只要寻求专业的帮助，他也会在成长的过程中从泥潭中及时摆脱出来。

> **用以下方式你能够帮助孩子处理成长中遇到的性方面的问题：**
>
> ◆ 时刻注意孩子接触到的东西。
>
> ◆ 在家里的电脑上安装过滤器。
>
> ◆ 和孩子谈谈色情内容。
>
> ◆ 告诉他为什么看色情书刊不好。
>
> ◆ 以孩子能够理解的语言向他讲述性方面的知识。
>
> ◆ 明确告诉他你对他的期望。
>
> ◆ 鼓励公开坦诚。
>
> ◆ 让孩子知道你可以在他有疑问或顾虑的时候给予指导。

青春期发育的麻烦

当男孩进入青春期，他们的身体发育将焕然一新，大脑会进入部分混乱的状态，生活会变得既令人兴奋又令人困惑。在男孩发生生理变化的前几年，大脑会释放促性腺激素，激发青春期的到来。在青春期期间，睾丸素成10倍增长，促进肌肉、体毛、皮肤和骨骼，以及阴茎的生长。激增的睾丸素将给男孩带来更多的精力和力量。而在这段时间，男孩的肌肉量将增长6千克左右，身高增加1/3，声音将降低一个八度音阶。

以前，人们会热烈庆祝男孩的成年，并帮助引导男孩将精力用在为团体服务上。这样，男孩也会觉得自己很有用，被别人欣赏。

☆ 成长中的身体和心理

面对男孩们大脑和身体的巨人变化，父母要严肃对待，但也不能缺乏家庭的温暖。青春期的男孩总是会担心体毛、痘痘、勃起、梦遗和汗臭等问题。每10个男孩里面有7个都会因为乳头旁边长了多余的组织而担心自己是"大胸男"。然而，男孩需要知道组织增长绝对是正常的，且增长期不会超过1年。另外，考虑到自己的肩膀宽度、身高以及阴茎尺寸时，男孩又会担心自己看起来没有男子气概。伴随着这些担忧而来的是突然的情绪波动。

受到这些因素的影响，青春期男孩经常性情绪失控也就不足为奇了。以前，人们会热烈庆祝男孩的成年，并帮助引导男孩将精力用在为团体服务上。这样，男孩会觉得自己很有用，被别人欣赏。与这形成鲜明对比的是，现在的青春期男孩很少受到积极的评价，与前几代青春期的男孩相比，我们没有让他们感受到作为青春期男孩应有的快乐，他们现在有好几年都要在中间年龄段——"真空地带"度过，在那里他们既不是孩子也不是成年人。

悲哀的是，青春期并不受欢迎，因为这只是另一个让男孩觉得糟糕的阶段。在学校演讲时，我告诉男孩青春期是件很奇妙的事情，男孩非常惊讶。他们十分喜欢我们谈论男人的英勇事迹：消防员从燃烧着的建筑中救出婴儿是多么令人敬畏，男孩帮助老人过马路是多么令人高兴，照顾或者寻找失踪的小孩子是多么令人赞赏。一想到自己也能在社区中做出此类的英勇事迹，男孩十分兴奋。当然，让男孩知道赢得他人的敬佩并不是要陷自己于危险境地很重要，即使是投身社区活动也是可以得到别人的认可的。

☆ 记录重要的时刻

在青春期男孩的生活中，有许多特殊的时刻也值得记录下来，例如得到驾照或者找到第一份兼职，抑或是第一次和朋友们旅行。为什么要让这些时刻流逝呢？最好的回忆就是那些在记忆中长存的时刻，金钱是买不到的。何不挑个有趣的地方进行一次特别的烧烤聚会，在某个下午去划皮艇，或者在周末出去露营？青春期介于童年和成年之间，在这段漫长且令人困惑的时间里，男孩需要靠这些或那些经历和记忆来塑造成就感。

　　悲哀的是，青春期并不受欢迎，因为这只是另一个让男孩觉得糟糕的阶段。

☆ 男孩的怒火

　　青春期里，有很多难以驾驭的敏感期。最让家长不安的是，青春期男孩毫无预兆的怒火。男孩的愤怒经常不是自己单方面引起的。在《男人不愿说的话》中，我曾提到当我们不允许男孩将所有的情绪都表达出来时，他们只剩下了愤怒的情绪。尽管生气也是情有可原，但是生气并不是用来处理大部分事情的理想方式。因此，如果你的孩子狂怒了，你要知道他也许是觉得生气都不足以爆发自己的怒火。限制孩子的表达方式，只可能会让他以这种极端的方式告诉你他想表达些什么。26岁的托尼诚实地总结道："愤怒是男孩第一重要的情感表现形式。如果他感到悲伤，那么表达出来的情绪却往往是愤怒。男孩很少有纯粹的愤怒。如果你感到罪恶、受伤或者虚弱，那么你的表达方式还是愤怒，因为只有你愤怒了，你才是个男人。而且要表现出攻击性的愤怒，而不是暗中的愤怒，不然就会被认为很女生气。"不过，情况正在改变。男孩和男人们在情绪变化和表达上更加有经验。而且，父母们应该积极地鼓励男孩尽情地表达自己的情感。

☆ 正确引导孩子表达情绪

　　如今，男孩需要快速准确地应对各种状况，并且能够做出最佳反应。在21世纪，这是最基本的生活技能。男孩从父母身上能够得到的最大礼物之一，就是学习如何分析和处理自己及他人的情绪问题。在家庭中形成一种交流氛围，让每个家庭成员都能坦诚面对失败和弱点，这可以帮助男孩认识真实的生活。

当男孩要发泄怒火的时候，他需要时间调节，若是你能在此时和他谈谈，他也许会采纳你的建议。不过，在交流的过程中，你要确定自己能听懂他到底想表达什么，最好记下孩子说的内容、肢体语言，以及他没有说出来的东西。也许，你之后就能发现他某些特定的行为举止是因为害怕同龄人、缺乏自信，或者是需要更多的挑战和独立而表现出来的。这些珍贵的发现对于帮助孩子寻找积极的成长道路十分有用。

当感到压力或者不安的时候，你的儿子也许需要别人帮他分析指导。一个好的方法是，适时地给他指点，让他明白怒火爆发来源于压力过大。一位朋友常常在孩子感到生气的时候提醒他"不要被门夹住了老鼠尾巴"。孩子的心情立刻就得到了缓解，并且能和母亲交流自己的事情。

当一切顾虑扫清之后，应该趁热打铁，和孩子讨论应该如何表达情感。男孩应该清楚除了愤怒，还有多种方式疏导压力。当然有些男孩选择将心事隐藏起来，或者时不时地爆发一下；有些男孩则与别人谈谈令自己困扰的问题，并分析问题。父母们经常会觉得苦恼，不知该如何对孩子谈论一些敏感的话题。不过，这个问题也不是不能解决。一个好方法就是在电影、名人新闻、随意的对话或者任何不以男孩为焦点的场合中与孩子讨论敏感话题。在外出散步的时候分享一些想法，或者在车上讨论，都不失为理想的方法。这些方式让男孩觉得自己不是话题的焦点时，他们自然就会放松地敞开胸怀。

☆ 大脑发育尚未成熟

在青春期，男孩们不仅身体和情绪上会发生很大的变化，而且大脑发育也会很快。男孩6岁的时候，大脑的大小几乎与成年人的大脑相当。不过并没有发育成熟，脑细胞还在继续生长。在男孩12岁时，大脑

进入融合重塑阶段，所有未用到的细胞和神经联系都会被清除。一些专家称这个阶段为"使用或失去"阶段。"在参与音乐、体育活动或者学习时，脑细胞和神经联系非常活跃。"神经系统科学家杰伊·吉德解释道，"如果躺在沙发上，或玩电子游戏，或者看MTV时，脑细胞和神经仅仅是活着。"

这些变化贯穿于整个青春期，常使得少年们困惑不已。在一项调查中，一群成年人和青少年要观察一系列的面部表情，并被要求分辨每个表情所表达的情绪。在他们观察的时候，调查人员也在观察他们的表情。调查结果显示，成年人很轻易地就能分辨每个表情，不过青少年就没那么轻松了。而在相应的脑部扫描结果中，成年人靠前额叶皮层，也就是大脑控制思维的部分起作用；而青少年，尤其是男孩子，则是依靠前部大脑，即情感和本能控制区域起作用。该结果或许可以解释为什么青少年更易冲动行事，而非冷静应对。负责这个调查的神经系统科学家德博拉·尤盖伦·托德总结道："青少年也许并不如我们最初预料的那样成熟。他们只是身体上达到了成熟，因此并不能像成年人那样欣然接受后果或者正确评估和判断。"

男孩未必目中无人，他可能是误解了别人对他的要求。

一旦我们能够对青少年的大脑成长多些了解，我们就能够更好地支持他们。考虑到我们的言行也许会产生不同于我们原本预期的效果，那么我们就应该认识到这个事实，即男孩未必目中无人，他可能误解了别人对他的要求。当我们给男孩提出要求时，最好清晰地写在纸上。即使他们嘴上说不需要，但事实上他们需要明确的信息来处理问题。此外，你可以让他就行为举止和对他的期望值做出概括说明。或者，你也可以为一些重要的决定制定书面协议，比如他什么时候、什么地方以及怎样才能开家里的车。这样一来，就能确保男孩明白别人对他的期望。另外，还应记住尽管这些策略都非常有效，但我们也必须谨慎实施，因为没人喜欢被伤自尊。

当我们给男孩提出要求时，最好清晰地写在纸上。即使他们嘴上说不需要，但事实上他们需要明确的信息来处理问题。

☆ 纪律规则

男孩的青春期并非都是问题重重，那些曾经严阵以待的父母往往对男孩的错失反应过度。一个让父母最难做的决定是什么时候、又该如何严格要求他们的儿子。父母最好能帮助男孩处理不同的状况，让他明白不恰当的行为举止可能会造成的后果，这点十分重要。我们应该清楚什么行为可行，什么需要禁止。总之，不管男孩做什么，他必须清楚需要付出什么样的代价。那些不对孩子加以管制的父母其实是在害孩子，孩子很可能在日后的成年生活中遭受痛苦。此外，坚持和遵守惩戒措施非常重要。

与此同时，你要让你的儿子清楚，人人都会犯错，无论错误会带来什么样的后果，总会有解决的办法，而且你依然关心在乎他。这种方式是教育孩子们要积极寻找解决方法，而不是纠结于后果。除了要为破坏家庭规则承担后果之外，男孩做得不错时，无论是努力学习，帮助朋友或者是做出了好的决定，也都应予以表扬。

☆ 承担更多的责任

在任何可能的情况下和孩子讨论他可以做些什么，以此培养他更多的责任感。在面对一件事情的时候，更重要的是开始让孩子独立思考，

而不是直接给孩子答案。这样有助于培养孩子的决策能力以及让他知道你相信他有能力做出好的决定。然后，你可以和他一起找出最佳的解决方案。当然，在解决问题之后，与孩子进行私下的闲聊也是有益的，可以对他的处理能力提出表扬。如有需要，也可以帮助他进一步改进策略。大多数人并不能一遇到问题就做出正确的决策。如果男孩明白所有人都是在努力中进步，他们将会备受鼓舞，会用更坦率而幽默的态度应对问题，放松并享受自己的青春期时光。

> **怎样帮助孩子度过青春期：**
>
> ◆ 确定孩子明白青春期该期待些什么。
>
> ◆ 记住，男孩更希望与父亲谈论性方面的话题。
>
> ◆ 鼓励公开的对话，激励他们阅读如《青春期男孩》之类的书籍。
>
> ◆ 让孩子明白，不确定、挫折和困惑是青春期生活的必然部分。
>
> ◆ 庆祝每个里程碑。
>
> ◆ 要一直让他知道你关心他。
>
> ◆ 跟孩子坦诚你担心他的青春期成长，不过要略去那些让他尴尬的事情。
>
> ◆ 尊重孩子的隐私。
>
> ◆ 尽量平衡孩子独处、与朋友一起以及参与家庭活动的时间。
>
> ◆ 永远不要将孩子生理上的变化纳入家庭讨论或谈话的主题。

男孩和购物欲

　　如果说消费对8~12岁的少年非常重要，那么拥有更多收入和购物自由的青春期男孩（13~19岁）就更不用说。虽然人们总是责备青少年的消费方式，但他们的消费方式在很多方面却只是我们自己价值观的反射。"我们生长在一个物欲横流的时代，"18岁的亨特说道，"这是我们对周围世界的印象。大量的广告是针对我们这个年龄段的孩子，而且效益很好。"皮特也十分同意，他有两个儿子："对于我的儿子们来说，拥有MP3播放器就是幸福，拥有微软游戏机就是幸福。这些也反映了我们作为成年人的价值观：我们在意别人的车型和工作，整个社会都在为金钱而忙碌。"

　　一些人看来，消费品是衣服。一些人看来，消费品是数码产品，是体育装备，是电影。从这个角度来理解的话，我认为每个人都是物质至上，因为大家总会有想要的东西。

——乔尔，19岁

　　和我谈话的这些男孩对于自己强烈的占有欲十分坦诚。大多数情况下他们也只知道这么多。"我们这代人中，大多数人想要很多的东西来填充自己。"18岁的达米安说道，"很多营销手段都是针对我们的，比如电视上的衣服和其他东西。"15岁的哈利也同意："的确，我们看起

来非常富有，而且经常购买小配件、衣服或其他东西，比如电脑游戏、电影和音乐。"

☆ 需要钱去购物

出生于一个前所未有的物质丰富的时代，少年们很自然地会选择花钱而不是省钱。对于许多人来说，做一份兼职只是为了获得收入，而不是增长工作经验。"钱是参加工作唯一的动力和原因，因为他们想买东西。"瑞贝卡，一位少年的母亲这么说道，"他们想要的东西很多。"由于对金钱的需求，少年们在工作时并不会有强烈的责任感和出色地完成工作的自豪感。"他们秉持着一种无所谓的态度，因为他们知道可以不断地向家长索求。"这位母亲忧心地补充道。

"如果孩子们有钱，他们就会花光所有的钱。孩子们没有储蓄的概念，他们并不理解需求和欲望之间的差异。"校长助理奥斯汀说道。

☆ 对科技产品的购物欲

男孩们都喜爱小玩意儿，对于新科技也十分热诚。"我十分喜爱技术产品。"19岁的乔伊说道，"我总是想购买一切最新的产品。我正在存钱准备给房间里装新的无线网卡，这样我房间的网络信号就好多了。我是个技术爱好者，毫无疑问，我们这一代人都奉行物质至上主义。"电脑、手机、iPod和游戏对男孩来说是生活必需品，因为这些都是他们体验生活的媒介。然而，技术产品的价格并不便宜，技术的发展更新又是如此迅速，男孩必须不断地购买最新上市的产品，这样他们才不会觉得自己落后了。"我猜测，每个人都很依赖技术产品。我们想要的东西可以列成一张很长的单子。"17岁的瑞克承认，"尽管我买了一些东西，可是还是有更好的版本。"

这种对新产品永无止境的更新和追求常常成为父母们失望的来源，因为他们不能理解那些新特色、新功能对他们来说为何那么重要。不过，在这一点上，生产商可是做足了工作。他们费尽心机让父母们认为为孩子购买最新款的手机、游戏和iPod是非常有必要的。父母越是拒绝这些产品，孩子就越会觉得自己落伍。"我猜这也是购物欲和占有欲的缘故。"19岁的乔伊说，"就像我已经得到了一个，可我还会继续买另外一个。要是觉得这个产品和另外一个产品很相配，我也会买。就是这样，一个产品一个产品相互叠加。"

☆ 日渐扩大的商品市场

意识到男孩市场是一个有利可图的市场，美发产品生产商也坚定地将男孩纳入营销的范围中。尽管还是8~12岁的少年，但他们已经开始给头发打蜡、上发胶、开轮廓线、染发。男孩对潮流发型和塑造发型需要用到的产品都十分清楚。现在，鞋子也成了一个时尚点。此外，由于对时尚风格越来越关注，男孩们现在开始在意怎样装饰自己的卧室了。

☆ 男孩可支配的收入

随着家庭规模越来越小，生育年龄越来越大，父母为孩子倾注的关怀和金钱也越来越多，孩子也不再需要和兄弟姐妹们共享衣服、家具或者玩具了。以前的孩子们从来没有这么多自己可以支配的零花钱。而且现在的男孩们也不太在金钱上依赖父母，他们对于自己的消费能力和把钱花在什么地方十分清楚。"我的兼职收入很不错。"瑞克高兴地说，"我周六的收入很好。我很庆幸自己有钱可花。"男孩没钱花了，这不

是什么大问题，因为还可以经常向父母和祖父母要。因此，这个年代的男孩能毫不费力地得到自己想要的东西并对此习以为常。

我们习惯即刻拥有任何东西。等待或不能立刻得到对我们来说非常难熬。

——卢卡，15岁

☆ 利润丰厚的市场

生产商给青少年们施加消费压力，而青少年们又反过来将这些压力施加于父母。在男孩的愿望清单上，高科技产品的地位很高。罗宾的孩子正值青春期，他很理解地表示："家长切实地感受到不得不购买这些商品的压力。我的儿子为了最新款的游戏机，经常来烦我。"许多父母和老师对此深有同感。

当商业公司将青少年作为营销目标时，他们不再依靠运气寻找商机，而是花高价雇用包括儿童心理学家、人类文化学家以及动画设计师在内的最优秀的专家，研究青少年的一切心理、习性，并将研究成果直接转换成产品上市销售，甚至连孩子向父母索要产品的方式都被精心研究过。通常情况下，广告是促使孩子向工作繁忙的父母要钱购买产品的最佳途径。广告对商业促销十分有益。一旦这些宣传策略起作用，那么整个市场的利润无疑是巨大的。近期，微软公司发布报告称，其新款Xbox 360（微软游戏机）的销量已经超过了前代游戏机，达到2500万台。而常常让父母为难的是什么时候又要向孩子妥协，又该妥协多少次。孩子们之所以想要最新的小发明或者最新款的T恤衫，是因为生产商能够将孩子们最渴求的东西——名气和成功与产品联系起来。同时，由于孩子们生活在一个只有胜利者和失败者的世界里，如果他们只想成为胜利的那一方，那么他们就别无选择了。

孩子们为了追赶潮流，渴望受人欢迎。这种态度与社会地位息息相关。

——艾丹，22岁

不过，并不是所有的男孩面对营销手段都毫无抵抗力。有一点很有趣，那些通过努力存钱购买他们想要的东西的男孩们一般很珍惜这些东西。而且，这些孩子们对于自己购买的物品眼光非常敏锐。"如果我想要某些东西的时候，总有人告诉我要先攒够钱再去买。"15岁的马克说道，"但是也有些孩子，他们的父母非常仁慈大方。我认识的那些人，时常购买新款手机和iPod，或者类似的产品。在我看来，他们纯粹是浪费钱。"

☆ 更高的消费期望值

近几年来，在生产商对青少年市场产生巨大影响力的同时，青少年们的期望值也在不断地增长。现在，品牌忠诚度为"品牌浪荡者"或"混杂的购物者"开路，这些人经常注重在购买时获得一些附加的好处。青少年消费者希望在购买重要的物品时能感觉到与众不同。他们希望能够从一个品牌上得到惊喜。有研究表明，青少年们倾向于定制的物品。在这个方面，阿迪达斯品牌是最快做出反应的。在阿迪达斯的店内活动中，少年们可以装饰自己的鞋，网上的T恤商店供不应求，允许注册用户自己设计、查看和购买T恤。同时，每款服饰都是限量版，每款只出售1000件，通过这样来显示购买者的重要身份。

☆ 不断改变的消费方式

和前几代孩子不同的是，如今的男孩十分享受消费的过程。男孩还处于少年期的时候，他们就成为老练的消费者和时尚达人。在购物之前，他们喜欢与同龄人谈论并在网上查阅商品。而所谓比较成熟的青少年则不再直接进出商店。购物成为一种社会经历，他们乐于在网上浏览。男孩时常和那些购物品位得到自己认可的女性朋友一起购物。此外，男孩对于购物的享受一部分是来自于父亲的影响，因为现在他们的父亲也会参与家庭购物，或是自己购买服饰等用品。

潮流是不断变换的，这也就意味着如今的青少年需要花费很多的时间在选购物品和追赶潮流上。而时尚潮流常常起源于社会的边缘，比如"犹太风格"的棒球帽、口袋裤、连帽衫和三角巾，就起源于纽约的布鲁克林、布朗克斯和皇后区文化，成为主流时尚"犹太流"。因为今天的男孩在尚不能读或写的时候就已经被植入了一大堆品牌意识，所以他们的一些购物选择完全是不假思索的。"市场的确会影响你，"19岁的乔尔说，"我们成了它持续的营销对象。看过一个可口可乐的广告之后，我会自然地想'啊，我现在就想喝可口可乐'。然后我就走向冰箱，拿出一瓶。"

而父母们在这种情况下该怎么办？青少年时尚、配饰、音乐的潮流更替如此之快，少年们必须努力追赶才能跟上潮流。男孩经常在杂志、电影、电视剧和网上追寻时尚的变化。但是，这会让父母们很难准确地抓住孩子们的喜好。"孩子不在的时候我不会为他买任何东西，因为只要我买的东西有一点细微的不如意，他就会把它丢掉。"法兰克说道。他是一位父亲，也是一位青年工作者，"似乎别的孩子和家长也承受着同样的重压。"

☆ 对家庭购物的影响

男孩在广告商的市场定位中更加重要，从电视、电脑、DVD到车辆购置，男孩们现在影响着一个家庭的购物决定。技术更新得越快，父母们就越依赖孩子在网上对这些产品进行比较分析。因此，这些青少年几乎就是家里的购物顾问。然而，问题在于这些关注的焦点都在消费上，使得青少年的生活充斥着没完没了的消费。男孩对购物思考得越多，消费就越有可能成为习惯。如果男孩有钱那么情况还算好，如果男孩无法支付得起想买的物品，那么就将是折磨。"现在，贫富差距越来越大。"奥斯汀说，"在过去，我们都穿过别人穿过的衣服。可是，现在最新的才是最好的。穷人家的孩子被远远地落在后面。因为低收入家庭的孩子没有能力购买许多物品，如果没有最新潮的物品，那么他们会处在流行线的最底层。"

大多数青少年男孩不喜欢便宜货。他们谈论起品牌的时候就像在谈论很有价值的朋友。他们热衷于先购买，然后再思考购买这些物品的代价。因此，孩子们的债务在不断地增加。所以，父母们教育孩子如何使用金钱，做好预算，平衡收支就显得尤为重要。父母们同样还要帮助孩子定义自我价值，让他们明白个人价值不是靠穿什么、买什么来实现的。

通过以下方式，你可以影响孩子的消费方式：

◆ 在家庭中提倡储蓄的习惯。

◆ 清楚自己的消费习惯。

◆ 鼓励孩子发现消费将对周围环境和自然界造成的影响。

◆ 给孩子讲解广告和营销手段，这样他就能分辨自己是何时被
这些手段征服了。

◆ 和孩子讨论，为了生产这些商品，要对第三世界国家进行多
少开发。

◆ 消费常是无聊的后果，因此让孩子把关注的焦点和时间放在
其他事情上。

◆ 鼓励孩子将物品分给那些不富裕的人。

外表为何如此重要

  以前，外表和举止并不是青少年男孩关注的事。但是，现在每个人都处在社会的显微镜之下。男孩们表现自己的方式决定了他是否被人接受或拒绝。因此，越来越多的青少年对自己的衣着是否重样非常关注。正如17岁的瑞克的解释："如果你在一周之内将一件T恤穿两次，这将影响你的学校生活，以及对父母为你选择衣服的感受。"根据高中老师萨拉的说法："男孩对鞋十分在意，你经常会看到他们在操场擦自己的鞋，鞋就是身份地位的标志。配饰也越来越重要，男孩十分关注潮流。"不过，男孩关注外在形象也并无错处。因为以前男孩之所以会受到批评，大多数是因为他们不修边幅。不过，现在的关键问题是，确保他们不要对外表过分迷恋或是过分地焦虑。

  男孩对于外在形象、朋友们和女生对自己的看法十分在意。而且，经常有人会告诉你应该穿什么。

——丹尼尔，12岁

☆ 外表备受关注

  "男孩越来越关注时尚和外表。有时候他们花在这方面的精力和女孩一样多。"15岁的扎克说道，"来自时尚潮流和同龄人的穿着让男孩

们备受压力。"17岁的雅各布也十分同意:"在我们学校,外在形象对我的影响尤其大。我有几个朋友是同性恋,他们的衣着搭配很讲究。你不得不跟别人一样,尽量让自己的衣着得体。除非干很脏的活儿,不然无论何时只要你出门,你就必须得穿着优质的牛仔裤、T恤,有型的鞋子。"以前如果男孩过分修饰自己的形象就会受人指责,但现在人们的观点有所改变,只要男孩们不把外貌看作他们存在的唯一理由,他们就会得到别人的尊重

> 你在杂志和电视上看到的、听到的,就是你想穿的、想听的。
>
> ——瑞克,17岁

一些男孩十分崇尚潮流,并且能够自我创新。只要不成为焦虑的来源,那么这种行为就是好的。"仪表和发型很重要。"17岁的安格斯这样对我说,"如果你用一些护肤品和化妆品,有时是眼线膏和自然色的唇膏,那么你在男孩子中会更加受欢迎,大多数男孩是很虚荣的。"虽然紧跟时尚是一件有趣的事,但同时也很有压力。"毫无疑问,仪表很重要,"16岁的托比承认,"我对自己的身材和衣服感到苦恼。大多数孩子跟我一样,在试着成为时髦的人。事实上,大多数情况下我的服饰搭配也还可以。"瑞克的经历也差不多如此。"我们常受到来自媒体、男明星、少年名人对于穿着的压力。因为女孩喜欢他们的穿着,所以男孩也只能紧跟时尚。"他解释道。

> 你也许曾遇到过一些男孩,他们要是没有合适的鞋和衣服就不想来学校上学。
>
> ——凯伊特,高中老师

☆ 时尚线索

由于男孩不像女孩可以参考时装杂志和电视节目，男孩不知道应该如何装饰自己。因此，男孩只能搜集一切可以获得的信息。大多数时候，男孩在穿着打扮上相当别出心裁。"在发型和时尚上，你可以向年龄大的男孩学习，在学校他们总是走在你前面。"12岁的莱尔如此说。"当然了，有姐妹帮助参考的话就更好了。"扎克说，"一般情况下，男孩会追随少年杂志，以及运动员和演员们的穿着风格。"如今的男孩的确十分迫切地想知道怎样打扮才得体。奥古斯对男孩的想法深有体会，他希望能出现一本男士时尚杂志。奥古斯表示："我经常参照电视上的角色人物，比如乐队的成员，模仿他们的穿着。许多男孩喜欢杂志上的摇滚明星的打扮风格，比如发型。"

我选择的时尚风格来源于体育运动员、广告或杂志上出现的那些名人或模特。这些杂志总是会告诉你穿什么好和穿什么不好。

——托比，16岁

☆ 发型

在男孩们所有的时尚元素中，头发看来是比较重要的部分。"头发对于男孩来说是主要的时尚图标。"15岁的扎克对我说道。而在17岁的雅各布看来，"即使你有一头乱发，只要出门，你就要好好地打理头发"。凯伊特（一名高中老师）十分同意："许多男孩将头发打上直发剂、做成条状，或者是染色。"

17岁的奥古斯则表示，男孩之所以越来越在意时尚和头发是因为他们在网上上传照片。"如果你将照片传到网上，你就想确认你的形象看起来很棒。"这些青少年们现在开始考虑如何去提升他们的网络形象。

这也意味着他们要制订更加细致的方案来让别人注意自己。

男孩发现跟随流行时尚的确很难，因为时尚总是随时改变。当你装扮起来，并且没人觉得不合适的话，那就说明你的装扮过关了。

——丹尼尔，12岁

☆ 千变万化的时尚

时尚界的一大挑战在于时尚改变的速度。"每个季度的时尚潮流改变得很快。"瑞克（17岁）解释道，"人们想要紧跟潮流。不过，在学校生活是幸运的，因为你不得不穿统一的校服，或者比这更差劲的衣服。"此外，男孩开始越来越多地向女性朋友寻求帮助。托比说："我会参考女性朋友的意见，因为我很信任她们的眼光。当我去购物的时候，我总会和她们一起去，她们不但喜欢购物，还会帮我选择适合我的衣饰物品。"

如今，为了装扮出众，男孩承受了更多的压力。

——萨拉，高中老师

正如女孩担心自己的打扮是否能够吸引男孩一样，男孩也越来越关注自己对女孩子是否有吸引力。"我们在准备自己的穿着时，都会考虑女孩会不会喜欢。这个过程让我们很享受。"12岁的莱尔告诉我。尽管追赶时尚很有趣，但是男孩不得不将大部分的精力放在外形和快速更替的款式上，时时确保自己处在潮流的前沿。

帮助你的儿子释放追求时尚造成的压力:

◆ 尊重现实,即帮助男孩对自己的外貌满意,这点十分重要。

◆ 帮助孩子平衡时尚乐趣和丰富的生活经验。

◆ 帮孩子买衣服。

◆ 让孩子明白,每个人在花销上都有压力。

◆ 介绍他去淘二手服饰。

◆ 鼓励孩子经历更多,让孩子看到生活中不只存在衣服和发型。

担心外在形象

　　因为每天在广告、电影和杂志上看到无数的完美男人形象，男孩对自己的身材越来越在意。大多数男孩认为，他们应该拥有健壮的肌肉、标准的腰围以及腹肌。脱掉衣服之后，他们的身材就得和休·杰克曼或者布拉德·皮特一样好。"人们对身材总是很关注。" 15岁的马克说，"环顾四周，男孩总会担心自己的形象问题。我看到他们定期去健身房，锻炼肌肉，这样在面对同龄人和女孩的时候就可以大肆炫耀一番了。"

　　的确，男孩受到的压力就和女孩一样，也不得不让自己的形象良好。他们年龄还小，本没必要担心这些有关性感的问题，可是他们在意的一切都事关性感。

——萨拉，高中老师

　　"过度追求完美常导致对自身形象的心理困惑。越来越多的男孩存在这个问题。"墨尔本圣文森特医院整容整形科临床医师和研究员罗伯塔·霍尼希曼指出，"就像有人不断改变外形、时尚元素，永远也没人会认为他们已经做到了时尚。"她认为男孩越来越焦虑自己的外在形象，并指出越是追求完美，就越难满意。这也迫使越来越多的男孩开始借助抽脂术和激光脱毛手术，以及鼻子和耳朵整容手术来完善自己的形象。有些人甚至会在胸部和小腿处进行植入手术。

一些男孩甚至会极其讨厌自己身体上令他们不满意的部位,有的男孩甚至走极端,让自己一下子变健壮或是变苗条。据饮食失调症专家默里·德拉蒙德的看法,男孩遭受的不仅仅是饮食失调的困扰,而是他们的态度影响了对自己的看法和行为。"男孩会担心他们的体形。"10岁的诺亚说道。为什么呢?"因为他们的确十分想变得最好看,这样他们就能成为班级里最受欢迎的人了。"

我们只是在最近才开始关注男孩的自我形象评价问题。"长时间以来,由于我们借助的是错误的评价方式,我们并不会认为男孩在自我形象评价上会出现问题。"来自维多利亚饮食失调组织的内奥米·克拉夫缇说道,"传统意义上的身体研究调查都是以减肥为目的的。期望长胖的男孩数量近似于期望减肥的男孩数量,因此人们理所当然地认为男孩应该没有明显的身体形象方面的问题。"而现在,苦苦寻求塑形之道的男孩在不断增加,具体的数量很难估算。也正是由于人们很少关注男孩的身体发展,大多数父母现在并不知道他们的男孩很脆弱。

所有的男孩在潜意识中都有一个标准——身体强壮,体形健美。他们认为这种身材很具吸引力,可增强自我意识,在精神上能够成为自信的来源,证明自己,吸引女孩的目光,具有主导性的优势。

——亨特,18岁

☆ 过度锻炼

许多老师都说,为了"完美身材",男孩在高中就开始进行过多的锻炼。"现在,青春期来临之后,男孩就希望变得性感。"一位年轻教师告诉我,"从15岁开始,他们就在午饭时间在体育馆练举重、仰卧起坐,以练成电影、广告中的男人们的体形。"很多男孩甚至在受伤的

时候还继续锻炼，他们将忍受痛苦视为男子气概的表现。专家们也开始认识到，过度锻炼和饮食问题造成的影响很严重。而且精准的运动量测量又非常复杂，如果一个男孩的运动机制影响到他的生活质量，并且没有时间休息、看望朋友和丰富业余活动的话，那么他就可能是运动过度了。

女孩在意身材这是众所周知的，但是我没想到父母也要去注意男孩是否有此类的烦恼——"我不够魁梧，不够强壮，不够健康。"

—— 艾莉森·菲尔德，波士顿儿童医院

一些体育项目，如橄榄球，会使得体形严重变形，因为这些运动需要男孩们练就粗壮的身形。而其他运动，如划船、跑步、马术、游泳、摔跤，都要求男孩体重不宜过高，这样的情况下，男孩就会出现饮食失调的问题。心理学教授琳达·斯莫拉克还认为，有些男孩之所以出现饮食问题，是因为他们做的运动不适合他们的体格。

无论喜欢与否，男孩的体形受遗传基因的影响很大。肥胖儿童的塑形道路尤为艰难，那些体形偏小或者偏瘦的男孩也同样如此。"在我最近与家长们的一次谈话中，一位亚洲女士泪流满面地向我诉说。"内奥米·克拉夫蒂说道，"她的儿子因为比其他男孩身材娇小备受打击。他也想参加体育运动，可是他的个子太小了，不具备参加体育运动的优势。不能参加运动对许多男孩来说都十分痛苦，因为我们现在的文化生活的导向就依赖体育运动。"

男孩总对自己感到十分焦虑。比如说，虽然穿的衣服很合身，可是别人会笑话你的身材。因此，我从来不穿任何修身的衣服。

——科迪，16岁

☆ 男孩也追求"性感"

在过去的年代，男性要足够强壮，才能胜任成人的体力劳动。现在，肌肉等同于美。完美的外形才是第一位的。"男孩认为肌肉就是力量、权力和地位，因为他们不知道怎样才能靠自己的力量变得有男子气概。"默里·德拉蒙德教授说道，"他们会认为，够高够壮才能获得别人的认可。他们会在那些'弱者'——同性恋、女人和虚弱的男孩面前有无比的优越感。"

男孩现在正陷于"安东尼斯情结（猛男情结）"——以希腊神话中半人半神的安东尼斯命名——安东尼斯被认为是兼具力量、外表和健美身材的男性代表。

——罗宾·西尔弗曼，教授、儿童发展专家

男孩急于变得壮实，渴望拥有"六块肌"，为此，他们服用各种补充剂——蛋白粉、类固醇、生长激素、氨基酸青春素（脱氢表雄酮）。现在连13岁的小男孩都在服用类固醇，唯一的目的就是为了让身体变得好看。因为男孩可以进行网络购物，所以父母们并不知道孩子买了些什么。大多数男孩通过去健身房或从贩卖者那儿获得类固醇。而类固醇需求的不断增加已经导致机场和货运中查获的非法类固醇数量激增。在一份主要针对美国人的调查中，12%的男孩使用药物产品增加肌肉量，提高力量，改变外形。几乎5%的少年男孩每周都会服用这些补充剂（而不是为了健康）。而那些阅读男性时装杂志的男孩服用药物的数量比那些不阅读杂志的男孩要多两倍。

是的，我认为男孩深受身材的压力。我猜测，他们也许是害怕过度肥胖，或者过度消瘦。

——哈里，14岁

☆ **掩饰身体缺陷**

男孩对于身体的关注会影响他们的行为活动以及他们显露身材部位的多少。正如15岁的扎克解释的那样："男孩们都想要好身材，比如腹肌和强壮的手臂，于是他们会卖命地锻炼身体。确实，如果身材不好的话，他们会觉得很难为情，就连去沙滩的时候也会穿着上衣。"17岁的奥古斯赞成道，"如今的社会在外形方面给了男孩太多的压力，男孩也越来越在意自己的形象。他们会不停地审视自己，甚至在去沙滩的时候都会担心自己的皮肤没有晒成古铜色或没有强健的肌肉。我知道有许多男孩因为有体毛，或者没有肌肉，又或者太胖的缘故，不去游泳池，或不敢脱衣服。基本上，不是每个人都能得到自己所期望的身材。因此，他们避免穿背心，因为这类衣服要求身材苗条。他们会选择宽松的衣服，来掩盖自己身形上的缺点。"

☆ **健身过度症**

男孩子总是期望自己变得强壮。他们整天被无数印着"完美"男性身材的照片轰炸，许多人为了受人欢迎，被迫让自己的身材看起来既苗条又壮实。"的确有压力。"17岁的瑞克说道，"当女孩想拥有丰满的胸部和纤细的腰肢时，男孩也想拥有健壮的身材。如果你是运动员，你无论怎样都会拥有那样的身材，但是如果你不是，你就会成为别人谈论的焦点。而每个人身体成熟的速度都是不一样的。"

那些陷入疯狂塑形之列的人总是容易患上肌肉上瘾症，俗称健身过度症或者男性厌食症，症状通常表现为男孩在镜子中看到的自己和他真正的样子根本不一样。这些男孩靠服用药物，食用高蛋白食物，经常锻炼，以获取V形身材——宽肩、健壮的手臂、胸膛和窄腰。可是，他们一照镜子，发现自己还是很弱小。于是他们会更加辛苦地锻炼，吃更多的增补物，更加严格地控制自己的饮食。有些人甚至一天锻炼几个小时。因为对自己的身材感到羞愧，他们都不愿照镜子。于是，他们尽量地穿松垮的衣服，遮盖自己，而且不愿意参加社交活动。

当被问及他们眼中的理想身材是什么样子时，连11岁的小男孩都会认为只有通过服用类固醇才能塑造那种身材。

☆ 类固醇依赖

很多深陷健身过度症的男孩无法抵制类固醇的诱惑，因为类固醇能够帮他们快速实现塑形的目标。在最近的一次研究中，哈佛医学院的哈里森·蒲柏博士要求男孩选择自己理想中的男性身材。就连11岁的男孩选择的体形都是只能靠类固醇才能得到的。大多数男孩事先并未经过医疗检查就服用类固醇，他们根本不知道擅用类固醇可能会给他们造成严重问题，如粉刺严重、皮肤发黄、精子数量减少、睾丸萎缩、情绪不稳、阳痿、乳腺过度发育、排尿困难等。然而，他们的眼中只看得到完美身材。

服用类固醇所带来的副作用之一，就是服用者很可能会突然情绪失控，虽然目前的研究还不能证明使用类固醇者表现出的暴力攻击与"固醇狂怒"有关，但它们之间似乎确实有关联。蒲柏博士讲述了一个名叫帕特里克的男孩的故事，这个男孩和大多数少年男孩一样渴望拥有完美的身材。刚开始，帕特里克经常在体育馆运动，最后达到一周运动7天的频率。为了加快塑形速度，在14岁的时候，帕特里克就开始服用类固醇，直到他的血压直线飙升，头发开始掉落。在服用类固醇之前，帕特里克是个害羞的小男孩。然而，服用类固醇几年后，他的性格变得异常暴躁，最后甚至将他14岁的女朋友带到树林里杀死。尽管不是所有服用

类固醇的男孩都会以这样的悲剧结尾，但是他们确实有必要明白类固醇会给他们带来风险。

☆ 厌食症和贪食症

当然，并不是所有的男孩都想变得强壮。也有些男孩希望变瘦，但是变瘦的结果可能会导致他们患上厌食症或者贪食症。"厌食症患者不断增加。"一位有20多年教龄的老师凯伊特说道。她见到一些男孩因为害怕长胖就不吃饭。"我喜欢和孩子一起庆祝生日，吃巧克力蛋糕，不过很多男孩子拒绝吃蛋糕。在我们学校，还有男孩在午饭时间和放学之后去体育馆练举重，有个男孩每晚都要跑步10公里。"那些距离自己理想体重还很远的男孩生活得更加痛苦，因为他们原本就常被欺负得很惨，不被大家接受。体重过重的孩子们在学校的遭遇让每个男孩都十分警醒，即使是那些不屑于担心体重的男孩也不轻松，因为他们深知在别人眼中他们是"不合群"的。"有些男孩不看重自己的体重，认为顺其自然就好。"17岁的雅各布告诉我，"我认识一个很好的男孩。他总是拿自己的体重开玩笑。大家喊他'西瓜'。尽管他人好，可是从来没交到过女朋友。"

今天，我对所有的东西失去了控制，从我的前任女友到食物。之后，我参照营养健康知识，在我的头脑里做了所有的安排，然后，按计划节食。吃完两片咸饼干——24卡热量……然后坐下来喝一瓶百事可乐。除了一根蘸着芥末和番茄酱的热狗之外，这就是我全部的食物。但是我全都吐出来了。

——匿名，网上少年论坛

肥胖儿童要承受巨大的压力。在因为体重而被欺负之后，亚当就开始进行极速节食，并且每天运动至少4个小时。仅仅4个月，他的体重就减少了70公斤。而在体重骤减时，由于身体中的肌肉量很少，身体开始"自食"，骤然而来的身体压力使得眼部血管破裂。现在，亚当才16岁，体重只有40公斤，不得不住院治疗。在两轮恢复又复发之后，亚当陷入了昏迷。所以，家长应该清楚男孩容易因为外形受到伤害，一定要帮助孩子们避免这些极端情况。

☆ 网站

那些遭受厌食症、健身过度症或者暴食症的男孩或许可以在网上与那些有同样困扰的同龄人进行交流，从而获得慰藉和建议。尽管许多支持厌食和暴食的网站已被管理者禁用，男孩还是很容易就能获得此类信息。新的"励瘦"网站不断出现，贴出时髦的，有时候甚至是消瘦型名人的照片。其他的网站，展示演员、音乐家、运动员、模特、巨星们的火辣身材。还有些网站宣传饥饿的"美与控制"，嘲笑那些对食物没有抵抗力的人，"有时候我很饿。我总是会感觉到饿。但是我要是不吃东西，我也觉得挺好。真的。肚子空空的感觉很美妙。我觉得自己很有力量，就好像我可以飞起来似的。"而对于健身过度的孩子，父母们有必要为遭受厌食症或暴食症折磨的孩子寻求帮助。

他们说我太瘦了。然而，我胖得像头猪。他们只是想让我变得更加胖而已。他们残忍得像……我是个失败者，为什么我不能让我的胃停止叫唤呢？为什么我不强大呢？怪不得我很胖。我真令人厌恶。

——网友，伊瓦尔王子

☆ 关注肥胖症

对于儿童肥胖症的关注越来越多，这也影响了那些本来就对身材

问题很敏感的人。更多的男孩现在开始担心自己会变胖，会不受欢迎。就像17岁的雅各布所说："压力并不是来自超重本身。"尽管有越来越多的证据显示减肥是个复杂的过程，需要考虑到包括基因在内的许多因素，但是越来越多的评论指出，很多孩子已将节食视为平常之事。包括《减肥达人》在内的真人秀只会给许多孩子增加更大的压力，如果你想拥有好身材，你就应该节食，这一想法真的让孩子感到恐惧。越来越多的专业人员强调无论胖瘦都要健康。而如"垃圾食品"之类的称呼正在被不那么具有批评性的"快餐食物"所取代。

☆ 肥胖的原因并不简单

因为有更好的食物和医疗水平，如今的男孩比以前的男孩更为健壮。尽管社会中存在儿童肥胖的问题，许多研究表明，总体上，如今的孩子不一定吃得更多。相反，他们更多的是在两餐之间吃高热量的零食。此外，快餐业的迅速崛起与运动量的减少都是肥胖的根源。不过，专家们仍然强调，肥胖的根本原因并不简单。如何确定男孩的肌肉量取决于基因。一个孩子即使很瘦，他的身体里也可能存在着大量脂肪和少量肌肉。而我们的身体需要肌肉来促进骨骼的生长。没有肌肉，孩子们也许会患上骨质疏松症。在一份针对1951—2003年间出生的儿童的研究调查中，南澳大学的蒂姆·奥尔兹教授发现，儿童身体中胃部周围的脂肪在增加，这可能会导致孩子们在以后的生活中患上糖尿病和心脏病。

解决肥胖症的前进方向是帮助孩子在享受食物与锻炼、健康饮食之间寻找到平衡点。一个名为"儿童健身"的新项目鼓励父母为孩子养成健康饮食和锻炼的习惯树立榜样。在项目中当孩子看到父母适量饮食，并且参加锻炼的时候，这种习惯自然就能成为家庭生活中的一部分。

"儿童健身"项目由儿童肥胖专家布罗迪·坎伯恩创办，该项目教会父母如何轻松锻炼。通过与妈妈爸爸一起参加项目，孩子们也开始养成健康饮食和锻炼的好习惯。

☆ 发生问题的迹象

在青春期，孩子对于外在形象的关注自然会增加。许多男孩偷偷地为身材问题努力，因为他们不想被别人发现，同时也因为大多数父母不知道需要注意什么。孩子不再吃喜欢的食物。节食、经常称体重或者照镜子，不仅仅这些症状警示着孩子可能出问题了。过度的锻炼，不停地修整仪表，或者体重骤降或飙升也都可能预示着孩子出现了问题。极端的情况是，男孩也许不想再出门了，或者选择休学。然而，身材问题不仅仅与食物有关，还与解决问题的错误方式、出生年代的社会价值观有关。家长无须独自与这些问题抗争，还可以参考许多专业意见。

你可以这样帮助孩子：

◆ 关注同辈的压力、完美的身材和优异成绩对孩子造成的影响。

◆ 指导孩子平衡娱乐与个人成就。

◆ 帮助孩子通过健康的自我定位来树立良好的个人形象。

◆ 别让孩子看那些只注重外表的杂志。

◆ 定期举行家庭聚餐。

◆ 当心那些关于体重和外表的议论。

◆ 有必要时寻求专家的帮助。

来自同龄人的压力

　　如今，青少年对同龄人越来越敏感，因为生活的每个方面都要经受他人的审视。而且对于那些无法表达自己的男孩来说，这种敏感无疑使同龄人的压力具有双倍的挑战性。正如19岁的科尔所说："友谊是脆弱的，因为你不得不信任某个人。但是，你又被希望是强壮独立的，所以你不可能和朋友交谈情感，于是一切的友谊就止于表面。"

　　与男孩交谈时，他们直率地承认了同龄人之间的压力。"是的，现在每个人都受到了同辈的压力。"17岁的奥古斯说道，"以前你可以穿着T恤和牛仔裤到处晃悠，可是现在你出门得穿得整整齐齐。男孩必须时刻保持着良好的形象，穿着名牌衣服，梳着好看的发型，像女孩们一样化妆。如果你不这样，你就会被同龄人排斥。"12岁的艾什顿深有同感："来自同伴的压力令你非常紧张，让你感到你不得不跟朋友们一样。"他接着说道，他时常会妥协，做一些自己不喜欢的事来取悦朋友，但大多数时候他并未意识到自己是被强迫的。

　　相貌也是评价男孩的标准之一。

——泰勒，10岁

☆ 扮酷

时下市场营销的影响也增加了同辈之间的压力。酷是必要的，酷男孩受到少年们的欢迎。而其他的男孩会跟随在酷男孩之后，不是因为他们喜欢很酷的孩子，而是因为他们担心不合群的后果。当酷男孩们有了许多权利之后，为了走在潮流的前线，他们也会受到许多的压力。"爱酷一族的孩子其实也会很脆弱，"15岁的卢卡说道，"他们装作不会被任何事打倒，成群结队地出行，因此他们能够相互依持。不过，帅气过后，可能也会事与愿违。"由于潮流总在变化，期望也随之改变。男孩不得不时刻警惕，这样才能及时获悉社会对自己的期望。12岁的汤米说："具有时尚的意识，并且知道怎样表现，以及与别人互动非常重要。"

男孩在欺负别人的时候，不会停下来思考那些受害者的感受，他们想得更多的是自己的朋友们会如何看待自己的行为。

——萨姆，社区警察

归属感对少年们来说一直是很重要的，现在似乎更加重要了。不少的男孩都说过，他们在向同龄人敞开心扉的时候十分小心，因为他们害怕会受到歧视，或者被直接拒绝。"我的朋友圈喜欢音乐。"19岁的乔伊解释说，"是一种类似金属摇滚类的音乐。有些人不会承认他们也听其他不同的音乐。因为其他朋友觉得那些音乐很垃圾，而且如果他们知道你听那些音乐的话还会很生气。还有一些人为了被团队接受而伪装自己，以显得很风趣、很酷。"

要么你有小群体、庞克族、伙伴，要么是属于不受待见的那拨人。

——奥古斯，17岁

☆ 为了被同龄人认可

同龄人之间有着如此大的影响，原因之一是男孩们待在一起的时间很多。许多男孩为了证明自己配得上这个群体，就会做些超出界限、让他们自己都不舒服的事。"是的，男孩当然承受着来自同伴的压力。"14岁的哈里表示，"压力比女孩还大。如果他们不做某些事，女孩会痛骂男孩，女孩还会叫他们失败者。而同伴则更多地像是在煽动你去做些危险的事。同伴压力仿佛是发生危险行为的来源。"16岁的托比表示赞同："同辈压力是事实。他们逼你做你不想做的事，以此融入他们的群体。在那种情况下，你会很紧张。"有些男孩会因为受到强迫而变得极其脆弱，17岁的加里认为，男孩的很多反社会行为都只是因为他们想在朋友面前表现得更强。

有时，家长很难明白为什么同龄人对孩子如此重要。不过，如今的青少年不比以往，他们处于快节奏、多变的"炫耀文化"之中，不得不一直保持令人惊奇和出众的特质，以拉近与同龄朋友之间的距离。"赢者—输家"的氛围促成了多变的友谊。今天，你也许在朋友圈里，可是明天就不再被接纳了。青少年们希望能被人喜欢，受人接纳。而受欢迎能够帮助他们在友谊中生存下来。然而，在每个人都渴望被欢迎的情况下，男孩就不得不一直换着新花样，留住朋友的注意力和忠诚。

为了融入某个群体，男孩开始喝酒、吸毒、在外游荡。

——乔伊，19岁

甚至有些时候，尽管男孩做到了同伴的要求，也未必就能摆脱被排挤的困境。和许多专家一样，已经有10年教龄的萨拉十分担心，男孩之间的忠诚度在降低，许多男孩甚至以让伙伴出糗或者蓄意让伙伴陷入危险境地为乐。"现在的年轻人，限制似乎越来越少。"她解释道，"即使是朋友之间，也无法抵制羞辱好朋友的诱惑。醉酒之后，男孩相互搀扶着呕吐，躺倒在地，失去知觉。然后被其他人拍下失态的照片，并在圈子里到处传看。"

☆ 在成功与朋友圈之间抉择

同龄人压力残酷无情，许多男孩发现自己已经难以忍受这样的压力。他们其实也能够取得更好的成绩，能够遵守学校纪律。但是在同龄人的注视之下，他们不得不背道而行。"想要成功的压力与想要社交生活的愿望相互对抗，很难抉择。"19岁的乔伊说道，"就像是一场大型摔跤比赛，相持不下，令人沮丧到了极点。"卢卡同意道："如果你不通过帅气的行为，或者和老师对着干来提高自己在同龄人中的地位，你就有可能惹来麻烦。"

青少年们要让朋友们喜欢自己，受朋友们欢迎，这样他们才能在朋友圈中有立足之地。

青少年的生活一直处于脆弱状态，而在以外表为重心和致力于让自己"出彩"的今天，更是如此。少年们的选择很少，只有努力才能获得认可。他们抓住一切可以利用的机会来甩掉压力。正是这种压力迫使男孩酗酒、飙车或者吸毒，有些甚至通过加入暴力打斗、偷窃或者发表种族主义的言论来讨好朋友。"在学校，我的朋友们逼着我打人。"斯蒂夫承认。他现在是一名青年军官，十分后悔自己曾经的行为。不过，即使遭遇同伴的压力，那些有着明确的界限和强烈的自我意识的男孩很可能会做出正确的抉择。

☆ 对此，父母们能做些什么

在处理同龄人压力之前，家长需要了解青少年现在的状况。现在的青少年害怕被贴上失败者的标签。他们既不想被朋友排除在外，也不想让父母失望。成为同龄人群体中的一员，孩子们会产生安全感和归属感。因此，家长如何帮助孩子处理同龄朋友之间紧张关系非常关键。如果父母试图与孩子的朋友竞争只会迫使孩子进行艰难选择。如果孩子之间存在令人担心的隐患，那么家长必然会介入，不过要有充分的理由。少年常常会被某些朋友吸引，因为这些朋友身上有着自己缺少的某些品质。男孩也许会有喜欢寻求刺激的朋友，因为他也渴望冒险和刺激。而聪明的父母会为孩子提供积极的方法，鼓励男孩参加相关活动，以实现他们的某些诉求。

> 现在的青少年害怕被贴上失败者的标签，他们既不想被朋友排除在外，也不想让父母失望。成为同龄人群体中的一员，孩子们会产生安全感和归属感。

如果男孩目前的朋友关系太紧张，父母们也可以鼓励孩子发展不同的兴趣爱好，这样孩子会得到更多的朋友。淡化某些朋友对孩子的影响比直接禁止孩子外出要有用得多。一个朋友曾看到儿子在学校和一群坏朋友待在一起，所以她鼓励儿子加入当地的戏剧小组。虽然让他这么做花了很长时间，但这也成功地让儿子转移了注意力。在探索戏剧的过程中，他从戏剧小组中获得了一种全新的归属感，他觉得自己得到了认可，付出的努力得到了回报。此外，帮助孩子结交不同年龄的朋友也是个绝佳的方法。一个男孩曾告诉我，定期的家庭聚会对帮助他度过叛逆期很有用。他十分享受追随在两位令人尊敬的叔叔后面，并喜欢和他们谈话，在这一过程中，他建立了自己的自我意识，并加深了对自己的认识。

处理同龄人压力并不简单。我们都知道，在处理同龄人压力时，那些拥有健康的自尊心以及丰富生活的男孩比那些缺乏自信和兴趣爱好的男孩处理得更好。最近，诺丁汉大学对一群10岁的男孩进行了测试，调查他们在面对同龄人压力时的脆弱程度。每个接受调查的孩子都要观看人们生气时的表情和手部动作的录像，在同一时刻研究员对这些孩子进行了脑部活动扫描。那些受同辈影响较小的孩子显示出更好的计划和信息分类能力，并能拒绝令自己窘迫的行为。虽然该领域尚需进行更多的调查研究，不过我们也从中得到了一些珍贵的线索：在不同的社会场景中，父母可以通过帮助孩子理解将要发生的事情来给予他们支持，同时提供解决问题的好方法。

☆ 同龄人之间的交往也可以是积极的

并不是所有的同龄人之间的交往都是消极的。男孩需要寻找自己的生活道路，而健康的小群体会帮助男孩发现自我以及明确前进的方向。同时，男孩还需要同龄人的安慰和陪伴。同龄人是一个时刻保持联系的群体，因此，好朋友在少年时期的作用和影响极其关键。父母应当欢迎孩子的朋友来家里做客，因为这样就能了解孩子的交友情况以及日常活动。

如果男孩承受的同龄人压力比较消极，他就不愿意谈及友谊的话题，因为他不想承认自己不合群。他也许还会担心父母以及同龄人的反应。18岁的迪伦指出："男孩不会向老师、父母倾诉，当然也不会向学校的辅导员倾诉。这是一种对任何人都不满的情绪。"因此，当家长和孩子谈起同龄人压力时，要理解并且重视孩子正遭受到的压力，以及让他们说出来需要很大的勇气，这点至关重要。男孩需要知道，他们是

自己的主人，有权利拒绝。是否承受同龄人的压力要看自己的意愿。当然，这些并不能一蹴而就。

家长可以这样做:

◆ 和孩子谈谈，什么时候他可能会感受到来自同龄人的压力。

◆ 鼓励孩子为解决同龄人压力制订计划。

◆ 和孩子一起制订行动计划。

◆ 告诉孩子，有些问题不能一蹴而就，需要一段时间才能解决。

◆ 把一切都讲清楚，这样孩子就能知道他所处的状况。

◆ 帮助孩子打腹稿，以便能勇敢地告诉他的朋友们他不想做哪些事。

◆ 和孩子一起找出一些没有攻击性或者不苛刻的词和短语。

◆ 和孩子谈谈自己遇到的挑战和不确定因素。

恃强凌弱

随着占有欲的增加，以及对外表的日渐关注，一些男孩表现出了新形式的脆弱，随之而来的是暴力行为，而这一结果可能是致命的。几个月之前，14岁的亚历克斯·维尔德曼因为不能忍受欺凌在家中上吊自杀。几乎与此同时，佛罗里达的亚伯拉罕·比格斯也在网上当场播放了自杀的过程。超过1000个人看着他吞下了大把的药片。亚伯拉罕没有立刻死去，在接下来的12个小时内，一些观看者还鼓励他，其他的人甚至责备他只是在假装自杀。直到最后不能挽救的时刻都没有任何人帮助他。而另一起悲剧中，由于以前的朋友谢恩·格瑞达经常通过手机和网络对自己进行恐吓威胁，17岁的亚兰·哈尔基奇无法解脱，最终从墨尔本西门大桥上跳了下去，结束了自己的生命。11岁的杰·豪厄尔，表示自己想自杀。从4岁上幼儿园开始，他就一直被欺负。为了逃脱被欺凌，他已经换了5所不同的学校。恃强凌弱早就存在，然而近几年来，我们发现这种负面行为对孩子们的影响更加残酷。有人甚至将这种现象带入电视真人秀，这对人无疑是一种心理上的摧残。久而久之，参与者允许别人羞辱自己，这样才能继续保持"受欢迎"。在这个没有忠诚的朋友圈中，也许你这周是赢家，但是下周就会被剔除出局。

是的，男孩子经常恃强凌弱。男孩嘲笑别人，一言不合就打架。有时候非常吓人。

——马克，10岁

☆ 相互体谅的情感丧失

许多家长和老师都说目前恃强凌弱的现象越来越严重，男孩们对此也深有同感。新技术使得兼具照相、摄像功能的手机和社交网站得以出现，越来越多的照片处理工具也使孩子们拥有更多的手段去欺负别人，然后掩盖暴力行为。"现在，人们对付别人的手段十分极端。"17岁的奥古斯说道，"曾经有一群年龄比我小的男孩到处散发一个他们讨厌的男孩的照片。他们用照片处理软件设计那个男孩的不良照片，事实上那个男孩并没有做那些事。恶搞照片贴遍校园，显然，那个小男孩被狠狠地侮辱了。"

现今，"赢家—输者"的文化氛围盛行。只要孩子脱离某个群体，他们就输了。为自己定位是男孩心理上的必经之路，他的表现将决定一切。

——凯丝，校长

这种"赢家—输者"文化的阴暗面之一是少年们永远不知道他们什么时候会成为失败者。他们为了继续留在群体里，而去做自己不想做的事。男孩想改变这种状况，可是又很茫然。有时候他们会欺负别人，可是在另外一些场合又成为受害者。"他们已经习惯男孩之间的潜规则，"一位老师告诉我，"不能和伙伴的女朋友约会，不得利用最好的朋友。"有人喝醉酒的话，就会被剥光衣服，然后拍下照片。他们认为这很好玩。真实的欺侮程度远远不止于真人秀所展现出来的。正如我在《男人不愿说的话》中所说，体育精神带来的正面影响，尤其对男孩子的影响，被完全削弱了。可悲的是，有一些校园文化把恃强凌弱误作是权力的象征，对有些孩子的成长产生了毁灭性的影响。

13年来，我每天都被欺负。而且不只是学生才会欺负别人……老师

们也会加入欺凌我的行列。因为这是个小镇，他们也希望别人认为自己
与"酷小孩"关系融洽。

——网友D，现已成年

☆ 受欢迎胜过一切

青少年越来越关注自己的受欢迎程度，并为此盲目竞争，以至于恰当行为与不恰当行为之间的界限变得模糊不清，这些都影响了孩子们的行为和判断力。奥林匹克游泳运动员尼克·德奥斯因对另一游泳运动员西蒙·考利造成严重的身体伤害而被判处14个月缓刑，在此事件发生之后，德奥斯迷网站遭到了猛烈的抨击。有些人认为德奥斯的行为"鼓舞人心"，而考利却被说成"咎由自取"。很明显，在这场网络欢迎度竞赛中，考利遭受严重伤害的事实完全被忽视了。

我15岁的孙子刚刚退学，因为在学校中被欺负得太多，他无法应对。如果我们不把他带离学校的话，我们担心他会因承受不了压力而自杀。

——凯琳

☆ 只能以强示人

和真人秀节目中的评委一样，同龄人会公开审视彼此的衣服、头发、音乐品位以及校外活动。"欺凌对于男孩来说同样很糟糕，只是形式不同而已。"17岁的瑞克解释道，"如果一个男孩表现出过多的情感，他就会被欺负。如果他和女孩玩得太多，他还是会被欺负。就好像是，你只要做了其他男孩不喜欢的事，就会被欺负。"孩子们为了自保做了很多的努力，可以看出他们承受的压力有多大。凯伊特告诉我，有个男孩因为不能忍受欺凌而辍学，尽管老师曾经多次帮助过他。"第二

年，他回到了学校。"老师说道，"他穿着时髦的衣服，发型也很潮，于是几乎突然间所有的女孩都开始关注他。可悲的是，他无法以真实的自己来战胜欺凌。"

当你处于各种审视之下，最好留心周围那些所谓的朋友。"不要将自己展露得太多，"乔伊对我说，"你不会想把弱点告知于人，因为一旦有可以挑剔的机会，他们肯定不会犹豫，而且还会一直抓着不放。比如说，他们记得你曾经在酒醉时为与女朋友分手的事大哭，在接下来的几个月之中他们会一直提起这件事。如果你情绪低落，那么他们会让你更加沮丧，大家会不断取笑你。因此，尽量别留下任何可能会让自己受到攻击的把柄。"

☆ 言语中伤

尽管我们常常把女孩和言语侮辱联系起来，事实上现在的男孩在这方面更加恶劣。他们会当面，或者在聊天室、短信和语音邮件中诋毁对方。"欺凌已转到言语上。"12岁的汤米解释道，"言语攻击更加糟糕，因为它一直会跟着你。身体上的伤害在一段时间之后就会消失了，可是言语伤害将永远存在。"17岁的杰西赞同道："欺凌很糟糕。小时候遭遇的是身体上的欺凌，可是长大之后却会被人从背后诋毁。谣言、暗箭伤人和威胁最是可恶，言语攻击会从精神和情感上伤害别人，是一种更加聪明的暴力行为。"

他们使用幽默的语言中伤别人，这样不但不会陷入麻烦，还能乐在其中。

——泰勒，10岁

☆ 情商

当男孩缺乏应对困难处境的技巧时，他们别无选择，只能躲避或者反抗。"男孩比我们想象得要更加脆弱。我常常发现，男孩在成长过程中是最艰辛的，因为他们要保护自己柔弱的内心不受侵害。"阿姆瑞塔·霍布斯说道。他是一位作家，也是教育家，创建了成年人和少年工作室，有超过30年的工作经验。18岁的迪伦表示："我相信欺凌和捣乱意味着男孩们需要帮助，但是没人在意。"

男孩有必要学习如何应对困难情况，但是这个学习过程并不能一蹴而就。父母常常不能理解为什么男孩要竭力争取那些校园混混的认可。大多数青少年非常依赖同龄人群体，因为他们时刻保持着联系。孩子能够拥有反抗欺压的自信很难，却很必要。因此，父母们如果能够帮助男孩在很小的时候就获得自尊、社交技巧以及处理问题的能力，这对他们的成长将大有益处。

我在学校也被欺负。于是我在书包里带了把刀来对付欺负我的人。在学校，老师们不管我，我只能靠自己，因为我相信这是我唯一的选择。

——巴兹，现已成年

☆ 理解青少年受欺辱之痛

如今的父母很难知道男孩在什么时候又在哪些方面会变得不堪一击，因为男孩面对的许多问题父母都没有经历过。亚兰·哈尔基奇的父母以为儿子和他们一起在家时是安全的，却根本没有想到，儿子会因为受到其他孩子的欺凌而选择在自己的眼皮底下结束生命。这些新形式的欺凌所造成的影响是压倒性的，孩子们会收到成百上千的威胁或者下流的短信和邮件。

许多成年人不明白，为什么男孩不能直接关机或者不上网。这是因为对于少年们来说，手机和社交网站就是他们的命根子。离开这些，青少年们会觉得自己与世隔绝了。因此，家长必须严肃认真地对待孩子遭受的任何一种形式的欺凌，并且紧密观察孩子接下来的生活。有研究表明，同伴虐待与其他虐待方式造成的影响在很多方面是一致的。

当有人被欺负的时候，谁都没有成为赢家。"十字路口"项目详细调查了亚兰自杀的原因。他以前的朋友谢恩承认他欺负了亚兰，还表示每个人都会欺负人。许多孩子既是受害者又是作恶者。然而，并不是每个人都选择自杀。之后因为处理不当，谢恩也变成了该事件的受害者，他在自己的背上文上"杀害亚兰·哈尔基奇，08/09/91到05/02/09"的字样，并且在余生一直背负着自己的罪过。

☆ 游戏伙伴的欺辱

即使是电脑游戏，也存在隐形暴力。一般情况下，几个男孩会在游戏中一起攻击他人。一旦男孩进入某个游戏，他就不得不一直玩下去，直至通关。"完成一些事情要承担很多的压力。"凯伊特说道，"如果你半路退出，就不会再被别人认可，或者被贴上失败者的标签，而且事后还有可能收到一些非常低俗的邮件，平时还有来自网上的侮辱。"这是15岁的哈里森的经历，"因为是在网络上，你的同伴和朋友会相互挑唆，你也许会被别人欺负，也许会玩游戏直到忘记时间。无论如何，你不希望自己是第一个点击退出的人。"

☆ 男孩也受到性骚扰

随着青少年男性生理特征的显露，男孩甚至受到了少女们的性骚扰。无数的家长和老师曾向我倾诉他们的担忧："女孩是男孩最大的挑战。"教育工作者阿姆瑞塔·霍布斯说道："最近，一位母亲告诉我一名12岁的女孩总是想和她的儿子发生性行为。这个女孩让他困扰不堪，直到他鼓起勇气拒绝了她。"关键是，这并不是个别事件。相对于男孩之间的求爱行为以及男孩对女孩的行为来说这个问题值得我们更多的关注。我们要让男孩知道最基本的底线是任何人不得逼迫他人做不想做的事。

13~15岁是一个"自相残杀"的年龄段，你不会离开自己的朋友圈。如果你离开了，你就不会再被接受。你会被言语侮辱，或者受到难以愈合的身体伤害，然后被不断地嘲笑。

——卢卡，15岁

☆ 恃强凌弱与中学屠杀案的联系

有些伤害是短暂的，但大多数伤害不是。男孩们用不同的方式处理自己的"伤口"。有些人将之埋藏在心里，甚至会不堪重负而选择自杀，有些男孩会做任何能让他们解脱的事。一些男孩彻底崩溃，残杀同学，因为他们无法忍受痛苦。赵承熙制造了美国历史上最严重的校园枪击案，他在高中时代就因为内向和口音一直被同学欺负。在无法忍受之后，他杀害了32名同学，打伤25名同学，然后自杀身亡。他并不是唯一一个因为被欺凌而选择残杀的案例。虽然庆幸的是，在澳大利亚的学校里没有发生过这样的事件，但越来越多的男孩开始用刀具和其他武器武装自己，来保护自己不受伤害。"在学校，欺压现象很普遍，而且一些孩子对恃强凌弱已经习以为常。"布莱恩·杜克说道，他在经营一家青少年地区指导服务机构，"男孩常常无法应对，他们希望停止欺凌，因此带上一切可以武装自己的东西——刀具、枪支。这是一种生存机制。"

欺凌在学校很常见，是男孩要面对的最大问题。因为他们不求助于任何人，所以他们往往束手无策，无法摆脱被欺凌的惨境。

——萨拉，高中老师

以前，男孩们回到家之后就不会再受到欺负。可是现在，无论他们在哪里，同伴都能找到。网络甚至可以让坏孩子隐藏自己的身份。I-Safe.org网站对网上欺凌情况的调查揭示，每10个孩子里面就有4个孩子受到过网络欺凌。超过1/3的孩子在网上被恐吓或威胁过，超过一半的孩子曾收到过中伤信息，但是他们并未告诉父母或者其他长辈。在另一份调查中，每10个孩子里面有一个孩子被别人拍了不雅照片或者视频，以此让他们难堪或者进行威胁。大多数孩子选择沉默，因为他们不希望父母限制或者禁止自己使用这些技术产品。这种让青少年不敢说出受欺凌的无助感相当普遍，许多孩子觉得父母的介入只会让事情更糟糕。

☆ 运用新技术进行欺凌

精通科技的孩子可以在网上轻易隐藏自己的行踪。通过使用临时邮件账号和不同的网上昵称，他们就能匿名上网。羞辱他人的方法很多，可以建立虚假网站，上传令人尴尬的照片和信息，可以把别人从聊天室中"踢"出去，还可以不断地给别人发信息，或者用图像敲诈他们。

有人制作了一份有关我的图像，非常糟糕。图像透露了我的所有细节，给我造成了很多困扰。我还在上学，所以压力更大，可是人们一直把我当笑话取乐。

——hi5abuse，用户名

父母要知道，孩子十分依赖手机和网络，在这方面哥哥姐姐会有所帮助。而且，为了防止电话欺凌，孩子应该在电话号码上加上个人识别密码。电话号码应该只告诉值得信任的朋友，因为有些所谓的朋友也可能是混混。不要接陌生的电话，保留短信作为证据。此外，父母应该为孩子使用手机制订严格的规定，而且每晚都要有固定的关机时间，关机时段内家里所有人的手机都要放在一个地方。

欺凌会对男孩产生很大影响。如果长期受到欺凌，男孩会变得焦虑沮丧。当他们自尊暴跌时，他们会畏缩不前、逃避社交，甚至辍学。同时，他们还会出现一系列的症状，如失眠、筋疲力尽等。根据受影响的程度，孩子们的反应也不一样，严重的可能会导致吸毒、酗酒、自残，或者校园暴力。

☆ 当男孩欺凌别人

并非所有男孩都是受害者或者旁观者。然而，让人担忧的是大多数孩子都欺负过别人。这些"迷途的羔羊"需要专业帮助和指导才能纠正他们错误的行为。家长们不能指望他们的孩子能用其他方法解决或平息这一麻烦。建议孩子采取以牙还牙的方式并不能真正帮助他们。男孩需要学习有用的生活技巧，这样才能健康地长大。有时候，男孩与父母的关系也会引起欺压行为：很多男孩认为父母对待自己的方式让自己受到了威胁，然后他们又会将父母对待自己的方式复制到同龄人身上。如果一个男孩一味地想欺凌他人，也许是因为他需要做一些事情来转移注意力。最近，我听说一个母亲曾因为孩子变成了混混而打骂孩子，可是打骂并不起作用，她的儿子还是继续干坏事。后来她给孩子买了一个新滑板，并带他到当地滑板公园。这位母亲让儿子选择一个男孩，与那个男孩交谈，并把自己的滑板给他玩。直到那时，她儿子才开始变好。

☆ **父母能做什么**

在寻找解决欺凌的方法时，我们要清楚以强凌弱或多或少是成人世界中的一部分，包括周末体育运动中强势的教练、父母、成功的商业人士。同时，孩子也可能因为学习父母处理邻里、大家族和工作问题的方法而变得恃强凌弱。家庭成员之间的闲言碎语、诋毁他人的行为也会对男孩的成长产生不良影响。

以下方法对于解决恃强凌弱的问题有所帮助：

◆ 如果孩子承认被人欺负，你的反应不要过大。

◆ 你要清楚，孩子也许会因受欺负而感到害怕或者被羞辱。

◆ 和孩子讨论出现的状况，帮助他找到积极的解决办法。

◆ 培养孩子的自信心，这是战胜欺凌的最好方式。

◆ 鼓励孩子和不同的人交友。

◆ 父母要记住，自我意识强的孩子对于欺凌的抗压力更强。

◆ 帮助孩子多结交朋友，参加丰富的活动。

◆ 教育孩子如何应对困难情况。

◆ 问问孩子："如果朋友要你和别人打架，你该怎么办？"然后和孩子讨论解决争端的更好的办法。

压力过重的男孩

尽管适度的压力可以帮助男孩提高注意力和上进心，但如今许多男孩正承受着过度的压力。社区反毒品执法活动的负责人琳达·琼斯认为，当年轻人向他们求助时，他们最担心的问题就是压力。人际关系的起伏、恃强凌弱、同辈压力、毕业后的工作问题、担心在学校里的表现以及家庭破裂或者重组都可能成为孩子们压力的来源。

10个青少年里面有超过8个在考试期间失眠。

——《少年梦想》栏目

☆ 吸引眼球

随着名人文化的不断侵袭，青少年们觉得有必要证明自己也可以像那些名人一样令人感到震惊：无论何时何地，他们都要穿着得体的衣服和鞋子，保持完美发型，跟随最新音乐、电影和电子游戏。使用最先进的技术产品，观看流行的电视节目，与朋友随时保持联系。如果你把家庭作业和其他青春期必须要做的事情也算上的话，他们所受的压力之大就更加显而易见了。

我们要花很长时间往返于家和学校之间，放学后要做家务，还要做作业，之后要社交。如果你觉得压力大，需要放松，你就需要社交活

动。即使作业再多，事情再多，你也要坚持下去，直到融入社交圈子。

——哈里森，15岁

☆ 父母的期望过高

许多家长也希望自己的孩子很了不起。"为了成功，我们压力很大。"19岁的乔伊说道，他的话道出了很多男孩的心声，"他们希望你能取得成就，真是滑稽，你根本达不到他们要求的高度。比如当你取得好分数时，他们又会期望更高的分数。"对此，一些孩子能够应对挑战，一些孩子却会觉得自己是个失败者，还有的人会反抗，如乔伊所说："青少年往往抗争，他们会说：'让我出去吧，做我想做的事。'我之所以会反抗，是因为我父母总是要我做这些，不要做那些……而且无休无止。"

父母自然希望孩子得到拓展，希望能帮助他们发挥自己的潜能，但是孩子不可能一直保持活力四射的状态，太多的压力会削弱男孩的能量。男孩们需要明白他们的价值在于内心而非外在表现。父母给孩子过度的压力会压垮孩子的自信，使他怀疑自己是否有被父母珍爱的价值。在获得学习进步和体能发展的同时，男孩需要时间冷静下来，并且从其他长辈那儿获取鼓励和支持。祖父母、朋友和亲戚长辈都能起到巨大的作用：让孩子敞开心扉、分享成功，并在沮丧的时候获得家人的支持。

☆ 任务太多

现今，青少年们要完成的任务量太多。除去堆成小山的作业、兼职工作、长达几个小时的课外活动以及活跃的社交生活之外，男孩们几乎没有时间休息。作为家长，我们对于这份充实的日程安排很满意，因为我们都喜欢"做事主动的人"。但是在几乎所有的活动中，孩子们很少有机会休息。而且，正如我们所见到的，大多数男孩晚上都不能睡个好觉。当把这一切因素联系起来时，男孩为什么会变得脾气暴躁，甚至是激进好斗也就不值得我们大惊小怪了。也许还有其他的因素，比如同辈的压力、校内压力和身体问题，或者他们只是压力过大、筋疲力尽了。男孩并没有太多的时间来恢复和适应。这也是为什么酒精和毒品如此具有吸引力的原因了，因为它们让男孩觉得舒服和放松。

☆ 男子气概

尽管生活在近些年发生了巨大的改变，但有些压力依然存在。人们依旧期望男孩身强体壮，永远充满活力，不表露情绪，并且能够自己解决问题。这些要求太高，尤其是对于青春期的男孩们来说。"别人期望你成为坚强的人——在你的一生都要一直保持这种形象。"18岁的亨特解释道，"这种形象代表着一种生存模式。这种形象就是一种生存之道，在某种程度上已被普遍接受。"如今，我们评价男孩是否坚强就是看他的外表、他的体育能力、他的忍耐力以及能否不在意自己内心的情感。男孩很清楚这些，正如我们看到的那样，男孩努力证明自己能够忍受一切以达到我们对他们的期望目标。"同辈压力不断增加，我要不断地变强。"19岁的科尔说道，"胖的和瘦弱的都要跟上步伐，否则就要受到非难。你不得不做一些有男子气概的事情——喝很多的酒，运动，诸如此类的事情。"

除非成功会得到支持，否则成功对于男孩来说就是危害，会让他失败。

当然，男孩也要学会坚强才能应对成年生活，不过，坚强与独自

面对往往只有一步之遥。有太多的男孩选择自杀，或者酗酒吸毒，或者冒险，因为作为青少年，他们不能处理和面对真实的生理上和情感上的压力。男孩应该知道寻求帮助也是坚强和聪明的表现。而且我们也要理解男孩的需求和问题，这样在帮助他们的时候才能和谐地与他们进行交谈并解决问题。这种帮助从家庭内部开始，从父母们倾听孩子的烦恼开始，准备好将自己的成功与失败的经历真诚地告诉孩子。当我们将这些珍贵的生活经验教给孩子时，我们才能帮助他们真正地强大起来，而不是表面上的强大。

☆ 男孩和体育

体育能让男孩在锻炼和团队合作中受益，学习获取成功和面对失败的方法。正因为体育如此重要，许多有天赋的孩子都为此付出了艰辛的努力。当然，体育好无疑是获得成功和欢迎的筹码。但是除非他们的成败都会得到支持，否则失败会伤害他们。体育专家经常会谈起那些潜力股运动员的提升过于迅速。我们要看到这些年轻运动员承受着巨大的压力。即使是那些没有潜力的孩子，在学校的体育活动中也不得不承受过度的压力。

试想一下，8岁的你当着教练、队友和看台上亲友的面被（父亲）骂作是个草包，永远不会有成就，你的感觉如何？你认为这样会伤害你的自尊、你的自我价值以及和父母的关系吗？我认为是的。

—— 佛瑞德·恩格，《为什么强尼讨厌运动》的作者

这种"不惜一切代价获胜"的态度会让男孩失望。在学校，那些在体育上有天赋的男孩被大家视为英雄。这是每个男孩的梦想——得到别人的奉承。但是对于那些成功的男孩来说，他们背负着太多的期望。过

多的期望会带来同等程度的压力，而这种压力需要发泄的出口。这种发泄常会导致不当或者失控的行为，而这样的男孩常常不会受到惩罚，因为他们对于团队非常重要。然而，这些异常行为迟早会让他们变得不正常，正如我们看到的，体育界年轻的明星们由于过多使用毒品或酗酒而实施暴力行为被捕，包括家庭暴力、性侵犯、过量的毒品和酒精导致的破坏和虐待行为。父母和教练们如何引导男孩参加体育活动将对男孩如何看待比赛产生很大的影响。

同辈压力仍然是一些孩子痛苦的原因。男孩还是会觉得，如果他们体育好的话，就不会有压力了。而那些体育不好，或者对体育不感兴趣的孩子总是被欺负的对象。

——西沃恩，高中老师

对于体育不好的男孩来说，生活是不易的。因此，父母和老师要让孩子知道，尽管他们的体育不好，他们也值得别人尊重。无数有天赋的男孩在社会的各个方面做出了有价值的贡献，但是他们也曾不得不忍受校园中极端恶劣的境遇，因为他们不是体育"英雄"。虽然这种状况在慢慢改变，但我们仍然有很长的路要走。

☆ 男孩也会受到性方面的压力

有些压力在男孩身上比其他人更明显。有时候在一些重要的方面，我们没能给予男孩支持，那是因为我们自己陷入了固定思维，如"男孩只关心性"。从我与专家们的谈话中可以看出，男孩在性活跃方面也经常感到压力，不管他们是否准备好了。18岁的迪伦同意道："群体里有一个男孩发生了性行为，这很酷。所以每个人也不得不发生性行为。男孩希望长大，成为男人。"恺撒家庭基金会关于少年和性的报告透露表

明，在是否要发生性行为的问题上，男孩比女孩的压力更大或至少一样大。接受调查的男孩觉得他们到了"某个年龄"就不得不发生性行为。他们还暗示说，性行为是人际关系上不可避免的一环。考虑到男孩成长时所处的过度早熟的环境因素，父母们必须时刻警惕，以便给孩子提供指导，帮助他们做出正确的决定。

☆ 父母能做什么

表面上男孩可以自行解决性的问题，并不代表他们就可以摆脱压力。父母必须要时刻关注男孩，尤其是异常活跃的孩子，以确保他们不会被伤害。一般情况下，如果这些问题得不到解决，男孩会一直被这些问题困扰，会对学校和生活失去兴趣。或许，他会开始退缩，表现出焦虑的叛逆情绪，出现饮食问题，还可能会做出伤害自己的行为。如果父母觉得情况很严重，最好向专家寻求帮助。教孩子如何平衡自己生活的最佳方式之一是父母为孩子树立好榜样。虽然这种方式具有挑战性，不过专家们现在已意识到为我们暴躁的生活定期"排毒"的必要性，我们可以抽时间外出，什么也不做。可以是星期天，家人都在家里休息，或者在周末外出郊游，或者只是去一个房车公园。

帮助孩子平衡活动和放松，你可以这样做：

◆ 让孩子知道，他可以拒绝别人。

◆ 帮助孩子找到积极的拒绝方式，不会让他产生让别人失望的感觉。

◆ 关注孩子的日程活动，确定他的压力没有超过他的承受范围。

◆ 教育孩子如何自娱自乐。

◆ 鼓励孩子和你谈谈他的感受。

◆ 明确规定他外出的时间以及哪些事他可以做或不可以做。

◆ 创造一种快乐放松的家庭生活，这同样会促使男孩产生更加平衡的生活态度。

理解男孩的感受

　　抛开公众的观点，当你更进一步地深入了解男孩时，你会发现男孩非常脆弱。这也经常表现在他们谈论生活的方式上。尽管人们不鼓励男孩表达自己的情感，但是这并不意味着男孩没有情感。然而，因为人们都希望男孩不要将情绪表露出来，所以男孩只能将情感深埋于心。这也是为什么男孩经常表现得没有情感能力的原因。因此，随着生活中积压的情感负累越来越多，他们只能通过唯一的方式释放自己——发泄怒火。

　　社会期望男孩要有责任感，要强大，还不能表露太多的情感。这增加了男孩的压力。

——科尔，19岁

　　男孩很清楚社会对他们的约束。"重要的是，你得逼迫自己不关心自己的情感。"17岁的达里尔说道，"女孩可以谈论情感，但是男孩就不能直接谈这些了。所以，大多数男孩将情感藏在心里，到忍无可忍时再爆发出来。"12岁的汤米同意道："社会对男孩的传统要求是，男孩要强大，要独立，这样才能自立。男孩不能有情绪，不能哭，也不能像女孩一样闲谈。久而久之，男孩的压力会不断地增加，心里积压的情感也越来越多，而男孩又不能向朋友倾诉，最后只能倾向于暴力的发泄。"

男孩有着属于自己的骄傲，所以他们将一切深藏于心。

——达米安，18岁

尽管世界改变了许多，还是有许多男孩对情感问题十分茫然，因为他们仍然是按照传统的成长模式长大：要强大，保持沉默。"我猜测，男孩也许更加倾向于将谈论情感之类的事情视为女孩子才做的事情，"19岁的乔尔告诉我，"男孩只是学着将一切藏在心里。一段时间之后，男孩会越来越压抑，最后会无缘无故地发火，脾气暴虐。也许你想知道为什么他们对于一件小事会如此的愤怒，我认为男孩发泄得越多对他们越有益，但是我不认为他们会那么做。在情感上男孩只会坚持扮演'强者少言'的形象，继续压抑自己。"

在社会文化的限制下，你不可以哭，因为只有女孩才能哭。而这种文化往往不能让你做真正的自己，而且还会改变你。

——瑞克，17岁

虽然内心堆积的情感压力会因为一次无害的爆发而得到舒缓，但是男孩有些时候仍将情感埋藏得太深，导致他们的心理健康受到影响。"男孩有许多难言之隐。"新西兰"守望相助"项目创办人理查德·阿斯顿说道，"除非男孩内心的情感问题能够解决，否则他们就会深埋于心，并最终通过其他的方式爆发出来。"有时候，男孩绝望地发现自己走上了一条"不归路"。"有个男孩把自己关在学校的更衣室里，拿着一把刀想要自杀，因为他想毁灭自己。"18岁的迪伦告诉我。

表面上男孩不会说什么，但是在内心他们深受压力。他们不会告诉任

何人，因为他们认为这些压力就好像是精神上的缺陷，使他们难以启齿。

———艾什顿，12岁

☆ 父亲们

有时候，父亲没能帮助男孩。当我和男孩谈话的时候，我发现了一个有趣的现象。极度要强的父亲会给男孩带来消极的影响，促使男孩不顾一切地要达到父亲的标准。"我父亲需要更好地理解情感。"17岁的加里说道，"他是个'男人不哭'类型的人。"迪伦也有这样的经历："我的成长道路对于我来说很难。我的父亲认为男人不能哭。他的确很坚强。"和女孩一样，男孩也需要安全感，需要呵护和鼓励。正是这些品质才促进了能量的增长。"一个稳定的家庭是男孩成长的基石。尤其是如果父母能经常陪伴孩子，父母在情感上能给予男孩支持，那么男孩们将成长得更健康。"大卫·马拉德说道。他是一位父亲，也是高级主管和男性社团组织者。"安定的家庭环境能够帮助男孩获得在社会中应对困难和正确认识自己的能力，能够为他们创造一种培养情感完整性的环境。"吉姆说道。他也是一位父亲，"如果我们采取独裁主义的养育方式，在男孩10岁的时候，他会觉得自己的意见根本不被重视，那么他就会形成沉默寡言的性格。在这样的家庭里，孩子不会拥有安全感。因此，父母不仅要听取孩子的心声，还要对孩子敞开心扉。"

你认为情感只能藏在心里是最艰难的一件事。你知道你不能哭泣，这样很痛苦，可是你不得不继续这样。因此，你会越来越远离真实的自己。

———欧内斯托

☆ "无所谓"的心态

"无所谓"的态度也会让男孩产生压力。男孩被迫装作不关心一切事物——包括人际关系、学业和体育成绩，但其实男孩私下里十分在意。"男孩被迫变得坚强、风趣、帅气。"17岁的达里尔说道，"如果你考试挂科了，你要说，'无所谓了'，即使心里觉得自己快要疯了。"男孩这么做是为了让自己在同龄人群体中留下来。"为了获得认可，你不得不做一些事情。"达里尔承认道，"这样你与别人的交往就会更加容易。"当男孩装作对一切都漠不关心的时候，他们的内心情感却已受到了打击。不表露情绪已成为男孩的一种生活方式。这样，男孩很难再去关心一个看似与自己无关的世界了。

然而，尽管大多数男孩封闭自己的情感，他们仍然要面对自己的内心世界。当我们鼓励男孩勇敢面对自己的内心时，我们却忽视了"他们是男孩"这一重要事实，并且给他们的成年生活增添了更多的情感挑战。当倾听男孩们的真实感受之后，我们就不得不反思我们到底对他们都做了什么。"几乎每个男孩都希望和朋友们交流心中的想法和感受。"12岁的汤米告诉我，"但是这与人们心目中的男孩形象不符。每个人都不想这样，但事实就是这样的。"

☆ 情商培养

男孩的情感发展和女孩一样重要。缺少情感发展，男孩在这个复杂且快节奏的社会中将难以前进。心理学家丹·金德伦（他的工作是负责引导和教育那些误入歧途的男孩）提醒我们，缺乏情商的男孩生活最艰难。在与少年犯的接触中，他了解到，正是因为男孩不知道如何用别的方法应对威胁或者自己不熟悉的情况，才导致他们坐牢。温迪是青少年

法庭的一名协调员，"我们不允许男孩表露情绪。可是男孩也是孩子，他们也会害怕，也会哭泣。"她解释道。

我知道有些人在遇到麻烦时喜欢借酒消愁，而有些人则把一切都堆积在心底，十分压抑。

——乔尔，19岁

尽管人们现在已经意识到情商的重要性，我们却没有重视男孩的情感教育。"男孩比女孩更加情绪化，更加开放。可悲的是，我们却忽略了这一点。"迈克尔·韦林说道。他多年研究男性成长与发展课题："我看到团队里有些25岁以上的男人因为无法忍受心中的痛苦想自杀解脱。"

☆ 男孩也会忧虑

作为青少年，男孩要面对的问题很多，从父母和同龄人的期望，到学校成绩的压力，以及长大后要从事什么职业。而男孩又很少谈及这些问题，他们别无他法，只能自己摸索出路。"你担心长大，担心那些你必须面对的事情，如酗酒。"亨特说道，"同辈的压力也是如此。社会给了你一个全套的标准，规定了男人们应该做的事情：变得强大并保持沉默。因此，给敏感脆弱的内心留下的空间也就没多少了。"

掩饰情绪真的很难。

——哈里，14岁

☆ 情感挫折

情感挫折是使男孩脆弱的另一个方面。我们总是对失恋中的女孩非常担心，但是却认为男孩不用帮助也能处理好分手的问题。"没人关心男孩的感受。"18岁的迪伦说道，"分手对于男孩的打击甚至比对女孩更大。人们认为，男孩在分手之后只要再找个女朋友就好了，可是男孩的心理创伤却没有恢复。他们需要释放情感。这也是为什么自杀的大多是男孩的原因，因为他们承受的太多了。"萨拉（高中老师）深有同感："当他们真正地坠入爱河，找到那个特别的女孩时，男孩的心灵会异常的脆弱。一旦这段感情结束，这个打击对于男孩来说就是毁灭性的。很多男孩都不能恢复过来，所以他们选择了自杀。一旦两人的关系结束，男孩会觉得自己永远不会再爱了，就像是最初向对方敞开胸怀那样，从最初完完全全地付出到分手后毁天灭地般的打击。男孩的悲伤要甚于女孩，关系破裂真的会毁了他们。"

男孩会因为女孩而变得十分脆弱。当他们找到了自己真正喜欢的女朋友，他们会为她付出一切。在女孩离开男孩之后，男孩也许会选择自杀，因为他们不能表达自己内心的任何感受。

——温迪，青少年法庭协调员

当男孩被迫独自面对问题时，他们得不到任何帮助和支持来让他们从中解脱。他们只会自怨自艾，认为自己是唯一一个受到伤害的人。18岁的亨特说得很对："问题不会得到解决，因为他们不会对朋友坦露心事。你不得不始终保持自我保护的形象——压力真的很大。"如果能充分利用的话，社会关系网络将帮助男孩们打开心扉。通常，男孩们在青少年论坛十分放得开，因为在这里他们可以匿名大胆地谈论重要问题。"我很低落，也很自私。"网友NyN说道，"可是我的母亲就要死了，撑不了多久了。如果停止化疗，她今年年底可能就会离开我。如果继续化疗，她也只剩下5年痛苦的生活，而且她似乎更希望现在就解脱。我觉得自己很自私，因为我想让母亲继续做化疗，因为我无法忍受母亲这

么早就离开我，可是她又是这么的痛苦。"

人们告诉男孩，要坚强，情绪是软弱的表现，但是表达情绪却越来越常见了。这是个好现象，因为男孩的内心深处总会遗留一些情绪，无论是什么情绪。

——加里，17岁

☆ 男孩能向谁倾诉

因为男孩不再需要从父母那里获得信息，当他们遇到问题的时候他们自然不会向父母求助。再加上生活经验很少，如今的青少年几乎没有处理复杂社会生活的能力。当然，父母不会使用新技术，男孩也就会认为他们和父母生活在两个平行的世界中，没有交点。再加上，大多父母都很忙或者没有精力给男孩提供正确的帮助。因此，男孩常常在在线聊天室里倾诉父母给他们带来的烦恼："他们装作全力支持我的样子，可是等我回到家的时候，没人对我说任何事。他们只是沉浸在电视节目里而已。"墨菲抱怨道："个人来说，我不喜欢依赖父母，他们根本不可能注意到我，我也不可能信任他们。明明一家人可以一起努力让事情变得更好，可是他们只是走开，各干各的事。"现在，男孩也在努力地释放自己的情绪，他们越来越乐观积极了，这是个好现象。我们要鼓励这种变化，因为每个人都能从中受益。

当然，在男孩的生活中还需要其他的指导者。男孩可以和这些人交流，他们也能够倾听男孩的想法并给出正确中肯的建议。鼓励年龄大一点儿的兄弟姐妹或堂表兄弟姐妹与男孩交流互动是个不错的方法。"许多孩子不愿意对父母说。"15岁的哈里森说道，"他们不想得到父母的指导和教育，宁愿向那些更受他们欢迎的人倾诉，比如兄长。兄长可以告诉你一些事情，然后你可以和朋友分享。"15岁的马克同意道："如

126

果我的朋友遇到问题，他们要么自己解决，要么朋友之间相互帮助。如果你们是好朋友，那你们之间就存在着信任。而且你也许会和朋友谈论一些重要事情，这样你们之间的友谊就进一步加深了，所以你们会时不时地彼此之间诉说心事。"

☆ 父母也很重要

父母如果能与男孩好好地交流，这将会给男孩最有用的帮助。"我失去了一个最好的伙伴。"18岁的迪伦回忆道，"我很幸运，有许多人支持我，帮助我。无论命运抛给我什么，我都不会哭。可是当我最好的朋友死去时，我在妈妈面前哭了。妈妈把我们抚养成人。她很善解人意，姐姐对我也很好，我可以向她们倾诉。大多数人就没这么幸运了。"尽管大多数男孩似乎对家庭毫不关心，不过他们的内心其实非常在乎。当然，他们也很敏感。"我妈妈说她讨厌我。"丹尼在青少年论坛上说，"不用她说我都知道作为一个儿子，我很失败……我觉得我完了。我不知道该怎么办，向哪里走，我只想找人哭一场。"

我们不允许男孩哭泣，却不问他们遇到了什么事。
——迈克尔·韦林，一位父亲和祖父，也是男性调研小组负责人

孩子永远都需要父母的关怀。"男孩与父母的联系越好，父母就越能理解孩子，引导孩子的未来生活。"12岁的阿什顿说道。17岁的瑞克也同意道："如果父母不在意或者不关心孩子，这是非常悲哀的。父母和孩子保持良好的关系是很重要的，要在孩子身上多花些时间，比如，和孩子聊聊天。"对于韦林来说，这一点至关重要，"当没人倾听自己的时候，人们会受到伤害。我们不允许男孩哭泣，却不问他们遇到了什么事。"

无论何时男孩感到悲哀或者选择逃避时，我们都要弄清楚到底发生了什么事。也许我们会发现，他的这种行为其实是一种求救信号。令人惊诧的是，男孩们的这种行为很少得到他们想要的回应。"应该进行沟通和交流。"17岁的瑞克说道。罗宾是一位父亲，他很认同："人们往往听不进去男孩们在说什么，我们需要更多地听听男孩的想法，打开他们的心扉，这样我们才能完全理解男孩。"

然而，整个社会文化仍然鼓励男孩埋藏自己的感情，但这种态度极不健康。而且这种弊端往往表现为不断攀升的暴力事件和冒险活动。尽管你也许侥幸地避开了最坏的情况，但是永远不要错过任何一个可以与孩子交流的机会。聆听孩子讲述的故事和评价背后真正的含义。也许他会表现得漠不关心，但是这不一定是他内心真正的感受。

帮助你的孩子打开心扉：

◆ 你要知道，男孩不喜欢处于难堪的地位，尤其是谈到情感问题的时候。

◆ 承认每个人都有情绪。

◆ 让孩子明白表达情感都需要勇气。

◆ 闲暇的时候和他在一起，谈一些重要的话题。

◆ 要让孩子感觉你平易近人，和你在一起很轻松，对孩子要敞开胸怀。

◆ 不要对孩子说教。

◆ 和家人一起讨论一些热门话题。

◆ 偶尔给孩子讲讲你自己不舒服的感受。

母亲和男孩

　　母亲常常会担心孩子的成长。尽管母亲想要给男孩支持和关怀，但是她们也同样担心过度的关怀会让男孩缺乏男子气概。因此，在这样的担忧下，一些母亲要么是疏远孩子，要么就是过分溺爱孩子。男孩在成长的道路上需要母亲的爱和关怀，这样他们才能变得更坚强和有能力，同时孩子也需要足够的成长空间。尽管母亲担心自己没有给予男孩们足够的爱和关怀，男孩却很清楚，没人能够取代母亲在他心里的地位。

　　母亲给你安慰、慈爱和关怀，它们将一直陪伴在你左右。

——莱尔，12岁

☆ 男孩知道他们需要母亲的爱与支持

　　有时候，做一个成长中的男孩的母亲是一件吃力不讨好的事，因为男孩经常吵闹、捣乱，而且对你不理不睬。尽管母亲有时可能感觉自己就像墙上的壁纸一样（没有价值），但其实男孩们知道母亲为他付出了很多。母亲的付出令男孩十分感激，其中之一就是母亲会帮助他们打理生活。"没有妈妈，我的生活会乱得一团糟。"16岁的弗林承认道，"她让我的生活有条理和方向感。""我妈妈帮我安排了许多事。"16岁的托比说道。一些男孩指出帮助和溺爱是不同的。"母亲对我的照顾

129

面面俱到。"17岁的达里尔说道，"这本来是很好的。可是你总想从这种关照中解脱。"那些给予男孩支持和空间的母亲对孩子的帮助才最大。正如托比所说："母亲既需要给予男孩关爱也需要给予他们独立的空间，这很重要。"

母亲对男孩倾注了过多的关怀，总希望为他们做许多事。

——阿什顿，12岁

每个母亲都需要找到自己的方式来平衡溺爱和关心之间的支点。对于17岁的雅各布来说，他一直很喜欢与母亲之间的相处方式，他们的交流方式很平等，不会让他觉得不舒服。"妈妈真的做得很好。"他告诉我，"通常，我对她给予的爱和鼓励视为理所当然。但是，当我尝试着对母亲敞开心扉时，我发现我们之间的关系更加亲近了。母亲不再对我唠叨了，更加信任我了。"大多数母亲渴望孩子对自己坦诚，尤其是在她们意识到男孩和男人有他们自己的交流方式的时候。因为人们总是不鼓励男孩说出他们的感受和遇到的问题，我们想让男孩敞开心扉就需要更多的努力。"让男孩说出心里话很难，因为男孩被期望成为坚强少言的男子汉。"雅各布解释道。

很多时候，人们很容易忽略男孩与女孩之间的巨大差异。他们的交流方式不同。有时候男孩们即便不把心里的话说出来，母亲也能知道他们到底发生了什么。男孩交流的方式也很多，母亲要知道这一点，不然就会错过很多珍贵的交流机会。作为母亲、小说家、专栏作家以及编剧，乔安娜·玛瑞·史密斯曾这样兴奋地描述过她与儿子之间的谈话："不像我的其他孩子，他不喜欢身体接触。但是今年暑假一个他很尊敬的亲戚去世了，他十分难过。听到这个消息时，他静静地走到我面前，抱住了我。"

在青春期，你比任何时候都需要母亲的支持，即使你装作不需要她的样子。因为青春期对你来说是极其艰难的时期，你需要母亲陪在你身边。

——加里，17岁

关注男孩喜欢的事是教育和支持他们的最佳方式之一，这种方式对于鼓励孩子敞开心扉十分有效。你要拉近与男孩的距离，这样他才会对你倾诉。而且找出合适的交流时间和交流话题一样重要。男孩也许不会说得太多，但是如果母亲能够进入男孩的世界，这对男孩来说非常重要。"母亲与你谈心，并且能和你保持良好的关系很重要，因为这会让你得到更多的安全感。"15岁的扎克告诉我。同样地，马克解释道："我非常在乎妈妈的支持，在乎她在一旁看我做事。"

☆ 男孩内心的敏感

男孩们对于母亲的敏感程度要远远高于母亲所看到的。"我的世界快要崩溃了。"Sheebobee在网上说道，"看着我妈妈就要下班了。压力快要让她精神错乱了，昨天她甚至工作到早晨3点，而她应该晚上8点回来。一切都似乎不太正常。而且，如果我做一点点小事烦到她，她就会对我发火……但是现在的我对此束手无策。"由此可见，我们同样不能低估了男孩内心的柔情。如果我们忽略这点，那么我们就完全低估了他们。男孩的敏感程度有时让人十分惊讶，正因为这样他们才会对一些事情产生误解。一位父亲说起儿子的一件事，那时儿子的母亲带着儿子和他们家的律师见面。离开时，他母亲礼貌地在律师的脸上轻吻，表示道别。回到家，他们5岁的儿子就告诉父亲，他不喜欢看到妈妈亲别的男人。

☆ **倾听**

　　因为男孩对于自己的事情往往难以启齿，所以了解他们最好的方式之一就是通过聆听他们的谈话捕捉其中隐含的信号——不一定只是关注深层次或有意义的东西，还可留意从他们的玩笑和随口评论中反映出的态度和关注点。尽管男孩也许不喜欢面对面交谈，不过他们常会选择与母亲待在一起的时候交流，比如在跑步、购物或者回家的路上。如果这件事并不是很紧迫，你要先安抚孩子的情绪，然后将这件事先放在一边，直到他愿意进一步交流，这样做的效果要比强迫男孩坦白好得多。

　　如果男孩觉得他们可以向母亲倾诉自己遇到的问题，并且能得到好的建议的话，那么他们将非常感激母亲的帮助。"我和妈妈交谈的内容要比和爸爸的更深。因为妈妈对男孩的事情很感兴趣，她是和姐姐妹妹一起长大的。"15岁的马克对我说。母亲的聆听能力对于男孩们来说比他们的情感问题更显重要，因为男孩很少有机会分享他们的心情。正如17岁的加里所说的那样："妈妈给你情感上的支持，而爸爸却会让你的情绪更加紧张。"15岁的卢卡也觉得如此："许多男孩不能对爸爸倾诉，因为爸爸们非常严厉。换句话说，大多数男孩不能对爸爸谈论自己的情感问题。可是妈妈却会给你安慰。"

> 妈妈带给男孩安定感和情感的支持。
>
> ——奥古斯，17岁

　　然而，有时候父亲对待男孩的方式却与母亲截然相反。"母亲更加倾向于支持，而父亲总说些让事情变得更糟糕的话。"16岁的弗林告诉我。有些男孩因为父亲对自己消极、充满敌意或者要求苛刻而十分沮丧。还有些男孩因为自己无法与父亲好好交流而感到气愤和失望。一般来说，男孩与父母双方的关系都应该是融洽的。但是事实上，男孩们和母亲更加亲近，因为母亲总在他们身边给予他们更多的关爱和支持。"遇到问题时，我大多会找母亲商量。"17岁的瑞克说道，"我更多地和母亲在一起，所以我们的关系更好。而且，我真的非常喜欢这种亲近的感觉。"

母亲更加能够理解你的世界和想法，同时对你的生活也更加感兴趣。

——哈里森，15岁

有趣的是，当男孩们开始自己的新生活时，他们会很想念和母亲在一起时的亲密感。"长大之后，越来越多的事要靠自己解决。"瑞克说道，"就像现在，我自己开车，过去都是妈妈载着我出去。我想念以前我们在车里聊天的情景。那时候，妈妈开着车，我和妈妈聊着天。"

☆ 对友谊的支持

因为男孩不像女孩一样能够有很多机会轻松地学会社交，许多男孩表示非常依赖母亲帮他们建立友谊。他们很感谢母亲创造了一个温暖热情的家，因为这样，朋友们都很愿意来家里做客。"母亲的作用非常重要。"奥古斯说道，"她会教你如何处理和女孩、朋友之间的关系。而这些都是父亲无法做到的。"卢卡告诉我，"母亲是你生活的支柱。没有母亲，你会感到孤独，没有安全感。"

16岁的托比发现，母亲的鼓励让交友变得简单，"在我6岁的时候，母亲就邀请我的朋友来家里做客，是她把我社交生活的大门打来了。"在其他情况下，母亲让男孩在社交上更加放松，母亲为他们打理外表，准备男孩喜欢的东西等。

☆ 家的味道

感人的是，很多男孩毫不掩饰地承认母亲的爱对他们的意义重大，他们也很爱自己的母亲。"母亲给予孩子无私的爱。"10岁的泰勒说道，"她们的爱十分珍贵。"12岁的汤米赞成道："你爱你的母亲，任何事都无法改变这一点。这是一种出自本能的超越一切的爱。这种无条件的爱让你感到放松。"母亲这种无私的支持，在男孩成长的关键时刻为他们指明方向。体验母爱的一种方式是通过母亲的烹饪。也许这种方式非常老套，但是用爱烹饪的食物更加有营养。"妈妈给我们做饭和准备其他东西我都非常感激。"马克说道，"我认为母亲做的饭是一种慈爱的表现。"

我妈妈是个好厨师。每个男孩都喜欢她做的食物。

——莱尔，12岁

"不错，母亲做的饭是打开男孩心灵的钥匙。家里做的饭菜是最美味的。"17岁的雅各布告诉我。16岁的托比也这样认为："在学校辛苦学习了一天之后，回到家能够吃上好吃的饭菜最幸福了。"不过，对于17岁的奥古斯来说，他最喜欢奶奶做的饭："我奶奶会做饭。她就像我的第二个妈妈。她做的烤土豆天下第一。"

母亲做的饭对男孩来说是很重要的，因为这是家的味道。它会让你平静下来，外面买的不能与之相比。

——阿什顿，12岁

☆ 接触女性世界的引导者

母亲通常也是男孩接触女性世界的引导者。母亲在帮助男孩理解女性世界的乐趣、细微差别和潜在的诱惑时起到了关键性的作用。如果母亲的工作做得好，男孩们必能受益良多。"母亲是你与女性世界联系的纽带。如果你可以把任何事都告诉她，那你就能学到很多。"15岁的扎克说道。

从母亲那儿你能学会如何与女性相处。

——罗伯特，17岁

尽管鼓励男孩尊重女性和女性的需求非常重要，但是如果我们只要求男孩关注女性的需求，而不在意自己的需求，对他们是无益的。当男孩能够尊重并欣赏女性世界，能够知道自己的需求，并且知道如何满足这些需求时，他们就能成为坚强成熟的男人。

尽管母亲给予了他们爱和支持，男孩的生活中也有一些母亲永远涉及不到的方面，这很正常。如果母亲不能理解他们和女孩是不一样的，那么他们将会感到无尽的沮丧。寻找孩子父亲和男性朋友或亲戚的支持是母亲的一大助力，因为男性生活中有许多即使是最富于同情心的女人也不熟悉的东西。和男人的互动并不需要明确规划时间，只要给男孩与成年男性在一起的机会即可增加男孩们的自我意识，并能帮助他们更好地理解成为男人的意义。

☆ 性话题

从男孩的角度，他们希望母亲在性和生理变化的问题上给他们足够的空间。母亲要理解，如果将男孩的个人生活置于显微镜之下监视，他

们会觉得很不舒服。正如15岁的马克所说的："如果母亲试着和我谈论男孩的问题，我会觉得很怪异。比如说，也许母亲会试着从你的角度看问题，告诉你作为男孩的你将会发生什么变化，但是这没有用。"他发现，母亲经常和他谈论男孩生理变化的话题，让他感到喘不过气来。

然而，正因为男孩们现在生活在一个处处潜藏着性诱惑的世界里，父母们才更有必要和男孩谈谈性的问题。而且有必要更早地和在更广的层面上和他们谈论这一话题，而如果只是粗略地提及性行为的原理和方式，这是不够的，还必须包括感情、界限和性欲。运用流行文化，而不是以父母的个人经验作为出发点谈论，这样效果会更好。男孩一般不想听到父母自己的性生活。15岁的哈里森的意见代表了大多数男孩："父母要是对我谈及自己的性生活，我会非常尴尬，就像在听妈妈的花边新闻一样。你不会希望谈论这些的。你希望他们只要理解荷尔蒙激素就可以了。"

☆ 单亲妈妈

离婚对于每个人来说都很痛苦。当父母离婚之后，最难受的往往是男孩。正如我在《男人不愿说的话》中提到的，离婚让男孩处于一个更加复杂的境地，因为他们要和母亲一起生活。在生活中，不管母亲有没有主动要求过，男孩都会自发地承担父亲的角色来保护母亲。这是一种出于本能的想要保护异性的反应。然而，不管男孩如何努力，他们也只是小孩而已。目睹母亲受到痛苦会给男孩造成极大的创伤，这种创伤只会让男孩坚定自己的想法——不能成为父亲那样的人。许多男孩说，照顾母亲让他们手足无措，不堪重负，因为他们的力量实在是太小了。

而母亲再嫁之后的生活对于男孩的影响和女孩一样是重大的。青少年论坛上常有人抱怨，生活在一个不开心的继父家庭是多么的痛苦。

"自从我母亲交了男朋友，我就非常讨厌他们。所以只要有机会我都会无视他们。"网友查理说道，"而且，近两年来的生活是我最痛苦的，他们几乎每个星期都要吵架，在任何事情上都能吵起来。这周他们分手了，那个男的把他所有的东西都带走了。"查理无助地继续说道，"可是妈妈现在又想原谅他，还想再把他找回来。"查理一直在思索着自己的出路，可是他发现他无处可去。

承担了保护者的角色之后，无论母亲要求与否，每当妈妈与另外的伴侣结合之后，男孩的心理防线也就破裂了，因为他觉得母亲不再需要他了。当然，母亲有权再婚，但是她们必须小心处理，因为男孩并没有丰富的生活经历可以帮助自己应对这种新的状况。在这段时间，男孩和女孩一样脆弱。而且，尽管他们是青少年了，他们仍然很弱小，他们还要承受额外的来自生理发育上的压力。因此，每当新伴侣出现的时候，母亲要让男孩知道他是不可取代的，母亲仍然需要他，爱着他。这是男孩与母亲关系的一个方面，我们大多数人都应明白。如果我们能够考虑到男孩对于母亲的爱和保护，那么我们就能免去每个人的烦恼。单独和孩子的交流是很好的方式，母亲可以告诉男孩，她仍然关心他，并且会继续亲近他，关心他的兴趣爱好。

☆ 帮助男孩实现目标

因为男人和女人不断变化的角色，以及世界的快速变化，成为男人的道路可能会困惑重重。而在这一切变化中，年幼的男孩毫无经验。此时，母亲的角色至关重要，她们可以指引男孩，提供中肯的建议。许多男孩更愿意对母亲讲述他们的梦想。"我告诉妈妈我的目标，我想去某些地方，因为我知道她会帮助我实现这个目标。"15岁的哈里森说道，"妈妈很冷静，而且还给我支持。"17岁的罗伯特赞成道："你更可能

会对母亲倾诉梦想。"或者正如10岁的马克说的那样："如果你有一个梦想，你会把它告诉母亲，因为母亲喜欢听。"所以，即使母亲处处担心着她们的男孩，她们也永远无须怀疑自己的重要性。

母亲帮助我放飞梦想。

——哈里森，15岁

给母亲们的建议：

◆ 你对于你的儿子非常重要。不过，他也需要自己的空间。

◆ 如果你能为儿子营造一个温暖的家，他会觉得幸福。

◆ 永远不要低估儿子潜在的情绪变化。

◆ 在帮助孩子表达情感的问题上，你可以发挥很大的作用。

◆ 当你结束一段感情或者开始新的关系时，不要忽略孩子的感受。

◆ 留出和孩子独处的时间。

◆ 学会倾听那些"隐藏"的话（孩子隐藏在心里的话）。

为何男孩热衷电脑

在很短的时间内，网络已经成为青少年生活的主要部分，并且为男孩提供了无限的可能性。在网络中，他们参加社交、倾诉问题、缓和情绪、表现自我、交新朋友，还能得到想要的信息，崇拜名流和体育偶像，迷恋音乐。进入了网络空间，孩子就踏上了一片广阔的未知领域，在这里各种想象中的东西都能实现。据统计，2014年7月脸谱网（Facebook）每月活跃用户达13亿人。如果这是一个国家，那么它将是世界上最大的国家之一。

技术和网络给我们这代人带来了巨大的便利。这里为我们提供了更多的知识以及思想的自由。

——亨特，18岁

只需点击鼠标，男孩就可以进入信息知识的世界，接触世界上其他国家的孩子，并且还可以亲自尝试许多事，从谱曲，设计自己的图像，到组合数据、剪贴表格等。卡勒姆今年10岁了，他告诉我他喜欢制作小电影："我创作乐高玩具人，让他们自动移动，绝对不需要手控或者借助其他工具。《超级无敌掌门狗》也是按这样的原理制作的。"网络在很大程度上赋予了男孩创造惊喜的机会。

玩电脑比其他事，比如和家人一起干活，要有趣得多。

——阿什顿，12岁

☆ 孩子深知父母落伍了

当然，父母有必要了解孩子上网的近况，但是也无须过度担忧。如果父母总是很好奇他们在做些什么，男孩们会有挫败感。一些父母跟不上这个网络世界的步伐，而男孩也不认为他们可以和父母交流自己的网络活动。大多数父母只具备基本的电脑技术，并不明白网络社区对于男孩的想法、情感和行为产生的巨大影响。每当父母和孩子谈论有关上网的话题时，他们都没话说。这也就让孩子更加坚信，父母和他们完全没有共同语言，因此也就没有理由向父母敞开心扉了。

网络给予了男孩新的自由。以前的孩子不得不依靠成年人来获取知识。尽管这种情况并不是十分理想，不过父母却因此成为了信息传递者，可以帮助孩子形成不同的知识框架。现在的男孩能够接触到父母都无法了解的信息，这也是为什么这个新世界在某种程度上如此迷人的原因。现在，如果父母拒绝和男孩谈论某些话题，男孩大可以上网搜索。然而，网上的资源并不能确保是正确、合适或者有用的。雷·伍德的儿子是个电脑天才，他指出："网络空间就如西部荒原，没有规则，也没有法律。"而父母越来越忽视这一事实，尤其是当男孩想要自杀或者决定将他唯一的希望寄托于在网上的青少年论坛分享自己的心事时，这种情况让人十分担心。当然，青少年论坛有时候的确能帮助孩子们，但是难题还是要依靠父母的生活经验或者专家的协助才能解决。孩子可能会误入歧途，例如孩子可能会对自己的性特征产生困惑，然后开始浏览色情网站来寻找答案，最终却深陷困惑之中。

我们都知道，以前的孩子在成长的过程中还没出现网络之类的东西。而现在，网络伴随着我们成长，我们这一代人在网络环境中彼此沟通交流。

——加里，17岁

☆ 那里有一个巨大的虚拟世界

在某种程度上，深深吸引了男孩们的是网络空间的无限性。然而，问题是，男孩常常把在网络上得到的信息当作事实。这也是很多专家们担忧的原因，因为在这种情况下，男孩无法自己找出解决问题的办法或者形成批判性思维。神经系统科学家苏姗·格林菲尔德认为，仅仅是知道一些知识与情况相比建立自己的知识体系，以及理解不同信息之间是怎样联系的是完全不同的。苏姗担心现在的孩子也许会被各种信息淹没，因为他们并没有足够的生活经验来筛选信息，也不知道哪些信息是重要的。同时，她还呼吁我们思考这样的问题，即这些在"同样的软件、同样的图像"下成长起来的新时代青少年在成年之后会变成什么样子。

（网络）技术会给孩子造成消极的影响，这是它带来的后遗症。

——西沃恩，高中老师

☆ 社交网络

电脑之所以吸引男孩具有多方面的原因。男孩喜欢在线聊天，很可能是因为网络比面对面聊天更加"安全"，还不需要太多的情感付出。然而，这个新世界并不是没有压力的。当你和男孩谈起社交网络时，你会感觉到他们非常需要随时保持联系。他们很清楚，如果不能与同龄人

保持同样的节奏，他们也许会遭遇到"社交死亡"。

"我认为父母意识不到现代社会的巨大改变，因为他们习惯了过去的生活方式。"22岁的艾丹说道，"比如说，他们不会明白网络的重要性，这让我们非常苦恼。网络是社会性质的。孩子们发现，他们很难说服父母去学习使用网络。你所有的社会活动和兴趣都统一收纳到脸谱网上了。如果你不检查账户，你可能会错过一些社会事件。"

我喜欢通过电话和网络的方式联系朋友。有时候，如果无法打电话或者上网，你会变得很焦虑，因为你已经习惯了这种轻松简易的联系方式。

——马克，15岁

网络和手机现在都已成为男孩归属感的主要来源。青少年更倾向于在网络社区中闲逛，而不是面对面地接触。因此，父母需要理解孩子，并且帮助他们寻找新的接触方式，可以鼓励孩子结交不同的朋友，发展不同的兴趣。如果父母不解决这个问题，孩子就可能会经常长时间地沉迷于电脑世界。很明显，和我谈过话的孩子中，生活丰富多彩的花在电脑上的时间要远比那些生活单调的孩子少。正如国王学校的蒂莫西·霍克斯博士所说："我们要让孩子感受到脱离电脑世界的光荣，让他们知道现实世界要比虚拟世界更加精彩。"

☆ 上瘾

事实上，男孩花在电脑上的时间越多，他们就越容易上瘾。"我喜欢待在脸谱网中。"19岁的乔尔说道，"我从贝博网逛到聚友网，再去脸谱网。当我放假的时候，我将所有的钱都用在手机上了，我拿手机链接脸谱网，因为我只能用手机上网。"12岁的阿什顿说道："我也花了很多时间在电脑上。我可能很晚才睡，因为我已经陷入网络世界了。我无法从中脱离出来。我失去了时间概念。我真的已经沉迷于网络了。"

人们确实花很多时间在MSN上。但我尽量控制着自己少花些时间在那上面。

——达里尔，17岁

当男孩的情绪和日常行为牵动着每个人时，家里的氛围就可能会变得紧张起来。很多家长都说，因为孩子沉迷于网络，导致家里的气氛很紧张。"我们非常努力地想让儿子从掌上游戏机、《任天堂》之类的东西中解脱出来。"约翰说道，他的儿子总是沉迷于电脑，"如果我们试着限制他，他就会问我们他能不能出去见朋友，而我们也知道他只是去用朋友的电脑而已。我注意到，如果他玩了几个小时游戏，并且通关失败的话，他会从卧室出来，而且会非常生气，非常暴躁。"

当我用MSN软件聊天时，我会听着音乐，浏览易趣的网页，还会打开游戏。

——弗林，16岁

男孩在网络上所花时间之多十分令人惊愕。据估计，平均每个聚友网页面的浏览频率为每天30次。与男孩讨论他们的上网习惯让我们得以理解他们沉迷于新技术的些许原因。"是的，我们的确沉迷于电脑。"22岁的艾丹说道，"我知道，不少人玩12~16个小时的游戏。"大多数男孩也承认，离开电脑太长时间的话，他们会变得焦虑不堪。"我已经好几天没上网了。"19岁的乔尔说道，"我快疯了。我不停地想象我在网上和别人聊天以及做其他事的情形。我已经十分依赖电脑了。"

我努力地让儿子远离电脑，远离微软游戏机和PS游戏机。他们正处在身体发育的时期，可是他们却只是一直坐在电脑跟前。

——马丁，9岁男孩布拉德的父亲

☆ 缺乏阅读

我们一直努力让男孩多阅读，但是长时间用电脑对此却并无帮助。许多老师很担心，男孩用在电脑上的时间太长会让他们丢失阅读这一重要的生活技巧。"孩子们从谷歌和播客网获得信息，但是他们不会长时间地阅读。"一位高中老师解释道，"或者，他们的游戏能力很强，可是却很少阅读。在高中，阅读与上课密不可分。尽管是数学课，他们也要事先理解课上会被提问到的问题。男孩期望找到捷径，这样他们就不用阅读了。而且，如果他们不能阅读，我们就会制定许多新的规章，如在班里禁止上网等。"同时，在男孩幼年时就读书给他们听，那么他们长大的时候就会把书籍和阅读当作生活的一部分了。

☆ 多动症和自闭症

长时间使用电脑所带来的其他弊端，如多动症和自闭症，受到越来越多的关注。心理学家莎莉-安妮·麦考马克是一位儿童和青少年抑郁症专家。她表示，她接待的青少年患者中有将近一半的人沉迷于电脑。她很担忧，无法摆脱电脑上瘾的孩子容易患上阿斯伯格综合征。这是自闭症的一种表现，患此综合征的孩子对于社交活动就会毫无兴趣。虽然我们还需要进一步调查，但是一般认为，患上这种失调症的男孩要比女孩多，而且那些患有自闭症的孩子很喜欢整天泡在电脑中，由此可见这种症状与长时间使用电脑之间存在必然的联系。同样，我们还注意到，多动症很可能与男孩整天面对大量的过度刺激有关。这种刺激大多来源于长时间上网和其他的新玩意儿，它们会影响孩子们的行为和集中注意力的能力。

☆ 狭隘的世界

尽管许多男孩不想离开电脑，但他们也不得不承认上网浪费了很多时间。"如果你一直上网，可能会让你心烦意乱。"19岁的乔尔解释道。男孩在房间里待的时间越长，他们在现实生活中的时间就越少。不只一位专家质疑过，男孩长时间待在房间里会不会把他们变得和机械化饲养的鸡一样。然而，有些家长因为非常担心孩子会遇到虐童者，想要将孩子保护得毫发无损，不让男孩单独外出。但是这样做并不能解决问题，因为这样会切断孩子与外界的联系。一些男孩很苦闷，因为父母控制着他们的生活。"我宁愿出去探险，而不是待在家里上网。"15岁的马克告诉我说，"在家里被限制得有点儿太严了。"

☆ 友谊

短短几年内，短信和网络已经大大改变了青少年友谊的本质。现在，孩子们经常联系，他们的联系方式在前几代青少年中尚未出现。然而，因为这些联系方式耗时短、频繁而且迅速，孩子们并不能体验到友谊的真谛——外出见面，有困难时相互帮助，处理分歧，等等。"网络交流有时弊大于利，因为不是面对面的交流，网络交流很容易导致相互诽谤、仇恨或类似不好的结果。"15岁的马克说道。青少年之间的友谊总是处于紧张状态，如今紧张情势更甚，因为男孩总是关注着彼此生活的细枝末节，但是过多地关注受欢迎度、外貌以及不分昼夜地上网会让他们失去更有意义的互动。

朋友之间的关系似乎可以和他们的交流一样变得很快。马克告诉我："绯闻和争辩时常发生，这并不是一件好事。朋友的关系总是时好时坏，在网络上破裂之后又和好。你对别人的看法总是在变，这缘于你从网上听到的和你在网上谈论的内容。你的情绪也因此而经常变化。"

似乎，我们应该再一次教授青少年关于友谊的价值。

——约翰·莱纳斯克，皇家墨尔本理工大学商学院

专家们担心孩子将受欢迎或被点赞误认为是友谊。当你对孩子谈起他的网上友谊时，他经常会告诉你他的朋友遍布世界。但是当你更进一步地询问时，他就会承认这些朋友最多只能称为泛泛之交而已。生活在虚拟世界中，男孩可以避免友谊中比较混乱的方面，而这些麻烦经常需要面对面地解决。到底是解决分歧，还是拉近友谊，发送一份恶意邮件或者发短信辱骂对方，这些都不能帮助男孩学会与他人相处的技巧。真实生活中的友谊复杂且要求很多。但是，通过真实的交流互动，他们能够学会真诚地对待朋友，面对困难处境时，为对方着想，相互体谅。同时，只要男孩不过度浪费时间，电脑也能够为男孩带来好的发展机会。

帮助孩子平衡上网时间：

◆ 对孩子在电脑上所做的事感兴趣。

◆ 家长清楚自己的上网习惯。

◆ 鼓励孩子教家人使用电脑。

◆ 与孩子商量限制上网的时间，并遵守规定。

◆ 平衡上网和做其他事情的时间。

◆ 用具有创造性的方式让真实生活和虚拟网络世界一样充满吸引力。

睡眠不足

男孩长时间玩电脑的负面影响之一就是睡眠不足，再加上上网所带来的过度刺激，会让情况变得更糟。和我谈过话的男孩们大多数会同时打开多个屏幕。"我每次会同时做六七件事。"19岁的乔尔解释道，"我会打开电视机、手提电脑和台式电脑，所以我可以同时看许多东西。"17岁的雅各布也时常数小时地开着许多网页。"上网时，我大部分时间都开着MSN，即使是在做家庭作业的时候也开着。如果不登录MSN，我也会打开音乐，玩网页游戏，而且我的聚友网页面也开着。"

我同时会打开8个页面。我喜欢在MSN、脸谱网和聚友网上聊天，看照片，以及做别的事。

——乔纳森，16岁

☆ 过度刺激

男孩不但很少运动，很少参与其他活动，他们还经常熬夜上网，因此他们根本没有时间从声音、信息和图片的狂轰乱炸中冷静下来。这样造成的后果就是男孩几乎不能入睡。"我花在电脑上的时间太长，这已经直接影响到我的睡眠了。"15岁的马克承认道，"我在最近这两年内已经形成了新的生物钟，而这不仅仅是因为家庭作业堆积如山，还因为我总是想玩游戏。在学校住宿时，我晚上11:30或者午夜时分才睡觉，醒来时我十分疲倦。但是要是早点儿睡觉的话，我起来时会更加累。"即使是那些能够睡着的人也经常无法得到优质的睡眠，因为许多人在睡觉的时候手机仍然开着。除非父母强行干涉，否则男孩丝毫没有时间观念，他们会一直打电话发短信或上网聊天，最后在疲惫中睡去。

我们学校的许多同学经常晚睡，最早的是11:30睡觉。有些人熬夜在MSN上聊天、看电视，等等，一直到早晨2点。

——弗林，16岁

据专家们调查，青少年睡眠不足的问题已经越来越严重。"夜复一夜地，他们已经欠了太多的睡眠债。"美国布朗大学的精神与人类行为学教授玛丽·卡斯克敦说道。许多青少年在周末狂睡。尽管这样能够部分弥补他们在一周内欠下的睡眠债，但是这会让身体困惑，分不清何时应该进入睡眠状态，从而使得晚上更加难以入睡。

☆ 失眠

如果你和男孩们谈论失眠的问题，你就会知道情况已经糟到何种地步。"我想失眠是我要解决的最大问题。"15岁的乔尔说道，"我不知道到底该怎么办，我只是很难睡着。当我累了的时候，我会躺下来，什么事情都没有了，但我还是不能睡着。夜里最坏的情况是到了凌晨四五点时我仍然无法睡着。而最好的情况就是在1点时睡着。我发现，我需要午睡，但是我常常选择不睡，因为我知道午睡会影响我晚上的睡眠。而到那个时候我会筋疲力尽，可每天晚上要到凌晨5点甚至更晚才能睡着。如果第二天我一直睡到下午2点之后起床，我就觉得我已经浪费了一天，在我看来中午12点是最佳的起床时间。"

有时候，我真的很难停下电脑上正在做的事；有时候，真的很难入睡。

——阿什顿，12岁

尽管他常常觉得困倦，但和许多同龄人一样，乔尔还是不打算立刻改变自己的习惯："我知道许多人都有睡眠问题，因为他们心不在焉，而且有太多的事可以做。但是早点儿睡觉，比如说，10点上床又显得太早了，他们会想：'为什么我要10点上床呢？我可以在网上聊天，玩游戏，为什么不呢？'"16岁的弗林也是一个失眠者："是的，电脑上所有的东西都会影响我的睡眠。我很难睡着，因为我的脑子里装着很多的东西。有时候，跳上床我就会开始想那些东西。我的脑中装满了这些东西，等到真正睡着已经是一两个小时之后的事了。"

☆ 后果

据睡眠专家亚瑟·邓博士的看法，青少年每天的正常睡眠时间应该在9~10个小时，这样他们的身体才能正常运转。《心跳趋势》的作者内尔·科恩指出，孩子们晚上10点至凌晨1点之间还在网上活动，导致了邓博士所说的"睡眠不足流行病"。因此，男孩的卧室不一定是休息的好场所。长时间的睡眠不足将给孩子们带来短期或者长期的不良后果，包括注意力不集中以及行为混乱的问题。此外，睡眠问题还与早发性糖尿病有关。长此以往，如果男孩不能养成良好的睡眠习惯，他们或许还会出现心脏疾病、记忆力问题或者高血压等问题。

青少年常会睡到下午4点，这时才是他们一天的开始。

——乔尔，19岁

男孩有必要形成良好的电脑和手机使用机制，因为一旦陷入失眠的怪圈，他们就很难再调整过来。"大多数和我同龄的孩子都有睡眠问题。"20岁的艾丹说道，"我年龄小的时候，情况更糟糕，我熬夜到早晨4点。其他许多人也会熬夜到这么晚，但是那样并没有什么好处。我不可能每天都这样度过，以后我再也不想这样了。"

☆ 改变

专家们强调，青少年每晚需要9~10小时的睡眠时间。对于大多数孩子来说，要摆脱失眠并不只是关掉电脑就能实现的，他们依然过着忙碌、有压力和作业堆积如山的生活。许多青少年享受熬夜，不希望错过朋友们正在做的事。因此，家长们需要为孩子树立榜样，鼓励他们养成良好的睡眠习惯，同时严格规定使用电脑的时间。此外，每晚睡觉前将手机关机放在同一个地方也是一个好习惯。最近有研究表明，电脑屏幕的亮度会影响身体的褪黑激素。褪黑激素管理着睡眠和觉醒，而屏幕亮度会让孩子们在应该困乏的时候保持清醒。日本秋田大学医学院的一项研究调查结果表明，在明亮的屏幕前工作，玩电子游戏或者睡前工作的人群中，他们的褪黑激素明显下降。现在，光照疗法常用于治疗青少年失眠症，因为该疗法可帮助调节褪黑激素。光照疗法重点在于避免强光，如睡前的电脑屏幕亮光和醒来时给予亮光照射。这样一来，生物钟被重新调整，并且在晚上，生物钟自动调节，为睡眠做准备。经过一夜良好的睡眠之后，参与实验者的精神清醒，状态良好，已经准备好迎接新的一天。配合有效的睡眠和清醒机制，光照疗法在治疗颠倒性失眠症的问题上效果惊人。

帮助孩子养成正确的睡眠习惯：

◆ 在家里制定睡前不出门，关闭电视、电脑的规定。

◆ 鼓励孩子在睡前半小时之内不使用电脑。

◆ 周末狂补睡眠并不能解决睡眠问题；规律的睡眠时间才是最好的良方。

◆ 帮助孩子养成每天同一时间起床的习惯。

◆ 如果问题得不到解决，请向医生求助。

怪异的网络世界

　　正如我们所见，网络对于男孩极具吸引力，因为网络为男孩提供了无边无际的探索空间，而且还允许任意改变身份。拥有隐秘的第二个身份对于男孩的吸引力非常大。现在，甚至很多成年人在网上装成小孩。男孩同样要认识到，不仅仅成年人会引诱男孩发生性行为或做其他的事情，越来越多的同龄人也会这么做。网络空间让男孩有了放纵幻想的机会，同时，男孩的有些想法和做法是单纯和无知的，可能会让男孩误入歧途。因此，男孩不但要警惕网络上遇到的陌生人，还要提防网友们送的礼物或者其他诱惑。

　　男孩同样要认识到，不仅仅成年人会引诱男孩发生性行为或做其他的事情，越来越多的同龄人也会这么做。

☆ 策划谋杀

　　近年来一件最怪异的网络事件发生在14岁的英格兰男孩"约翰"身上。"约翰"在网上认识了16岁的"马克"，两人很快成为了朋友。表面上看，这种事很正常，没有奇怪之处。然而，抑郁的、迷乱的"约翰"却陷入了一个虚幻的世界。以詹姆斯·邦德系列电影《黑衣人》《逍遥法外》中的场景为雏形，"约翰"幻想了8种不同的网上形象，

其中包括一个神秘的英国军情六处女特工的形象。"马克"并未意识到这些不同的网上形象全都是"约翰"扮演的，他陷入了一个越来越复杂的世界。

网络空间赋予了男孩满足幻想的机会，但是同时也可能让他们误入歧途。

随着他们的关系越来越好，"约翰"声称自己得了脑肿瘤，已经没有多少时间了。"约翰"劝说"马克"杀死他，让他解脱。"约翰"对"马克"进行了十分详细的指导，包括如何以及在何处袭击他。如果"马克"成功了，他将会成为英国秘密情报局的一员，接受丰厚的薪金，并且还能和网上遇到的迷人的军情六处女特工发生性行为。另外，他还会与托尼·布莱尔接洽，获得一把枪。

在他们最后的一次交谈中，"马克"问道："你希望我把你带到特拉福德中心，并且在那里杀了你吗？"在得到肯定答复之后，"马克"出发去完成他的任务了。按照"约翰"的指示，"马克"在小巷子遇到了"约翰"，并且用一把6英尺长的刀刺入他的胸膛和腹部。尽管他一丝不苟地按照计划实施谋杀，"约翰"还是活了下来。

当警察发现"马克"的刺杀行为之后，"约翰"却矢口否认，称不知道为什么"马克"会这么做。不过幸运的是，他们的网上聊天记录被恢复，"约翰"的网络骗局最终还是被揭露了。在总结这起案件时，大卫·麦迪森法官发表评论："这个案件就像是老练的小说家绞尽脑汁构思出来的小说情节一样。"案件最后的审判结果是，这两个男孩以后不得再相见。"约翰"只可在家长的监督下上网或者进入聊天室。

☆ 另一个世界

阅读这些案件，虽然令人很忧虑，但却可以帮助家长了解到青少年的生活与他们自己的生活之间存在着巨大的差异。在网络上，男孩几乎可以毫无阻碍地接触到任何人，或者是家长以前绝无可能接触到的东西，因此父母有必要知道男孩可能会遇到哪些情况。当进入一个网络空间时，父母们会发现一些令人心碎的场景，如这位母亲所述："6个月来，我14岁的儿子被他16岁的网友完全'洗脑'了，两人'恋爱'了。我是看了他的MSN聊天记录才发现的，我很担心。我还没有告诉儿子我已经知道这事了。他们已经商量着，如果不能在一起的话，儿子就要和他私奔，不然的话他会'死'……儿子非常脆弱，而且十分依赖这个人。同时，这个人威胁说如果儿子和他断绝联系，他就去自杀。"在保护男孩的同时，父母还需要懂得如何处理这些由网络造成的愈加复杂的问题。如果父母使用间谍软件破解孩子的密码，那么他们也得不到孩子的尊重，轻松公开的谈话也不再可能。保持公开的交流，和孩子讨论各种情感欺诈的案例，并且假设这种情况随时可能会发生，这样做可以让孩子在上网之前先鸣起警钟。如果有人利用男孩，那么男孩可能会变得极其脆弱。而在这时，家长们必须要寻求专业帮助。

☆ 身份被盗

正因为孩子们越来越善于使用网络，他们不断地寻找新方法以试验自己的技巧和界限。如今，越来越多的青少年发现自己在脸谱网或者聚友网的内容被人恶意篡改，而且常常含有不宜的照片和评论。有时这种恶意破坏是同龄人所为，有时也可能是因为网络异常。这些受害者在你身边处处可见。"有人私自潜入我的邮箱地址，盗用我的贝博网账

号。"凯文说道，"他们改了密码，还把我的邮箱地址关联到他们自己的邮箱地址上了……他们用我的邮箱给我的朋友发送恶意信息，每个人都以为是我干的，甚至我父母都收到这些信息了。如果有人能帮我把这个账号注销的话，我会非常感激的。"

别人占有属于自己的东西已经十分令人烦恼，而且以这种方式去滥用，可能会让他们陷入极大的消极情绪中，正如25岁的Flash所说："最近有人用了我的照片和聚友网，我已经举报了，但是没有任何回应……我很不安，而且说实话，我已经厌烦了这种困扰，直接结束我的生命好了，这样就能摆脱所有的羞辱了。"正因为孩子们的网上档案对他们极其重要，父母更要谨慎对待，当孩子们的资料被盗用时，更要小心别让孩子们再受到伤害。

☆ 网上的"捕食者"

一用即会的新技术让孩子们有了前几代人从来不会有的弱点。那些在网上教唆男孩的人会不停地在聊天室游荡，渗透进青少年论坛，以及其他可以直接接触男孩的地方。而在网上从事卧底工作的警察也用同样的方法接近网上"捕食者"，装作青少年从而抓捕网上"捕食者"。他们熟知青少年文化，这样才能正确掌握青少年的交流语言和生活细节。而非法"捕食者"的方法更加狡猾，他们倾听并同情男孩的遭遇，再给男孩灌迷魂汤，送礼物。在一份研究中，受访青少年中每10个人里有6个人收到过陌生人的即时短信或邮件，一半的孩子用过同样的方式和陌生人联系，但是只有不到1/4的孩子担心这种情况。

☆ 肮脏的小秘密

聊天室和虚拟网络世界是男孩逃离日常生活的绝佳选择，但是这里也是"捕食者"们最好的去处。许多男孩在不断地冲破上网限制。因此，尽管有些网站有年龄限制，不符合年龄的男孩却也可以通过虚报年龄进去。在一份调查中，1/4的男孩隐瞒自己的真实年龄进入了这些网站，而这些网站大多是色情网站。这份调查还显示，家长们期望能限制男孩进入这些网站。然而，接受调查的男孩中只有很少的一部分表示在上网时受到了限制，这是因为男孩在外面有太多的方法可以进入这些少儿不宜网站。

在奇幻和科幻类在线虚拟游戏和大型多人角色扮演游戏中，如《江湖》，在里面男孩可以发生"虚拟性行为"，也被称为"网络性交"。他们的替身（网上角色）可以到处移动，并和其他角色模拟发生性行为。而那些知晓这一点的"捕食者"也能盗用别人的角色，进行暴力或者性侵犯的行为。

在虚拟世界，如"第二人生"，成千上万的"性工作者"愿意与别人发生虚拟性交易来赚得"菩提树"（"第二人生"游戏货币），或者真正的钱。而其他网站，如"红灯区"，则公开提供网络色情服务。同样如YouTube之类的知名网站也有无数的现场色情视频。一些视频是专业录制的，但大多是用户自制的。尽管有些网站的内容是免费的，其他的却是要收费的。当然，还有基于文本信息的性行为，可以从手机或者邮件里收到。此外，由于摄像机的出现，人们能够观看色情现场。男孩自然会对性行为产生好奇心，再加上他们学习性知识的机会很少，所以网络就弥补了这一空缺。由于有些家庭和社区的解体，男孩大多时间都是独自度过。网络就成了他们克服孤独和羞怯的一种方式。也许这并不绝对是件坏事，只是取决于男孩上网时在何处消遣时间而已。

☆ 黑客和解密高手

一些寻求刺激的男孩十分享受侵入别人电脑的乐趣，并将之作为真实生活中的冒险。在纽约，一名15岁的男孩找到了入侵学校网络的方法，侵犯他人隐私。另外一名密歇根州的15岁男孩在一个20岁黑客的辅导下侵入了美国宇航局戈达德宇宙飞行中心和喷射推进实验室网络。虽然他没有得到机密资料，警察却在他的电脑里发现了76000个破解密码。

有些男孩是电脑高手，因为熟悉科学技术，寻求刺激，犯下了这类的罪行。有些男孩受聘于网络黑帮。一旦进入这些帮派，孩子们会一起工作，相互竞争，相互攀比谁能侵入的网络多，做的破坏最多。尽管大多数孩子没有犯罪意图，他们却给社会造成了不小的麻烦，即使没有被判决入狱，也会以巨额罚款告终。然而，也有些孩子的行为却是故意破坏。在3年的时间内，一名马萨诸塞州的名为Doshocker的黑客曾散布了大量的炸弹恐吓消息，并制造了信用卡诈骗事件，还入侵了数个公司的网络系统。这个孩子年仅17岁。

很多男孩的网络技术非常娴熟。16岁的汤姆·伍德仅用30分钟就摧毁了澳大利亚联邦政府价值8400万美元的色情网络过滤器。汤姆曾受聘于澳大利亚政府，测试色情网络过滤器是否有用。和汤姆一样，大多男孩以这些方式表达他们对于科技的兴趣，并希望借此得到认可。如果予以重视，有很多社会团体可以受益于男孩的高超技术。邀请这些男孩协助这些团体的工作会让男孩产生一种被他人需要的归属感和认同感，而这些可以通过在当地报纸发表赞扬文章或者正式的奖励来达成。这样做的好处不言而喻——那么多有才能的孩子能够将自己的才能以这种有意义的方式发挥出来，并成为网络安全的代言人。

☆ 赌博

在网上，青少年更容易接触赌博，这就意味着越来越多的青少年正变成赌徒。扑克尤其令人担忧，因为虚拟扑克游戏在网络上早已存在，包括脸谱网这样的网站都有扑克游戏。研究赌博成瘾症的专家们注意到网上将赌博游戏定义为另类体育运动。诸如《扑克的世界之窗》系列的游戏吸引着越来越多的人：所有玩家的手在摄像头里都能被看到，而且现在人们在家就能参与这个游戏。

赌博无处不在。如果朋友没有玩，那么电视上也会播放。如果电视上没有播放，那么电脑上也会有。如果没人玩，我们也会谈论。

——达斯汀，少年赌徒，20岁

大多数沉迷赌博的青少年都表示自己在10岁左右就开始赌博了。美国机构研究调查发现，在10～17岁的孩子中每10个人就有7个人参与过赌博，而每3个高中生里差不多有一个人经常赌博。一份由中部海岸赌博问题服务局发起的最新的当地调查研究显示，14岁以下有62%、17岁以下有77%的孩子赌钱，或者是将MP3音乐播放器或手机之类的东西当作赌资。这些孩子的父母非常绝望，因为运营商经常向孩子发送邮件，引诱孩子参与这些赌博游戏。心理学家及赌博成瘾咨询师韦恩·沃伯顿表示，一些赌博运营商现在也会随机发送信息，表示会提供网上赌博的免费代金券。

这种赌博风实在是令人担忧，许多研究显示，未成年赌博者沉迷赌博的几率比成年人高3倍。而且未成年人对其他的冒险活动也更加难以抵抗。所有这些赌博上瘾的孩子更加易于自杀。在新西兰，一份针对1000名18岁孩子的调查表明，赌博者的人格特征和弱点与那些大麻瘾、

烟瘾和酗酒的人十分相似。此外，同样需要注意的是，如果男孩身处一个赌博成瘾的家庭，那么他也很可能会走上同样的道路。

当和家长谈论起青少年成瘾癖的问题时，你就会知道他们所面临的艰苦斗争了。"网络赌博危害很大。"一位母亲告诉我，"他们不断地以'快乐就是玩钱'之类的邮件、信息来蛊惑孩子们，告诉孩子们他们可以免费参加扑克游戏，或者可以免费摇号。"

而保护男孩上网安全的唯一方法就是及时知道孩子们遇到了什么，并且要一直保持警惕。虽然解决这一问题很难，但家长们也不能恐慌。如果你预先警告孩子他们会遇到哪些不好的事物，并且告诉他们如何处理，那么孩子在解决这类问题时就要容易得多。

保护孩子免受网络上的危害，你要做到以下几点：

◆ 电脑应放在家庭的显眼位置。

◆ 加入一个少年聊天室，那样你就能知晓孩子的近况。

◆ 让上网经历成为家庭谈话的一部分。

◆ 了解儿子的网友，以及儿子其他的朋友。

◆ 确保孩子知道他可能要面临的危险，以及潜在的"网友影响"。

◆ 对于网络的评价要中肯：网络也不全是消极的。

男孩的生活隐私

对于21世纪的男孩来说，网络是闲逛的最好去处，因为网络资源是全球性的、随时可用的。博客、推特（微博客）、脸谱网、交友网等网站都十分吸引男孩，他们可以搜索时下最火爆的东西，进行网上交易和约会，分享照片、音乐和视频，查找体育和娱乐新闻，制作视频短片，搜寻作业答案和其他资料，等等。除了父母之外，网络为青少年提供了新的自由空间，甚至给他们提供了私密生活的机会。

青少年生活节奏很快，他们崇拜新技术产品，依靠电脑与其他人时刻保持联系。因此，与成年人不同的是，不管青少年在不在上网，他们都可以发信息或者分享他们做的所有事情——他们的生活在于交流。因为他们随时都在交流，几乎没有时间停下来思考，或者是反思自己的言行，因此他们也缺乏谨慎，只活在当下。研究表明，青少年上网的时间越长，他们对于危险的担心就越少。男孩更加倾向于用高科技产品与朋友交流，寻找爱情，分享个人信息，取笑或恐吓他人，寻找他们想要知道的一切消息。这是个令人兴奋的世界，有着无穷无尽的可能性，却很少有人能预见危险。

☆ 新技术正在改变青少年的生活

在调查男孩的秘密生活之前，我们需要明白为什么这些新技术对男

孩如此重要。因为青少年的生活中充满了压力，自然地他们就希望能找到逃离的出口。而网络空间恰恰给他们提供了各种方式来逃离现实。男孩在不断地长大，他们也同样地希望能够拥有亲密感和归属感。男孩期望找到某个"避风港"，在那里他们可以诉说苦恼和沮丧，还可以探索交流新的想法。而社交网络对他们来说就是个绝佳的场所，在这里男孩可以融入同龄人的圈子，而且还避免了面对面接触的尴尬和别扭。当你在发信息、发邮件或者在聊天室的时候，你无须担心你的形象或者你的穿着。如果你不满意自己的形象，那么你在网上也可以变成一个与现实中的自己完全不同的人。因为在网络上，男孩可以随时交流，加入聊天室和青少年论坛，发送大量信息，发布博客，这些都会让男孩觉得，他们掌控着自己的世界。

父母们根本就不注意我们在网上干什么。

——达里尔，17岁

☆ 畅通无阻

正因为有了这些新的可能性，青少年很容易渐渐疏远家庭和真实生活中的朋友，转而沉迷于狭隘的虚拟世界。因为男孩的生活经验很少，他们并不能完全处理好在网络世界遇到的复杂情况。网络上的快速交际，加上男孩对于受欢迎和成名的欲望，可能会让他在面对危险时毫无抵抗力。此外，在名流举止恶劣、真人秀和报纸杂志什么都报道的环境中成长，男孩并不介意揭露自己的隐私。

但是，家长应该保持警惕，因为他们对男孩使用网络缺乏管制。因为希望受到他人的关注，越来越多的青少年乐意在网上粘贴私密照片，毫不避讳自己的生活细节。而他们也应该知道，在未来的职业道路上，公司在聘人之前都会对求职人员例行网络调查。许多大学在奖励学生之前都会先对其进行网上调查。我的记者朋友告诉我，他们在脸谱网和聚友网上找到了大量详细的资料，因为网上公开的资料几乎没有任何的访问限制。正是因为如此，父母才更要注意孩子的网上活动，这样他们才会清楚地知道孩子是怎样把自己展现给他人的。同样地，父母最好明确地告诉孩子，不要发布一些可能会公开居住地点的详细信息。父母与子女的关系越坦诚，那么他们讨论的话题也就越多，为孩子提出的建议也就越有用，这样男孩才能很好地处理潜在的棘手问题。

因为希望受到别人的关注，越来越多的青少年乐意在网上粘贴私密照片，毫不避讳自己的生活细节。而他们也应该知道，在未来的职业道路上，公司在聘人之前都会对求职人员例行网络调查。

☆ 我可以成为我想成为的人

青少年在网上经常拥有两个或两个以上的身份角色——一个给父母看，而另外的则用来吸引其他的交流者。这些角色让孩子们展示不同的自己。有时候，这样做很有趣，也不会造成伤害，不过有时候却并非如此。在一份关于青少年网民的重要调查中，超过一半的受访少年不只有一个邮箱地址和网名。而少于1/4的青少年则拥有一个甚至是同龄人都不知道的网络账号。24%的男孩在发送即时信息或邮件时使用假账号。而不到2/3的男孩会在不同的时间选择不同的网名和邮件地址，这主要取决于他们是否想与朋友交流，还是想匿名上网。有些人会伪装身份，并且以某个人的朋友身份自居，以此愚弄他人。同样地，如果父母能够与男孩讨论各种可能出现的情况和危险，那么他们就能更容易意识到什么时候他们可能会受到伤害。

当生活充满了压力，电脑就变得极其具有吸引力了。它允许孩子创造全新的迷幻世界，一个逃离现实的出口。在这里，青少年可以成为"另外的自己"，拥有不同的生活，这种情况发生得越来越多。

——布莱恩·杜克，一位5岁男孩的父亲，
同时还负责地区性的青少年指导计划

☆ 作弊更加容易

男孩随时都可能陷入网络麻烦中。新技术使得孩子们有更多的机会在学校功课上作弊。在这个仅靠指尖点击即可获得大量信息的世界，孩子们更乐于选择捷径，剪切粘贴网上的资料，然后当作自己的作业交上去。在美国罗格斯大学买卡比教授的研究中，超过半数以上的学生表示他们曾直接从网络上复制资料作为作业。而超过1/10的学生则承认他们直接从网上下载资料，而且没有做过任何的改动，就直接交了。

此外，一些提供资料下载的收费（或者有时收费）网站数量也在不断增加。知晓了这一点后，大多数学校现在已经开启网络监测程序。有时候，青少年并不能完全理解，如果他们对从网上下载下来的资料不做说明的话就是作弊。到了最后，学习对他们来说仅仅只是剪切粘贴了。所以，父母和老师们也要对孩子们解释这一点，否则后果堪忧。

学生不断地作弊让老师们倍感压力，因为学生现在可以使用手机作弊了。尽管在测试和考试中禁止使用手机，学生们却还是会偷偷地用，在考试中偷偷查阅手机中存储的资料。其他的学生甚至会把试卷拍下来，与随后进行同一场考试的朋友共享。男孩还可以给没参加考试的朋友发送信息，让他们帮忙找答案。再加上现在许多手机可以联网，他们还可以在谷歌上搜索答案。在一份本森战略集团民意测验中，参加调查的13~18岁的青少年中有1/4的人不认为用手机获取答案有任何不妥之处。

☆ 分享隐私的风险

青少年之间的亲密行为有了更进一步的发展，出现了新形式。和分享私人照片一样，获得朋友的用户名和密码也是亲近的一种表现。与真实生活中的亲密行为一样，这些行为也有风险，可能会令孩子受到极大的伤害。当亲密关系破裂时，朋友有大量的手段报复他们。一旦隐私照片和信息被到处散播，后果不堪设想，孩子也会因此饱受压力。所以我们要让孩子们认识到这些后果，告诉他们对别人敞露秘密时需要三思而行。虽然青少年需要好朋友，需要倾诉的对象，但是父母也不可大意，要帮助男孩体会到友谊的真谛。

☆ 代沟扩大

男孩与父母之间不断扩大的代沟真的令人担心，因为代沟会切断男孩获得家人支持和指导的可能。产生代沟的原因之一是青少年新兴语言的出现无形中疏远了父母和老师。青少年总是有自己的秘密——这也是他们拓宽外界限制的一部分。有着成百上千缩略语、密码和首字母缩写词，男孩不再担心父母听见或理解他们正在说什么，因为父母根本就听不懂。男孩可能会当着父母的面发信息，但是父母却不知道他的信息是什么意思。要不是因为青少年在尚未准备好的时候，就迎来了这种新自由，再加上他们又缺乏限制，很少考虑后果，否则这些问题也不可能让人如此担忧。

由于流行文化鼓励孩子们我行我素，家长不得不为在孩子心中保持位置而奋斗。市场上几十亿美元的营销投资和名流文化盛宴直击青少年的心灵，青少年现在已经产生了新的归属感，而这种归属感很少与父母有关联，甚至是无关联。除非父母与孩子一直保持亲近关系，否则男孩就会轻易地迷失在精心设计又瞬息万变的网络世界，完全成为盈利者的盈利目标。

即使父母看到短信，他们也不可能明白短信在说什么。很少人知道HT HRU? MorF IRL?TMI LMIRL ADDY PAW CTN WYC"的意思是："嗨，最近好吗？你是男是女呢？我们太有共同语言了，说都说不完，还是见面吧。地点？爸妈在看着呢，现在不能说。你会给我打电话吗？"

☆ 留心孩子的周围

尽管这些网上资料令人担忧，家长们还是要保持冷静，发火只会把孩子推得更远。保持家庭谈话有助于孩子的成长和教育，还能保证孩子的安全。不过，家长们千万不要天真地以为孩子在短信或电话里说他在朋友家里就相信他真的在那儿。一般情况下，家长对男孩的去向并不像对女孩那样关心，因为大家都认为男孩会照顾好自己。然而，男孩也需要保护。家长有必要了解孩子的朋友，以及他们的家长的情况，这是很重要的。同时，家长也要赢得孩子的兄长和姐妹，以及其他晚辈成员的支持，因为他们的角色也很重要。兄弟姐妹将男孩子介绍给不良朋友，吸毒、酗酒，或者帮孩子制造假身份证，这些情况都很常见，因为他们觉得这样做很有趣，或者很酷。

我们不可能通过手机用自己的成长经验来教育这一代容易受伤害的青少年。

——心理学家迈克尔·卡尔·格雷格，《公主病综合征》的作者

同样，父母需要多学习电脑知识和网络知识，这样他们才能和男孩有共同语言。父母要让孩子知道界限和后果。那些能缩小这一差距的父母往往能用更好的方式与他们的男孩谈论这些问题。

保护你的儿子：

◆ 确保孩子不会对任何陌生人透露自己的私人信息。

◆ 帮孩子预设与朋友一起外出时，遇到问题时的解决办法。

◆ 使用垃圾邮件过滤器和有过滤器的网络运营商程序。

◆ 坦诚地讨论新闻和时事报道上提及的网络危害。

沉迷游戏

　　上网能让男孩们体验到他们渴望拥有的冒险精神和勇敢气质，但是网络却代替不了现实生活中的冒险和探险活动。"在布拉德5岁的时候，他跑回家告诉我他正在玩《侠盗猎车手》。那时我还不以为然。"布拉德的父亲马丁说道，"但是，之后当你看着这些游戏，看到男孩骑着马在洛杉矶到处偷车杀人时，你就不得不反问自己这些到底是什么东西。战争游戏比这个更加糟糕，因为战争游戏要求玩家杀光所有的人。到处是血，乱七八糟，场面非常令人恐惧。我也试着禁止他玩这些游戏，但是他还是会偷偷玩。"

　　可怕的故事情节、令人亢奋的暴力活动、无休止的战斗，这些都是我喜欢的。

　　　　　　　　　——"韩国先生"，21级，营救突击队员（网络角色）

　　这些流行游戏带来的利润非常巨大。仅2007年，利润就高达620亿美元。《侠盗猎车手5》上市之后的一周，就创下了5亿美元的利润。游戏给男孩设置的挑战就是让他们在这个集团犯罪的游戏世界里不断闯关，而为了完成游戏通关，男孩就不得不进行一系列的犯罪活动，从暗杀、杀死警察到卖淫。在一个游戏中，甚至还包括了醉驾功能。在微软和《圣安地列斯》游戏的控制界面有一个性交小游戏——"热咖啡模块"，在这里玩家可以和他的网上女友（另一玩家）发生性行为。

《侠盗猎车手》：圣安地列斯设置中允许你和那些自愿的女性发生性行为。真棒！

——"左格将军"

☆ 逃离现实世界

在玩电子游戏时，男孩可以成为任何现实生活以外的人物——有权有势。这些游戏让男孩沉浸在这个充满了权欲和战斗带来的令人迷醉的梦幻世界。在这里，男孩可以一直玩到"牺牲"。这些游戏非常逼真。研究发现，大多数男孩一周玩游戏的时间高达13个小时以上。据14岁的哈里说："因为无聊，我们才玩游戏。游戏让我们有事可做……而且游戏很有趣。"

当你听到男孩在谈论游戏时兴奋欢快的声音，再看到美国电子游戏销量在2008年远超音乐销量时就无须惊讶了。"我爱玩游戏。"17岁的雅各布说道，"它让我逃离现实。这里虽然是虚幻的，但是它很有趣。我喜欢冒险和角色扮演，执行任务，诸如此类。当你赢得游戏点数和奖章时，你会很有成就感。而且你还能向其他玩同款游戏的伙伴炫耀自己的成绩。我一周大概玩6个小时的游戏。"

在游戏中，当你赤手空拳打倒那个废物，或是用上钩拳打得他们满地找牙时，会是什么样的情景呢？

男孩喜欢游戏的原因之一是游戏让他们兴奋、激动，而在现实世界中他们很少有机会体验这种快感。如"守望相助"项目的负责人理查德所说："自古以来，男孩一直需要英雄。英雄是他们内心深处想要成为

的偶像。"而这些游戏正好让男孩体验到了成为英雄的感觉。不过，问题是，游戏英雄只是一个一维人物形象，他们解决问题的唯一方法就是消灭所有敌人。因此，如果我们能够帮助他们，那么他们就能很好地处理这些复杂的情绪，并能平静地接受作为成年人将面临的社会挑战。

☆ 游戏中的暴力世界

游戏既然能让男孩有刺激的体验，就必然离不开暴力。"让我担心的是，男孩要想玩游戏，就必须得服从游戏规则。"安德鲁·莱恩斯说道，他是一位父亲，也是仪式之旅网站（教育类网站）的创办者。"游戏几乎就是教孩子杀人—选择武器—学习偷袭。这真的很可怕。"确实，男孩需要挑战自己的极限，敢于冒险，并明白自己的能力所在。可惜的是，他们只在网上而不是在现实生活中体验这些。而我们不断用暴力的方式来娱乐男孩却是有问题的。"体验战争的感觉太棒了。"16岁的弗林说道，"比如，射击他人会让你觉得你力量无穷。"不过，令人担忧的不只是游戏中的身体暴力。在一些游戏中，甚至还会有对恶人施虐的情节。"在游戏的第一个小时内，你至少有4次机会用刀战斗。"克里斯回想《赤铁》游戏时说道，"你可以尽情地击打对方锻炼拳法，然后让他活着，这样你就可以赢得尊重分，成为一个仁慈、温柔的无赖杀手。"

☆ 招募新兵的手段

尽管并不是所有的游戏都不好，但是游戏却常常会控制男孩。来自不同国家，尤其是美国的武装部队形象被设置到游戏场景中，因为这是让男孩面对战争，并且最终能招募他们入伍的最好的方式。最近，美国陆军宣布将为电子游戏投资5000万美元，用以征兵和士兵训练。仅仅几年之内，游戏《美国军人》就荣获了很多奖项，吸引了几百万玩家。当男孩注册完毕，他就可以下载这个游戏，阅读同名图像小说，浏览《真英雄》博客，等等。他也可以直接切入正题，考虑是否加入"世界最强军队"的行列。

☆ 游戏中的虚拟社会

游戏在许多方面吸引着男孩，其中一点就是男孩可以在游戏中结交新朋友，和其他爱玩游戏的男孩组成游戏队伍。"在学校，我们谈论的话题多为上网和射击类游戏。"16岁的弗林告诉我，"射击类游戏是最受欢迎的游戏。"特里是一名儿童保育员，负责照顾7岁和8岁的小男孩。他同意道："在这种网络环境中，男孩大多会谈论游戏，包括创造游戏人物角色，调整人物技能，还有是否加入其他团队等问题。"

"我喜欢玩游戏，因为游戏很酷。"10岁的马克承认，"男孩都喜欢赛车游戏和拳击游戏，我也不例外。有时，我会玩到很晚。"12岁的汤米也是游戏的狂热爱好者："我正在玩《魔兽世界》。在这里你可以交朋友，征服一切事物。这个游戏相当于一个社会。这里很神奇，充满了无数的可能性，不过会令人上瘾。"虽然游戏为男孩提供了社交场所，但是这些游戏却无法增强男孩必要的社交技能。在《侠盗猎车手》游戏中，玩家们嫖娼和杀死妓女都会得到奖励。

☆ 一个与现实全然不同的世界

游戏无疑为男孩提供了高难度的战斗体验，弥补了枯燥无聊的日常生活。在这个虚拟世界，他们不断地提高自己的等级。"游戏世界就像

是真实生活的对立面。"米克解释道。他也是一名儿童保育员，"因为在游戏中，男孩想做什么就做什么，没有文化和社会规则的限制，完全不同于现实生活。他们建立团队，尊崇等级地位。一段时间之后，你成为了掌权的领导者，领导初级玩家。领导者带着初级玩家参与战斗。领队者可以无情残忍地杀死被领导者，但也可以是友好的。"

欢迎来到未来世界，这里任何事，绝对是任何事，都可以实现……只要你有勇气去做。

☆ 释放情绪

对于大多男孩来说，游戏无疑是释放情绪的一种好方式，男孩可以对屏幕上的敌人发泄怒气。罗宾（有个十几岁的儿子）认为游戏也有价值："男孩也需要调节情绪。可以说，微软游戏机就是他们调节情绪的工具。"马丁（也是一位父亲）却不这么认为："电子游戏让男孩的感情变得迟钝，因为他们还太小了，无法理解他们面对的游戏情节。但是，游戏却在男孩最脆弱的年龄段影响他们。"

靠在游戏中杀人来摆脱所有的挫折和烦恼——来自学校的课业和任务的压力，这也许是个好方法。

——弗林，16岁

凯斯是一位小学校长，她有两个儿子。她认为游戏有其存在的价值。"游戏的确吸引男孩。游戏为男孩提供了安全的冒险环境。"男孩自己也很享受这种发泄方式。"在平日，我会花1~2个小时玩游戏，而周末大概会玩上4个小时。"汤米说道，"我觉得游戏是阴森的、暴力的、血腥的，但是游戏也赋予了你表达情感的自由。你投炸敌人，可以让你发泄大部分的怒火。而且你越是沉迷游戏，你就越是没有时间观念。"

☆ 达成某些目标

男孩热爱游戏还因为游戏让他们有成就感，因为在每个新游戏中，他们必须很努力地战斗才能闯关成功。"我常常花很长的时间待在自己的房间里，做作业，玩游戏。"弗林说道，"当我得到了一个新游戏，我会花很多时间闯关，尽量达到最好等级。"对于19岁的科尔来说，在游戏中，他最喜欢面对挑战时的快感。"游戏很有趣。他们让你有事可做。在刚开始，你会十分沉迷，但是过了一段时间你变得熟练了，又会觉得厌烦。"

许多游戏在设计之初就期望能一直吸引男孩。"只要我有时间，我就会玩《过山车大亨》。"17岁的蒂姆说道，"通过了某些场景之后，你才能进入下一关。因为游戏不能在玩到一半的时候保存，我只能一直玩下去。"

☆ 放松和压力

随着生活压力越来越大，游戏似乎为男孩提供了减压的空间。"我非常喜欢上网，玩《帝国时代》《反恐精英》《江湖》之类的游戏。放学回家，游戏能让我放松。"15岁的卢卡告诉我，"在某种意义上来说，游戏相当的无意义，但是我喜欢在游戏中和别人交流，升级我的人物形象。我喜欢游戏的理念。游戏与现实生活有关，但是比现实生活的节奏更快。"17岁的雅各布同意道："我玩游戏就是为了放松，在游戏中我很开心。游戏让你从日常生活中脱离出来，并且带走你所有的挫败

感。"但是，他同样也说道，那些高水平动作类游戏带给他的压力也非常大。"游戏也并非让你完全轻松，因为游戏也有压力。游戏创造了一些让你倍感压力的通关场景。因此，尽管你没在游戏中，你也觉得你在其中。"最近的一份调查对12~15岁男孩在家里玩两款不同游戏时进行了心率监测。结果发现，在玩最暴力游戏时，男孩的心率变化最为激烈。而且，心率会一直变化，甚至在睡眠中也不会恢复平稳。

因此，如果有影响的话，那么这些暴力游戏对男孩的影响到底是什么呢？大量的专业组织包括从澳大利亚儿科学院、美国心理学会到安大略省的犯罪受害者办公室都表明，玩电子游戏和暴力行为之间存在必然的联系。克雷格·安德森是一名国际暴力电子游戏专家，也是爱荷华大学心理学教授。他指出，游戏并不是消极避世的行为。在扮演侵略者角色时，男孩会挑选武器，并考虑如何最有力地伤害敌人，这时他们必须在心理上和情感上都要同时投入到游戏中。"积极参与会促进学习。"克雷格说道，"重复动作会促进学习。"男孩面对的暴力事件的确会影响他的信仰和态度，产生激进的想法，具体表现为激进的态度和同情心的下降。这种消极模式在男孩8岁或9岁以上的年龄段集中出现。安德森教授还发现，男孩玩游戏玩得越多，他的学校成绩可能会越低。

心理学家韦恩·沃伯顿是澳大利亚麦考瑞大学儿童家庭研究中心的副局长。他认为，和所有人一样，男孩会逐渐变得和游戏中的角色一样。"基本上，我们称为神经（大脑）适应性。"他解释道，"每当你有了一次经历，大脑就会让一些细胞辨别认可这个经历。无论何时，一旦这些经历被激活，它们都会与我们的大脑线路相连。这些经历重复的次数越多，连接就越紧密，行为就越一致，而和这些经历相关的感情和动作也就被激活了。所以，如果孩子接触了很多暴力信息，他们的大脑就会产生很多与之相关的概念。另外，激进的态度、想法、感情和行为模式会在脑海中生成代码。在暴力信息里，激进的态度和信仰越根深蒂固，消极、敌对和有损人格及伤害别人的行为就越会自发地表现出来。研究表明，无论你在现实生活中是什么样子，只要你玩了暴力电子游戏，在短期内你都很有可能会变得十分激进。而一段时间之后，这种激进的心态和行为会成为你的主观意识，且行为也会变得和上面描述的一样。因为长期面对暴力游戏，导致在现实生活中采取同样的暴力行为的例子数不胜数。比如，BBC新闻曾报道，泰国一名18岁的男孩为了重现暴力游戏《侠盗猎车手4》中的场景，抢劫了一名出租车司机，然后将其杀害。之后，该游戏在泰国的销售一度被禁止。"沃伯顿还担心游戏让男孩在社交中处于孤立地位。"沉迷各种游戏已经成为一种上瘾症了。"他补充道，"这还影响了人们相处的方式。"当男孩为联系周围的人而努力时，他们应该依靠所有积极的方式来实现这一目的。

☆ 缺乏想象力和锻炼

除非男孩也参加体育锻炼，否则他们在游戏上花的时间会大大缩减他们外出或者锻炼的时间。而且，尽管游戏有让男孩在虚拟世界释放挫折压力的优点，游戏还是消耗了男孩过多的精力，以至于他们几乎没有精力做其他事情。"由于与电脑和游戏的接触，男孩不愿意再外出玩耍。"米克（他是一名保育员）说道，"他们没有了锻炼和玩耍的时间，而这是他们需要的。"

另外，游戏还会削弱想象力。对于家长来说，这是个大问题，即使是那些十分警惕男孩的成长和发展的家长也是如此。"我注意到，有些孩子的想象力不足，无法自己玩耍。而他们的父母却没有注意到这一点。"米克说道，"一开始，他们充满热情和创造力，但是很快就和其他孩子一样，投入到电子游戏中去了。"

　　游戏为男孩提供了乐趣、逃离每日生活压力和放松的机会，这是毋庸置疑的。然而，无论怎样，电子游戏却永远不可能代替真实生活的交流和经历。

　　伴随着众多新技术产品的出现，禁止游戏已经毫无意义，但是探索如何利用游戏将会让男孩学会重要的生活技能。

如果你的孩子沉迷于游戏，你需要：

- ◆ 弄清游戏内容。
- ◆ 理解游戏中包含的信息。
- ◆ 讨论暴力是否得当。
- ◆ 知道真实生活中的冒险活动无可取代。
- ◆ 明确规定游戏时间。
- ◆ 鼓励孩子和你谈谈游戏。
- ◆ 平衡上网和参与现实活动的时间。

酗酒一代

在男孩面对的众多挑战中，酗酒也是其中之一。青少年饮酒虽不再是新闻，但是和以前不同，现在的很多男孩喝酒的目的只是为了喝醉，而且经常是醉得不省人事。"我所知道的很多人从15岁开始就有啤酒肚了。"22岁的艾丹回忆起青春期时说道。男孩也认为喝酒是不好的。"的确是个大问题。"马克告诉我，"我周围都是这种情况。我估计有超过60%，或许75%的同龄人经常会喝醉。喝酒绝无好处。"而在18岁的亨特看来，青少年喝酒的压力来自社交。"你外出交际，就得喝酒。你不喝，别人就会不高兴。"和大多数男孩一样，他认为酒精比毒品更严重。

> 周末你要是没喝醉，别人就会说你不酷。
>
> ——迪伦，18岁

☆ 参加舞会和酒会

喝酒现在已被视为玩乐的一部分。青少年每周的压力都很大，于是周末就成了消磨时光的大好时机。周末是约会，或者为别人庆生的好时候，因为在周末可以尽情放纵。在电影、电视秀场和名流文化中，生活就是由无尽的舞会和酒会构成的。在竞技场上，男孩经常看到他们的英雄用饮酒作乐来消磨时光。尽管许多父母并没把孩子喝酒当作大事，

但是滥用酒精却是杀害孩子的头号凶手。醉酒驾车是交通事故的主要原因，也是造成青少年死亡的头号杀手。一些糟糕的酒会，甚至需要大量的警察和急救人员来协助处理。

与前几代人相比，现在的孩子们喝酒更多了。"我的朋友经常喝酒。"19岁的乔尔说道，"晚上常常是每人一瓶烈酒，或者和别人分一箱酒。让我喝醉可不容易，所以我常常还要自己再买一瓶。不过我没必要都喝完。我喝酒只喝到微醉，不至于完全失去控制，所以感觉还行。但是你会遇到喝多了的人，还要照顾他们。"在我与一位医生的谈话中，他说："酗酒问题比我们想象的要更为普遍。在即将成年的青少年中，他们认为一个晚上喝10~15瓶，或者更多才算正常。这就是星期五和星期六夜晚的标准。尽管你告诉他们喝酒对身体有害，他们也不会停止。他们不得不这样做，来享受愉快的时光——他们就是这样来庆祝一周的结束。"不过，在饮酒方面，父母对孩子的影响是非常重要的。如果家庭中有过度饮酒的氛围，或者喝酒是家庭社交活动的主要事项，那么他们的儿子也会习惯饮酒。因此，我们要随时掌握孩子的去向，以及孩子和谁外出了，还要定期进行关于饮酒危害的交谈。

青少年已经开始喝高度数的酒了。专家们现在很担心，喝烈酒的青少年越来越多。"孩子们已经不喝啤酒，改喝司木露之类的烈酒了。"18岁的迪伦说道，"喝这些很容易醉。而喝醉之所以吸引男孩是因为这样让他们感觉很好玩，很酷，这些是他们从电视上学到的。因此，当你看到一些舞会照片时，孩子们总是端着一杯鸡尾酒或者拿着一瓶伏特加。"

喝酒时，孩子相互攀比、起哄，彼此怂恿做一些事。因为喝得太醉了，根本不可能记得做过什么。

——哈里森，15岁

☆ 同辈的压力

当你与孩子谈起同辈压力时，他们最大的压力就是饮酒。"人们为了融入某个群体而喝酒，这是社交的一部分。"乔尔说道，"常常有人给你打电话，说：'嘿，你晚上想出来玩吗？'你回答'不了'，那个人就会说：'他妈的为什么不呢？你为什么现在不想出来？拜托，别像个娘们儿。赶紧出来。'然后你会感叹，天哪！我还是出去吧，他们真的希望我去。如果我不去的话，他们就不会接受我，也不会和我相处了。让朋友们都接受自己并不是件容易的事。"

而对某些男孩来说，喝酒是为了证明自己。正如15岁的哈里森解释的："14岁到15岁就开始喝酒了，此时男孩的身体正在发育，他们想要证明自己，想变得和他们的大朋友们一样。"其他人不太愿意喝酒，但是他们觉得自己别无选择。"喝酒是个大问题。大多数男孩并不想喝酒，但是他们还是喝了，因为不想别人觉得自己软弱。"15岁的卢卡说道，"他们喝酒喝到醉，以此来证明自己的能力。"然而，不仅仅是小男孩会感受到这种压力。"喝酒是一件普遍的事。朋友们自己要喝酒，于是他们希望你也喝。"18岁的安德鲁说道。这也是艾丹的经历："酗酒几乎成了家常便饭。几乎成为了必需品。如果每个周末你都没喝个烂醉，那么你就会受到排挤。"

☆ 压力、金钱和无聊

一些研究还涉及压力、无聊和个人收入3个因素在青少年饮酒习惯中的作用。在一份学校调查中，美国国家成瘾行为与物质滥用研究中心的研究结果发现，那些深受压力且每月零用钱超过25美元的青少年饮酒和醉酒的可能性为常人的两倍。那些感觉无聊的学生比感到充实的学生

要多出50%，他们会更难以抗拒酒精的诱惑。

孩子们在很小的时候就想尝试新事物。现在，男孩们不再是17岁时开始喝酒、性交和吸毒了，而是12岁就开始了。

——西沃恩，高中老师

☆ 未成年人饮酒

越来越多的男孩在12岁、13岁时就开始喝酒。"在很小的年龄就开始喝酒，的确是个大问题。"15岁的哈里森说道，"孩子们喝酒时，会边喝边吃糖或其他食物，结果往往后悔吃多了。"18岁的迪伦同意道："看到年龄比他们大的孩子喝酒，他们也想喝。这是个醉酒的年代。"家长更倾向于认为年幼饮酒只是一个偶然事件，不会造成更加严重的伤害，不过研究结果显然不是这样。在对高中学生和他们的饮酒习惯进行长期调查的过程中，保罗·罗德博士发现，那些有酗酒倾向的孩子更加难以避免毒品的危害，还会产生消极情绪和其他的性格缺陷。他的研究还表明，那些存在酗酒问题，而且没人帮助的孩子的情况将更加糟糕。

越来越多的资料证明，父母和其他担心儿童健康的人们有必要帮助孩子远离酒精的危害。

——苏姗·福斯特，哥伦比亚大学美国国家成瘾行为与
物质滥用研究中心

也许，最令人担忧的是青少年饮酒方式和成年后酗酒之间有一定的联系。据一份2006年美国成年人饮酒调查结果分析显示，接受调查的人中有47%的人在14岁之前就开始喝酒了，而且在成年生活中一直依赖酒精。而9%在21岁才开始饮酒的人与他们的情况则全然不同。

☆ 饮酒的"好处"

对于很多男孩而言，青少年生活的压力是很大的。学习问题、家庭问题、同辈压力、对未来的担忧以及孤立感给男孩们带来了巨大的压力。而饮酒让男孩得以从压力中解放出来。"喝酒可以消除一切疼痛或一切烦恼。"14岁的杰里德说道，他一直深受饮酒问题的困扰。这也是15岁约翰的经历。他习惯了带一小瓶酒去学校，以此度过学校生活："只为了应付生活。"在一个缺乏表达、缺乏情感释放机会的环境中，男孩就会选择用酒精来缓和情绪或者解决麻烦。19岁的乔尔同意道："喝酒的确可以让人逃离一切——父母的压力、成功的欲望以及取悦父母等。我想父母如果不在我身边的话，我会很开心，会得到放松，心情舒缓。"

我猜男孩们喝酒有时候是被迫的，但是大多数是男孩自己想喝酒，那样他们就可以醉了，因为醉酒的感觉很好。你会得到放松，和朋友们出去玩就是个喝酒的好机会，还可以拓展交际圈。

——科尔，19岁

在青春期，男孩比女孩更缺乏社交自信，所以喝酒同样可以帮助男孩弥补这一差距，让他们感觉和别人相处时，自己更有吸引力，更风趣。"有几分特别的因素在内吧，"约翰说道，"是的，一天喝半瓶威士忌，然后所有的烦恼都会消失。"蒂姆，一位父亲，指出："青少年问题是关于满足孩子们需求的问题。有些孩子受到了太多的伤害和苦难，他们只能靠酗酒和吸毒来得到解脱。在短时间内，他们可以得到放松，忘记一切烦恼。"

呕吐和昏倒不再令人尴尬，而且也不是他们停止喝酒的标志。

——萨拉，高中老师

☆ 酗酒对青少年身体和大脑的影响

一般情况下，即使喝了很多酒，男孩看上去也不会有什么异常。然而，若是一直喝酒，就会出现暂时的意识丧失——由酒精导致的记忆力丧失的情况。在这段时间内，他仍然可以走路说话，但会突然间做出危险或者暴力的举动。这段时间过去之后，他们会忘记自己做了什么，因为在酒精的作用下，他们的大脑无法保留这些短期记忆。研究表明，那些严重酗酒的青少年的大脑中负责记忆的海马区会缩减10%，他们的记忆输出也会比成年人少10%。

同样重要的是，男孩要意识到过量饮酒导致的呕吐是因为酒精影响了他们正常的生理系统。饮酒会削弱注意力，因此喝酒后男孩很难辨认所处的环境，也很难做出正确的决策。同时，他们的积极性和自控力也会受到影响。饮酒同样还会限制新脑细胞的生长。专家们强调，有酗酒问题的青少年不仅会行为失常，还会存在疾病问题，因此需要专业治疗。

有时候，我们很难理解男孩为什么会酗酒。"去年，我们组织了一次郊游，其间不允许携带酒类饮料。"一位年轻老师告诉我，"但是有个男孩却偷偷溜出去喝酒，而且喝得很醉。最后，他说身上到处都疼，我们就把他送到了医院检查。医生说这个男孩的肝脏严重受损，必须停止喝酒。但是他却说他不能戒酒，因为如果戒酒的话，他和朋友出去时就不知道该干什么。他的意思就像是，他宁可死去也不愿停止喝酒。"

☆ 广告起了什么作用

针对青少年，无情的市场营销建立了这种新的饮酒文化，让男孩们深受其害又无法摆脱。几乎没有任何广告会劝告孩子们停止喝酒。男孩在体育和音乐盛事中，在电影、网络、广告牌、新闻、杂志和品牌服务上都能看到酒类广告。而广告传达给男孩们的信息就是：喝酒很酷，很显男人气概，喝酒才算是真男人。然而，越来越多的证据表明，看到的酒类广告越多，青少年就越容易养成饮酒的习惯。在一份调查中，青少年每月平均看到的酒类广告在23个以上。而看到的广告越多，青少年在他们30岁之前就会喝得越多。即使是那些很少看到广告的人，他们的饮酒习惯在他们20岁出头时也已经形成。这些广告时时在提醒苦苦挣扎的青少年：要在社会上找到自己的出路，就应该尝试冒险，多喝酒，这样才能提高自己的社会地位。这种想法对青少年极具诱惑力。

☆ 买酒

男孩时常从家里或者当地商店里偷酒喝。有些孩子甚至用假身份证买酒喝。年长的兄弟姐妹和同龄人常帮助他们，有些父母也会这么做。现在，大多青少年有工作了，他们可以自己买酒喝了。而且就他们所买的酒来看，他们也许只买得起廉价的酒。男孩很清楚，喝酒能让他们看起来很酷、有威风，还能帮助他们在同龄人中显示自己的地位。

☆ 后果

家长们总以为青少年的饮酒习惯和以前没有什么不同，但是，其实孩子正在受到伤害。当你将孩子坚强的形象与他们对同龄人的盲目信任联系起来时，你就会发现其中存在的隐患了。"如果你得到周围人的信任，那么你就是安全的，真的。"16岁的利亚姆说道。在看到有些男孩担心年纪比自己小的男孩因喝酒受到伤害时，我很欣慰。"喝酒的小男

孩永远不会知道，前一分钟还跟你喝酒的人在下一秒就有可能和你反目成仇。"19岁的乔尔告诉我，"他们自以为无所不能。喝酒的孩子们年龄越来越小了。而他们从来不曾有过危机感。"

孩子喝酒时可能会发生一些极其恐怖的事。醉酒之后，他们很容易滋生出暴力事件。

——蒂姆，17岁

酒醉之后，男孩更加容易受到袭击、遭遇车祸和受到虐待。由于判断力减退，他们更容易做出毁坏公物、醉酒驾驶、暴打他人和性侵犯的行为。每周，警察和急救站都要处理很多青少年车祸和其他事故，以及因打架斗殴而受伤的问题。如果放任醉酒少年不管，让他们仰卧着呕吐，再把呕吐物吸入呼吸道，那么他们可能会死。"有一个孩子，他喝得太醉了，火车经过的时候，他突然把腿伸到铁轨上去了。"一位医生告诉我，"还有个孩子喝醉坐到了碎玻璃上。一些男孩身上经常有严重的伤口没有处理，因为他们醉得实在太厉害了，根本不知道自己受伤了。等过了几天之后，他们才会感觉到伤口的疼痛。"

一份针对12~17岁孩子的调查显示，过量饮酒者伤害自己或者自杀的可能性比正常饮酒者高出3倍。当孩子喝酒时，尤其是过量饮酒时，他们的身体功能会发生改变，会更加容易出现情感和行为上的问题。这也就意味着，男孩可能会离家出走，或者逃学，变得消极甚至是自杀或自残。

☆ 前进的道路

很多父母在处理青少年饮酒问题时会感到非常无助，因为其他孩子的父母并不认为孩子饮酒会有问题，同时，也因为他们的孩子喝酒往往是受外界压力所迫。一些家长支持孩子早早喝酒，因为他们认为喝酒能凸显男子气概。同样地，大多数父母普遍认为，让孩子早早地在家喝酒可以培养孩子的合理饮酒习惯，但是研究结果却截然不同。所有西方国家，政府都在努力尝试解决酒醉之后发生的危险行为问题。而对于青少年来说，社交的欲望和压力更具有迫使力，他们不得不参与到这种冒险活动中。18岁的迪伦总结道："狂醉狂饮的确很麻烦。政府已经竭力去解决了，但是坦白地说，我不认为会起作用。"

父母要准备好面对这一事实，而这些醉酒问题也许远比他们想象的靠近自己的家庭。19岁的乔尔同意道："不是所有的父母都知道他们的孩子在喝酒。这是个秘密。我的小弟弟已经好几次因为醉酒被警察亲自送回家了，但是我爸妈并不知道。他是个撒谎高手。"父母需要和孩子详细讨论醉酒后的问题，这很重要。每当名人或者体育明星陷入醉酒引起的纠纷时，父母都应该抓住这一好机会和孩子讨论醉酒的问题。在讨论中，父母最后能引导孩子得出恰当的结论。将事实和可能出现的后果在轻松公开的环境下告诉他，而不是一味地说教。在讨论的时候，不能忘记孩子承受的压力。然后和他们再制定一些清楚的规则，让他们明白什么事情是可以接受的，以及为什么是可以接受的。

作为孩子的依靠，你要做到：

◆ 清楚自己的饮酒习惯。

◆ 了解儿子的朋友及他们的父母。

◆ 孩子出门时，要与他保持电话联系。

◆ 要及时感知到孩子生活中遇到的压力，理解儿子作为青少年的不易。

◆ 清楚孩子何时会感到无聊，并帮他消除无聊感。

◆ 让孩子学会约束自己的行为，以及知道这样做的原因。

◆ 孩子做得好时要不吝表扬，同时要合理对待孩子的小错误。

◆ 让孩子知道，出现问题时他可以第一个向父母寻求帮助。

毒品诱惑

父母无法忽视的毒品也是青少年成长中遇到的一个大问题。但是在我和一些男孩的谈话中我发现，他们认为酗酒比吸毒更严重。尽管媒体有时会报道青少年吸毒，我们必须知道大多数男孩没有吸毒。但即便如此，有一部分男孩还是无法抵抗毒品的诱惑。"在我这个年龄段，吸毒并不像酗酒那样严重，但是迹象也很明显。"15岁的马克解释道，"现在谈论毒品的人更多了。当他们谈论毒品时，感觉似乎好极了，看上去快乐得像神仙。"

绝大多数男孩并不认为自己无法抵制毒品的诱惑。"这其实是一种自以为是的想法。"迪伦承认道。当和孩子们谈论时，我还发现，一些吸毒的男孩在乎的只是当下，而不是以后的生活。正如17岁的达里尔所述："学校里一个伙伴说他不在乎自己吸毒，因为他根本就不想活过30岁。"我们也都明白，孩子们越早吸毒，他们就越可能吸食更多的毒品，尝试不同的毒品。

☆ 毒品信息的获取

孩子们需要在大人的引导下了解毒品的危害性，所以为了保护男孩的安全，在谈及这个话题时，要用适当得体的方法。"青少年的酗酒、吸毒和性行为问题一直都存在，只是现在的情况更多也更糟糕了。"迪

伦说道，"男孩的叛逆方式本来就不多，这只是其中的一种叛逆行为，因为他们拥有的东西太多，自由度也很高，所以他们需要反抗的东西很少。"在男孩未进入高中之前和他们谈论毒品问题是最理想不过的了。早期的家庭谈话将对男孩产生更加深远的影响，所以不要等到男孩16岁了才和他谈这些。父母在和他们的儿子谈论毒品问题之前，应该了解他们这一代人所处的社会环境。

尽管美国政府花费了数百万美元来解决青少年吸毒问题，但是对许多青少年来说，反毒品广告只会令父母更加担心害怕而已。事实上，现在的孩子迫切地希望为自己发掘新体验。当父母告诉他们毒品的危害时，他们只会觉得被欺骗了，因为毒品会让他们在最开始的时候有不可思议的快感。这也是他们为什么想要不断吸毒的原因。所以，我们需要应对的是让他们感觉不好或会伤害他们的问题。

☆ 大麻

大麻无疑是最受欢迎的毒品，尤其受到男孩的欢迎。我采访的男孩中很多都是从吸食大麻开始的，因为他们的父母或朋友的父母很乐意和他们分享大麻。吸食大麻并非毫无危害。如今大麻的危害更甚，因为现在的大麻叶中含有更高浓度的作用于情绪的四氢大麻酚（THC）成分。这意味着一些使用者会遭受严重的THC伤害，而他们却毫不知情。和所有的非法毒品一样，成分改变使得吸食大麻和玩俄罗斯轮盘一样充满危害。

对于未来的失败者来说，大麻的确是首选毒品。
——乔治·巴顿教授，澳大利亚墨尔本大学青少年健康中心

在一份长达10年的调查研究中，15岁学龄期的孩子接受了跟踪调查

一直到25岁，该调查还将醉酒的孩子和吸食大麻的孩子进行了比较。结果发现严重吸食大麻者更可能处于一种关系不稳定、失业和辍学的状态中，最后导致调查中断。他们吸食其他毒品的可能性也更高。墨尔本大学的普顿教授是这项调查的负责人，他强调说，现在毒品比20~30年前更加容易获得。

专家们估计，使用大麻的人中有1/10会经历毒品引发的问题。
——保罗·狄龙，《青少年、酗酒、吸毒》的作者

与我谈话的男孩都非常清楚大麻给同龄人带来的消极后果。"你会清楚地看到他们的外貌发生了改变。"17岁的达里尔说道，"眼睛红红的，神情麻木恍惚。浑身烟味。这种长期的现象是班级的隐患。"22岁的艾丹同意道："我很多的朋友已经忽略了我的存在。他们失去了做其他事情的积极性。他们再也不来上学了，也不干其他事。"马克注意到："人们都极度享受大麻带来的快感。长期固定的吸毒者看起来十分诡异，似乎一直处于兴奋状态中。这群人根本不把学校和工作当回事。"

我是乐队一员。乐队中有些人在11岁时就开始吸毒。很明显他们头脑简单，就好像他们的脑子里就长了4个脑细胞似的。
——迪伦，18岁

☆ 放纵无度

周末是青少年最危险的时间段，因为这是他们的享乐时间。男孩期望着大肆挥霍一把，或者更好地享受这段时间。随着男孩长大成熟，拥有更多的自由时，他们在与老朋友的聚会上，更有可能接触到不同的

毒品。"你会遇到大量贩卖大麻烟卷和类似毒品的人。"乔尔解释道，"在16岁之前，你不会喝太多的烈酒，但是16岁之后，你开始接触到如安非他明和摇头丸之类的东西。然后你会沉迷于其中，在17岁左右时（我是17岁时）接触到一个大量贩毒的特殊团体。"

因为现在的孩子越来越自由，他们必然会频繁地接触毒品。因此，父母有必要知道这一点，并且要让孩子知道他们可能会陷入危险之中。危险总是变化多端。你要多留心孩子会不会参加在郊外建筑和仓库中举办的周末即兴狂欢派对，因为那里可能会有毒品。而且，由于这些场所很少设有合适的出口，发生火灾的概率非常大。因为男孩渴望冒险，所以这种聚会十分吸引他们，而且一般情况下，这种聚会都是临时通知的。没有成年人的监管，我们也会担心聚会上是否会发生斗殴事件，或者有人吸毒过多导致中毒的情况。青少年还会饮用含有咖啡因的能量饮料，这样他们就能喝更多的酒，吸更多的毒品，而且"玩得"更加尽兴。为此，一些俱乐部已禁止出售能量饮料，因为这些饮料会刺激青少年的暴力、反社会行为。所以，你要清楚孩子是否喝过这些饮料，毕竟他们并不像表面上看到的那样无辜。

☆ 摇头丸

我们知道摇头丸的使用量在不断增加。一些研究表明非法毒品市场正在飞速壮大。据毒品和酗酒专家保罗·狄龙所说，摇头丸是许多市内贫民区孩子和参加俱乐部的孩子的首选毒品。摇头丸与音乐文化息息相关，孩子们在音乐节和狂欢节上很容易获得摇头丸。"一些团体经常带着摇头丸去参加俱乐部，所以，那里当然会有摇头丸了。"乔尔告诉我，"在我的团体中，有人吃摇头丸。他们去参加聚会，然后就会吃，而且会说：'这会让我度过一个美好而不是平凡无趣的夜晚'，但是他们并不会跟着音乐舞动，而是拿着烟到处乱蹦。"与冰毒相比，摇头丸似乎是无害的。然而，和所有的毒品一样，摇头丸是否无害也取决于使用量。尽管看上去它会增添晚上聚会的乐趣，但它同样也可能是致命的。

☆ 看起来很酷

在看待毒品问题时，我们会再次看到这些"酷小孩"是多么的脆弱，因为他们总是让自己处于越来越危险的境地中。"我班上一个同学沉迷于毒品。"17岁的达里尔说道，"他似乎认为吸毒很好，并对自己吸毒感到很骄傲，还常常说吸毒真棒。所谓的负面影响并不会影响他。"这也是15岁马克的经历："你会觉得，如果你也吸毒，你也会变得很受欢迎，变得和那些让你羡慕的孩子一样。我以为如果你只是偶尔吸一次应该不会有什么大碍，但是，事实上，一旦你有了第一次，你就会上瘾，沉迷于其中不能自拔。"

在吸毒男孩的眼中，你可以清楚地看到他们对毒品的那股兴奋劲儿。比如说，有些男孩在参加数学考试时，会一直想着他们那些吸毒的好朋友。突然电话响了，他们就会兴奋地叫一声"哇"！然后迅速抓起烟盒说："好，一会儿见！"接着他们马上就会对老师说："老师，我要上厕所！"老师只能无奈地答应。出去之后，他们会想各种办法弄到更多的钱，然后去买毒品。然而，并不是所有吸毒的男孩都会表现得像这样。"在学校，那些看上去很酷的家伙整天喝得酩酊大醉，和女孩上床，在大街上乱涂乱画。他们就是一群笨蛋！"18岁的迪伦告诉我。他接着解释道，当这些时髦的孩子陷入某种困境时，他们可能会变得毫无抵抗力。"拒绝毒品其实并不难，但是对那些想变得很酷的男孩来说却很难。"

现在不仅仅是父母在与毒品问题做斗争，学校也是如此。"毒品问题在男孩身上更加严重。"萨莎解释道，她是一位年轻的高中老师，"因为男孩更愿意冒险。他们非常喜欢享受吸毒时的兴奋感。现在，15岁的男孩有的也开始染上毒瘾，因为他们经常和年龄比他们大的人混在一起。大麻和安非他明是现在使用最多的毒品。"所以，如果我们想要保护我们的男孩，父母和老师就必须同心协力。

☆ 冰毒

尽管媒体报道中关于冰毒（安非他明，主要成分甲基苯丙胺）的内容很多，青少年使用这种毒品的数量还是相对较少的。在2007年针对14~17岁青少年的国家毒品战略家庭调查中，仅2%的参与者服用过非处方安非他明。调查还发现，吸食冰毒的一般为18岁左右的男性。这种毒品对使用者的危害是巨大的。据估计，每10个人中就有4个人在吸食冰毒之后上瘾。西澳大利亚大学最近的一次调查研究揭示，很多年轻吸毒者的大脑萎缩非常严重，看上去就像70岁老人的大脑。即使这些孩子日后会戒掉毒瘾，他们也无法弥补毒品对大脑造成的损伤。据研究负责人丹尼尔·法托维奇所说："处理安非他明晶体中毒事件不仅需要耗费我们应急部门大量的时间和资源，而且接触安非他明时间长了还会对人的大脑造成结构性的损伤。"其后果包括记忆丧失、精神错乱，以及在将来患老年痴呆症的概率更高。而因为吸毒被送进急诊室的人中，7/10的是男性。1/3的人需要打镇静剂，而且有超过1/3的人需交由精神病专家诊治。

我知道有些人在放学之后吸毒。他们现在对毒品十分了解，所以更愿意去尝试。虽然刚开始是别人让他们吸毒，但是吸过之后，他们也就乐于接受了。

——达里尔，17岁

☆ 远离右旋安非他明

最新数据显示，几乎4000名10岁以下的澳大利亚儿童服用过这种抗抑郁剂。这些孩子中有超过500个人还不到5岁。现在，随着孩子们在童年时期服用的处方药物越来越多，青少年渐渐地就将处方药用于娱乐目的。尽管我们很难估算确切的数字，但是为了娱乐而服用药物的孩子的数量正在不断增加。一些为治疗注意力不集中症而服用药物的孩子正在向同龄人贩卖他们吃的药。而有着"儿童狂欢"之名的右旋安非他明也出现在孩子们的聚会中，它不仅能让孩子们一直狂欢不知疲倦，还能让他们变得更加自信。因为从朋友那里购买这些药物要比买其他毒品便宜得多，孩子们自然会选择这些药品。

青少年们热衷的不仅仅是右旋安非他明，他们还会选择流感药片，父母的抗抑郁剂、镇静剂、止痛药以及其他能在家里找到的药品。对于那些想尝试不同毒品的青少年来说，这种途径更具吸引力，因为通过这种方式弄到药品 要比从毒贩那里买毒品容易得多。而且许多青少年还错误地认为处方药相对安全。但是，科廷大学国家药物研究机构的史蒂夫·阿索普主任指出："将麻醉镇痛剂与酒一起服用，实质上就等于服用过量的毒品。"

父母很被动，他们往往不会注意到家里的药没了。

——约瑟夫·卡里法诺，哥伦比亚大学美国国家成瘾行为与
物质滥用研究中心

孩子们现在可以从非法网站购买药物，获得兴奋剂混合类药物。在这种交易活动中，孩子们还形成了他们独有的语言。多种药片的组合被称为"什锦杂果"，偷偷把家里的药换成别的药被称为 "嫁接"。青少年现在经常聚在一起进行"药物"聚会。在聚会上，他们把所有的药片放在一个大碗里，然后每个人抓一把，尝试这些药会让他们产生什么感觉。结果，他们往往会因为过量服用乱七八糟的混合药物而出现问题，而这对于急救部门来说是很大的挑战。美国的一份调查揭露了每10个男孩中大约有2个为了娱乐曾服用止痛药或者兴奋剂。

☆ 欣快感后是无尽的失落

我们不能否认，药物让孩子们感觉良好。然而药物过后，孩子们会觉得生活令他们失望，因为他们无法再获得当时的快感。男孩服用药品的众多原因之一是药品能让他们更有表现力。可惜的是，我们没有为他们提供更好的表现自我的舞台。"13岁或者14岁时我开始吸食大麻。"22岁的托尼说道，他现在26岁，"我曾经带了许多麻醉药去学校。这种药让一切变成可能。它们让你感觉和别人更加亲近，也给了你表达情绪的机会，即使你做了什么不好的事情，你也完全可以把原因归咎于这些药品上面。"

没有建设性的支持帮助他们敞开心扉，男孩们只会继续沉溺于药物之中，一直苦苦挣扎。英国哥伦比亚大学最近的一项针对10个青少年大麻吸食者的调查发现，不到1/3的人吸毒是为了缓解焦虑和沮丧的情绪、失眠和注意力不集中，以及身体疼痛等问题。那些服用百忧解、利他林或者安眠药的人表示，他们不喜欢服药后的感受，或者他们发现这些药根本不管用，所以他们就转而服用其他药品。

☆ 对父母倾诉

在我与男孩谈话中，我曾问过他们是否愿意和父母谈论这些问题，以及向同龄人或媒体寻求帮助是否会让他们感觉更舒服一些。他们表示，尽管同龄人和媒体可能会给他们带来慰藉或其他他们想要的信息，但是他们并不确定这种方式是否可行。而且令人担忧的是，大多数男孩认为他们不能对父母坦白这些困扰。20岁的布拉德在少年时期也经常因为毒品药物的问题而烦恼过，他甚至从来都没有想过要和父母讨论这些问题。罗伯特，快30岁了，也不认为自己能这么做。"我既喝酒又抽烟。"他承认道，"但是当我的朋友们吸毒时，我没有参与。我从不和父母谈这些。因为我很担心，如果我和他们谈这些，他们会骂我是垃圾。"而这其中的关键问题是，男孩们感觉到他们根本没法接近自己的父母。于是和众多男孩一样，他们自寻出路。而且庆幸的是，大多数人能够让自己在不受到太大伤害的情况下摆脱这些麻烦。

☆ 家长应学会有效地交流

我们需要时时待在男孩的身边，并且给他们提出好建议。虽然他们常不能理性地思考，但是如果我们只是模糊地说"毒品很危险"，那么这些话也根本毫无意义。男孩需要在积极互动的氛围中才能主动接受我们的建议。"改造不良少年"项目的负责人、临床医学家劳里·威尔莫特鼓励家长们要与孩子进行定期的家庭交流会。在交流中，男孩可以尽情地谈论一些困难问题，如毒品。他还建议道，家长可以先问问孩子有没有朋友让他们很担心，然后再循循善诱地让孩子说出他们担心的原因，并问他们如果在同样的情况下，他们会怎么做，以及他们会怎样帮助朋友等。这种方式比普通谈话的方式效果更好，因为父母们可以给予

孩子有用的建议和帮助。

　　就男孩遇到的所有挑战来说，他们需要父母帮助自己建立一套拒绝毒品的说法。这种说法既要具有说服力，又要听起来不会让人觉得你不合群，如"你觉得很棒，可是我对毒品不感兴趣""我爸爸最近盯我盯得很紧，我们都会有麻烦的，我看还是算了""我身体不行，还是不要了"，这类话都会让别人信服，让男孩从毒品的压力中解脱出来。

☆　面对毒品问题时，父母们能做什么

　　在孩子生气或者处于瘾头上的时候，和他谈话是毫无意义的，所以，你要寻找合适的时间。谈话一开始的时候，你要先告诉孩子，他对于你来说是多么的重要，然后告诉他你很想帮助他。看看他正在做什么，问问他为什么要这么做，而且在他说话的时候最好别打断他。你要让他知道你是他忠实的倾听者。此外，还可以和他谈谈他对家庭生活、学校生活，以及对家人和朋友的看法和态度。仔细地倾听，然后和他谈谈他是否有使用药品吸毒的打算。通过这些，你可以帮他找到一条前进的道路。

　　这是很重要的一步，但是不能急于求成。更重要的是，你要一直亲近孩子，要对他感兴趣的东西感兴趣。如果你觉得需要寻求专家帮助了，千万别犹豫。和你的家庭医生谈谈，他也许能为你提供好的建议。无论是哪种方法，都要保证谈话是公开坦诚的，要无话不谈——不仅仅是儿子去哪儿，和朋友们在做什么，还有他详细的生活经历。

在面对毒品时，你要这样教育他：

◆ 公开谈谈青少年受到的毒品诱惑。

◆ 承认要拒绝毒品的确很难，但是很重要。

◆ 主动和他谈谈他可能遇到的难题。

◆ 使用媒体新闻来引入这些复杂话题。

◆ 把你的处方药放进柜子里锁起来。

◆ 确定你的儿子知道处方药并不比非法毒品安全。

◆ 尊重他融入同龄人圈子的需求。

◆ 如果他做得好，要表扬他。

◆ 直接告诉他人生存在着欢喜和哀愁，而且这些起起伏伏十分
正常。

男孩和车

能不能让男孩开车也让家长们非常苦恼，因为男孩因车祸死亡的概率比其他可能致死的原因更高。最近一次默克多儿童研究所的报告显示，男孩的死亡率是女孩的2倍，而且主要原因（近1/3）是来自车祸。尽管教育力度在不断加大，男孩们依然频频发生车祸。车祸的原因很多，包括缺少经验、忽视车的载重量、被朋友分散注意力、开车时接打电话、吃东西、醉驾，等等。这些原因都使青少年开车时更容易出车祸。

男孩喜欢向同伴们炫车，而且热衷于飙车、赛车，开车时喜欢冒险。我采访的男孩中有很多人在搭乘朋友的车时都有过噩梦般的经历。"由于虚荣心作祟，开车和坐车时肯定会出现问题。"15岁的扎克告诉我，"这是由男孩喜欢炫耀的毛病造成的。他们觉得很有必要炫一下自己的车技，而且我猜测他们会以最高调的方式让别人注意到他们，这样他们才觉得自己会被群体认可。"

☆ 越界

因为现在的男孩比前几代男孩更加自由，几乎没有人会限制他们的生活，所以他们很难找到挑战自己极限的方式。而开车恰恰给他们提供了一个冒险的好机会。当被问到媒体是否夸大了青少年开车的危险时，所有与我谈过话的男孩都认为这就是事实。不过，有些人则认为，媒体过度关注青少年开车问题时，会让某些男孩认为这是变相地鼓励他们继续冒险。"媒体总是关注男孩飙车和酗酒的问题。"17岁的雅各布说道，"但是，公开批评，却让男孩更加叛逆。"除了虚荣心作祟之外，男孩也受到兄长的影响，他们经常鼓励男孩亲自体险。

对于有着20年教龄的高中老师凯伊特来说，在她生活的沿海城镇，男孩和车并不是个好组合。"男孩拿到驾照之后就不再好好学习了。"她告诉我，"他们不再去上选修课程，而是去麦当劳。在拿到驾照的第一个月里，频繁地撞车。他们经常去附近的一个地方喝酒，喝醉之后又继续开车。"尽管这些都不是好消息，我们却不能完全怪罪于男孩。因为每个动作电影都有飙车镜头，在看到这些场景之后，男孩们会觉得自己完全可以和电影明星一样飙车，自然就会跃跃欲试。

专家们认为，让男孩明白他们开车的方式很危险不是件容易的事。或许他们只是想通过这种方式来证明自己很强大，不会害怕受到伤害。"我们学校有个男孩因为开车开得太快，差点死了。"高中老师萨拉说道，"他的驾照被吊销了。可是，两周之后，他又被发现超速驾驶。其实这是预料之中的事，这就是男孩爱做的事。对他们来说，这是一种英雄行为。有车的人就是英雄。一旦他有了车和驾照，他就有了炫耀的资本。"电视和电影中可怕的车祸场面并不会让事情有所改变。男孩观看动作片中大屠杀的场面也已经几年甚至十几年了，而就凭一个15秒的交通安全公益广告又怎么能改变男孩们的想法和做法呢？

尽管他们知道危险，而且看到很多男孩因车祸死亡，他们还是不会停止。开车就像是他们通向荣誉和成功的死亡之旅。

——凯伊特，高中老师

不过，并不是所有的男孩都无视周围环境影响。有时候，一场车祸会让他们反思。"我有个橄榄球队友，他出了一场非常严重的车祸。"16岁的托比告诉我，"每个人都感同身受。他的脑外伤很严重。他真可怜，现在只能慢慢地说话。我很清楚为什么会发生这样的事，这种事故太常见了。"这也是雅各布的经历："一个月前，一个男孩把他妈妈的车撞到树上去了。车子报废了，但幸运的是，他和他的朋友没受伤。车祸之后他们都非常害怕。当然，这件事也在每个人的心里鸣起了警钟，因为每个人都清楚自己并不是无敌的。"

对男孩来说，车是件非常贵重的东西。他们有昂贵的手机、昂贵的鞋，长大之后他们又想要车。

——萨拉，高中老师

☆ 危险因素

在分析男孩因车祸死亡的案件时，我们发现超速是最主要的原因。毫不意外，男孩在驾车时肯定喝酒了。虽然青少年没成年人酒后驾车那样频繁，但是他们酒后驾车的危险更大。有研究表明，夜晚和周末是青少年开车最危险的时间段。很多撞车事件都发生在清晨，这主要是由疲劳驾驶导致的。夜晚也是青少年驾车的危险时段，尤其是舞会结束后或者当他们和朋友在一起的时候。因为每增加一个乘客，驾车的危险程度都会有所增高。一份美国的调查研究发现，一个16岁的司机载着一位乘客发生致命事故的危险性比没有载人时高出1.8倍，当乘客数为2人时，危险度要高出2倍，而乘客数上升至3人时则会高出3倍。

许多朋友现在都开车了。没有人逼他们做任何事，但是他们中有几个人就是喜欢飙车。我猜，他们这么做的动机就是想在朋友面前炫耀吧。

——雅各布，17岁

☆ 易出事故的原因

在开车方面，新手比老手更容易受重伤，即使不是致命的。男孩尤其如此，因为他们喜欢冒险。相比老练的司机，年轻的司机们往往不能意识到路况的危险，也不善于预测其他司机的动作。他们同样没有能力完成各种各样保证安全驾驶的操作，而且很少会注意到路边的行人。再加上他们喜欢尾随前面的车辆，预留的空间和时间都不够，而且还老更换车道，让其他司机无法预测他们的行驶路径。

此外，研究结果同样显示，超过1/3的年轻司机在长途行驶时不会中途停车休息。如果他们外出度假，他们很可能会逼迫自己长时间开车，直至到达目的地。因为年轻，所以他们总以为自己不会感到疲倦。男孩在学习开车时的练习时间也会影响到他的安全。在瑞典，初学驾驶者要有120个小时左右的监督驾驶小时数。现在澳大利亚国内也实行了这一规定，所以这些新手司机要比那些只有40个小时的监督驾驶小时数的司机发生事故的概率少40%。

☆ 父母的责任

专家们相信，家长在保护男孩的人身安全上具有十分关键的作用。家长要监督他们什么时候出去开车了，以及和谁一起，同时，还要让他们清楚地认识到开车可能存在的危险，这些都是非常必要的。男孩如果有更多的监督和教导，他们就不会超速行驶，或者忘记系上安全带了。有新证据证明，保护男孩的最好办法之一就是给他们配备一辆装有安全气囊和操纵装置稳定性更强的新车。在保证男孩安全驾驶方面，美国人

想出了一个办法，就是青少年和他们的父母签订书面协议，协议内容包括所有可能造成车祸事故的原因，如酗酒、飙车、醉驾和行驶中使用手机等，以及相应的后果和处理办法。这份协议（英文版）可在"公路与生存"组织的网站 www.roads2survival.com.au 中免费下载。

帮助你的孩子安全驾车：

◆ 关注你的儿子在何时何地开车。

◆ 清楚他开车时的好习惯以及不好的习惯，并在此基础上给予他必要的指导。

◆ 抽时间经常和他一起开车出去，即便他拿到了自己的驾照。

◆ 要清楚自己对孩子的期望。

◆ 跟孩子谈谈因为同辈压力导致的飙车、冒险和酒驾的问题。

◆ 帮助他形成自己的关于车和安全的想法。

◆ 庆祝他顺利拿到驾照。

青少年的性生活

　　尽管没人会质疑世界变化快的事实，我们却往往没有意识到变化的程度究竟有多大。如今，未成年人的危险性行为在不断增加。你18岁的儿子在13岁时做过的事与现在13岁的男孩所做的事已经不一样了。年龄较大的青少年很清楚这一点。"现在你会经常看到一些十二三岁的小男孩小女孩在一起，许下天真的承诺，还做些疯狂的事。"17岁的达里尔告诉我，"他们还是孩子，但是我也不会惊讶，因为这是环境迫使他们赶快长大的结果。"一些男孩认为这些改变是不可避免的，其他人却还是会担心。"十三四岁的小孩就已经开始这样了，比如性交、酗酒、吸毒，对此我很惊讶。"加里说道。

　　12~14岁孩子之间的交往关系并不能当真。他们也许会发生性行为，但是没有感情，因为他们之间没有责任感。不过，年龄大的男孩会投入更多的感情。

——迪伦，18岁

　　与成年人不同的是，青少年明白为什么会发生这么多变化，因为他们正面对着这种变化带来的压力和影响。"青少年之间发生性行为，是因为所有人都这样做了。你会看到小女孩在看一些诸如如何在13岁时完成完美的口交之类的东西。"迪伦告诉我，"这种东西到处都有，你无

处可逃。大多数电视节目里都有色情的场面，而且现在很多的明星也正
处于青春期。"

☆ 把女孩视为物品

"流行文化经常把年轻女孩描述成玩物，而且还鼓励男孩把女孩
只看作他们的附属品。是的，我这个年龄的人有女朋友，是值得炫耀的
事。"12岁的莱尔解释道。作为成年人，我们已是见怪不怪，总把女孩
当作"芭比娃娃"（没有头脑的人），但是这样做反而让男孩和女孩
更容易受到伤害。"当我们鼓励女孩把自己当作没有深度或者平庸的人
时，她们就无法保护自己了。"一位临床心理学家警告说。她在一家医
院负责处理性侵犯事件。她还指出，让人倍加担心的是，现在的性侵犯
者往往把受害者完全视为物品。此外，她认为现在的性文化对男孩女孩
来说都是虐待性的，因为这种文化无形中在推广以伤害他人为乐的思
潮。和这个领域内的其他专家一样，她也认为，男孩成长环境中存在的
性思潮正在让女孩受到新的性侵犯，比如，12~14岁的女孩被轮奸的惨
案就是很好的例证。

而很多与我谈过话的家长也表达了同样的担忧："男孩现在的确
不太尊重女孩。"大卫·马拉德说道，他是一位父亲，同时是男性调研
小组的推动者，"男孩们看到女孩们搔首弄姿，还公然表现出性欲望，
于是就认为女孩们想要的就是性交。他们很享受那种时刻。在同龄人的
压力下，他们将女孩视为玩物。但是，他们没有处理这些情况的生活经
验。"萨拉同意道："这一切始于语言——从与性有关的言论中就可看
出。男孩常说'把那女孩上了''做爱'。他们在学校操场游荡时会
说，'我会那样做'，或者'我不会那样'。有时他们还会公开说'为
女孩手淫'。从这种怪诞的，而又不经意的侮辱性言论中，可以很明显

地看出，他们将女孩当作了性交的工具。"

你的第一次性爱经历为你将来的性生活奠定了基础。不管那是带着尊严、尊重，还是带着庆祝，都会产生巨大差异。
——迈克尔·华林，男性促进机构成员，也是一名父亲和祖父

由于如今的男孩更加不成熟，同时还缺少生活经验，他们没有足够的资源来帮助他们做出正确的决定。"这代人在性行为上的随意程度远远超过以往任何年代。"罗恩（问题少年辅导员）说道，"过去的几代人在性的问题上，知道得很少，而且还存在害怕心理。但是，随着电视和网络的普及，这种害怕与无知不复存在。现在的青少年之间发生性行为只是一个敢不敢的问题，他们在乎的只是其中的乐趣。由此可见，虽然青少年的身体成熟了，思想上也可以接受了，但是他们在情感上却尚未准备好。"

☆ 为同龄人的期望付出

当和男孩们谈到现在青少年生活的环境时，你就会体会到他们的思想压力是多么的大。现今，男孩对要打扮时尚、表现得体和紧随潮流等问题比以往更加焦虑。不过，在谈到是否要满足同龄人期望时，他们表示会不惜一切代价。"有时，为了吸引女孩的注意力，男孩们会绞尽脑汁，"15岁的卢卡解释道，"而且女孩也会感受到男孩带来的压力，男孩们都希望能'有机可乘'。这就像是个怪圈循环，不停地循环往复，每个人都觉得尴尬。没人会真正地胜利，但是他们在同龄人中的地位却提高了。"对于那些愿意参加舞会的男孩来说，舞会会给他们带来名望。"在学校有桩大丑闻。"温迪（一名法院协调员）解释道，"一名女孩为一名男孩口交的连续镜头被到处散播。而这种事往往会让男孩的

名誉扫地。"另外，由于我们过多地强调外貌和表现，而不注重孩子真正想要的是什么和他们内心的真实感受，所以，现在的男孩很难自己做出正确的决定。

☆ 童贞不再重要

我们都知道，在一些群体中，青少年还保留童贞是多么让人不屑。在一个我最近去过的沿海城镇，专家们正在分析女孩堕落的原因。这些13岁的小女孩外出鬼混，喝酒，然后随便找个人过夜，这样她们就能很自豪地说自己不再是处女了。男孩有时也会如此。这些并不是偶然事件。在如今的男孩女孩看来，拥有一段不含性行为的交往几乎不可能，因为性行为已成为交往的一部分。不少男孩对我说，就因为这种顾虑，即使他们喜欢某个女孩，也不会考虑和她约会。"的确，发生性关系已经被视为交往的一部分了。"18岁的迪伦告诉我，"年轻小伙子开始盼望着和女朋友发生性关系，因为电影上都是这么演的。"这些性期望极易让女孩受到性侵犯，而男孩则最终受到性侵犯指控。

孩子们正确对待自己的性欲是需要经过一定的发育阶段的。但是如果没有人指导他们，我们将看到的是孩子们混乱的性行为——未成年和危险性行为等问题。所以，在教育孩子时，我们要让他们清楚地知道男孩与女孩之间的界限。但同时孩子也需要身体上的接触。如果得不到身体上的接触，他们会自己寻找方法满足这一需求。

——吉姆，一位父亲

☆ "一夜情"关系

男孩的生理结构与女孩不同，他们很难控制青春期激增的荷尔蒙，因此在充满性欲色彩的世界中并不利于男孩的成长。一位反对性侵犯的心理学家经常遇到青少年性侵犯事件，他认为培养孩子拒绝他人的能力很有必要。尽管前几代青少年也有自己的问题，但至少他们还能理解和尊重他人的感情，与人保持适宜的距离，遵守界限，主动承担后果。

现今，男孩所做的一切几乎都是为了塑造引人注目的花花公子形象。"快速关系或者一夜情越来越普遍。"18岁的迪伦说道，"简单得像肥皂剧一样。"18岁的亨特同意道："15~18岁时的交往更多的是为了满足性欲。这根本就不能算作真正的交往，因为虚荣心作祟，因为想要得到最漂亮的女孩，所以他们才会被性欲所驱使。"心理学家，同样也是一位父亲的比尔·奥赫希尔相信情况很令人担心，因为男孩女孩没有好好享受到成长的快乐。"以前，当我看到我喜欢的女孩时，我会尊重她，"他解释道，"我送报纸只为了看到她。但是，现在的男孩小小年纪就见过性交、轮奸、兽交，因此当他们看到一个女孩时，他们看到的不是一个纯真的女孩。他们看到的是个玩物，是肉体。你将她等同于酒的价值，那么你觉得接下来会发生什么呢？"

☆ 有健康隐患的性行为

因为可以随时接触网络和流行文化，男孩女孩现在对性更加开放，穿着和行为上也更加大胆。相比现在，口交和肛交在以前不太常见。而现在的孩子对此都习以为常，甚至不把这些当作性行为，所以他们常常在性交时不会采取防御措施，这直接导致了越来越多的孩子感染上传染病。"对于年轻人来说，性交是件再普遍不过的事了。"巴兹尔·多诺万说道。他是新南威尔士大学的性健康教授，他认为，"现在青少年中很流行'克林顿式'的新的节欲观念，即以思想上的性交代替身体性交，因为这具有很明显的避孕效果。"

对某些青少年来说，口交和肛交不是真正的性交。

有时候，男孩根本不知道要和这些无所顾忌的女孩做些什么。"青少年性行为无疑越来越极端，"罗恩解释道，他的工作是帮助问题少年走出困境，"不管和谁口交都无所谓，因为这并不被看作是性交。而且我们现在会看到有些13岁到16岁之间的女孩已开始涉足肛交了。"

我认为男孩看待女孩的方式和我以前不一样——我认为女孩漂亮、清高、温顺、迷人。而现在的男孩把女孩当成玩物，一件东西。如果我们认为解决家庭暴力之类的问题已经很麻烦的话，那么这些事情就更加棘手。我们的孩子不知道交往的意义到底是什么。

——比尔·奥赫希尔，父亲和心理学家

研究表明，口交和口腔癌之间可能存在着联系。健康专家对于青少年不断出现口腔癌病例的情况很困惑，因为这些人并不抽烟，也不酗酒。约翰·霍普金斯药检所的一份研究发现，那些感染了人乳头瘤状病毒（HPV，可由口交传染）的人患口腔癌的概率是那些没有感染HPV的人的32倍。该研究还表明，无论是否感染HPV，如果他们的口交伴侣已达5个，那么他们患口腔癌的概率是正常情况下的3.8倍，而有了6个或6个以上口交伴侣的人，患口腔癌的概率为正常情况下的8.6倍。

☆ 那么男孩该怎么做呢

如今，男孩女孩在同龄人和流行文化、父母的期望以及频繁的性行为中苦苦挣扎。他们很少向父母或者其他成年人求助，因此遇到问题时他们只能自己解决。"当一个女孩与一个男孩的关系始于这种关系（口交、肛交），那么他们将来对实质性行为的期望会高很多。"一位临床心理学家说道。他在一家医院负责性侵犯案件。

男孩成为商人的营销对象，促使男孩装作比实际年龄更加成熟的样子，因为越来越多的小女孩想要寻找成熟的男朋友，而她们的男朋友则十分希望和她们发生性关系。男孩常会忘记这样做会造成什么法律后果，还会忽略女孩的脆弱。"小女孩和17岁的男孩约会会让同龄人羡慕。"罗恩解释道。他的工作对象主要为问题少年，"这些男孩总是期盼和小女孩性交。而且由于年龄差距，他们还会产生优越感。而小女孩为了留住帅气男友会做任何事。"

青少年对于用手机发出的信息，或者接收的信息，他们无法做到真正地完全地理解其含义。

——奥斯汀，校长助理

☆ 手机

前几代孩子受到的限制比现在多，他们对可能的后果也十分清楚。他们会停下来考虑是否要做某些事。如果他们越界，那也是他们思考之后做出的决定，而且会对自己的行为负责。然而，生活在这样一个以急功近利为主导的环境中，现在的孩子在尚未成熟之时，就迫不及待地想告诉这个世界他们已经准备好了，希望他们的"丰功伟绩"能够为他们赢得渴望已久的名声。当然，他们也不会知道他们可能会遭遇性传染病、约会强暴、被跟踪或者被恐吓之类的危险。这种不计后果的冲动行为总会让他们自尝苦果，比如被别人拍摄传播的不雅视频和照片。

☆ 色情信息

一些女孩会向男孩发送暴露照片，让男孩对她们感兴趣。我最近

去过的一个学校里，年长的青少年十分担心，一些13岁的小女孩用不同的东西塞入身体各种部位，还拍成照片发给男孩，来吸引男孩的注意。"是的，青少年现在可以在手机和网络上搜到大量的照片。在圈子里，照片很容易传播。"亨特告诉我，"这种事很常见，是一种吹嘘的资本。我估计还有更过分的手段。"

我们都见到过很多的色情场景，也的确是在年幼时就见过了。不宜的性行为常被拍成视频，所以这种事发生得也越来越多了。

——西沃恩，高中老师

因为女孩打扮得像性感的贝兹娃娃，这使得约会更加频繁。也有大量的男孩表示，在某些场景下遇到那些暴露的女孩会很不舒服。"你遇到那些'出格'的女孩，她们只会谈论那些粗俗的东西。为什么把那种东西带到学校生活中来呢？"19岁的乔尔告诉我，"有时候，我会受到惊吓。女孩会问你，'你想让谁记住你？'你不会希望听到这些话的。要么她们就总是谈论性，如'这样不好玩，那样很怪异'。"

☆ 当男孩不堪一击时

受到这种异样的"性关注"，男孩就更难拒绝那些送上门的女孩了。这些行为也许会对他们今后几年的生活产生不好的影响。"这种情景令人很担忧，"罗恩解释道，"男孩邂逅了女孩。女孩喜欢他，所以就拍裸照发给他。然后他们就在一起了。他们又分手了。男孩觉得受到伤害了，他很生气，就把照片到处散播。然后，他的麻烦就来了。如果女孩未满16岁，根据男孩居住地的不同，他会受到不同指控，如猥亵未成年人，故意散播未成年人裸照等。就连保留未成年人裸照，他都有可能被指控为侵犯儿童隐私权。

☆ 父母们孤立无援

青少年知道父母会指导他们该怎么做。然而问题是，越来越多的青少年认为自己并不需要指导。尽管他们爱自己的父母，但是名流世界、真人秀和流行文化对他们来说更重要。在这样的信息时代，他们不再需要依赖成年人来获得关于性的知识。他们喜欢与有着相同经历的同龄人一起讨论交流。

我和朋友、堂表兄弟交流，他们会给我建议。这就好比是从错误中汲取经验一样，或者我会向曾经有过相同经历的成年人学习。和他们交流远比和父母交流好，毕竟你不会感到尴尬。

——哈里森，15岁

☆ 应对充满性诱惑的环境

男孩与众多女孩约会也会赢得不少名声。在性开放的环境中长大，男孩对待女孩的方式却并不成熟，因此好好地和男孩谈谈应该如何对待女孩就显得尤为重要了。"社会对男孩和女孩有着双重评价标准。女孩乱搞男女关系就被叫作荡妇。但是对于男孩呢，这样做却成了他吹嘘的资本，成为他提高社交地位和满足虚荣心的筹码。"18岁的亨特说道。19岁的乔尔也同意："比如，看到女孩穿着超短裙，你会想'哇，什么都看见了，真性感'！但是当你转过身去，你又会想'真淫荡'。不过的确有一些女孩很出格。她们把裙子剪短，比腰带长不了多少。你看着她们露出来的屁股，想到，'噢耶！真淫荡。'有品行好的女孩，那么就肯定有作风不好的女孩。"

那么我们能做些什么呢？最近，一所男子高中决定举行"尊严周末"的活动，受邀嘉宾包括社区中的高层女性领导人。托尼·邓肯校长

希望能借此让男孩学会尊重女性，希望他们不要虐待女性。有一次，男孩的母亲受邀参加了学校的一次集会。在大会上，母亲挽着男孩的手，作为父母支持男孩的象征，这一刻对男孩和他的母亲来说都是非常重要的。在这为期一周的活动中，男孩还为当地一个女性救助所进行了募捐。像这类积极的经历能帮助男孩们更清楚地认识自己的责任。

帮助男孩正确面对充满性诱惑的环境：

◆ 明白男孩需要学习正确积极的性知识，以及和异性相处需要考虑很多因素——尊重、亲密、感官享受和欲望等，而不仅仅是关于性的肤浅的东西。

◆ 父母要清楚自己的重要性。

◆ 时时关注孩子最近发生的事。

◆ 保证你的儿子知道他可以随时找你谈心，向你寻求帮助。

◆ 帮他想出如何拒绝不适当性行为的方法。

◆ 对待性问题不用避讳，和他坦诚交流这一问题的复杂性。

◆ 鼓励孩子结交不同年龄段的朋友，这样他就可以有其他可以信任的成年朋友，或者可以和他喜欢的阿姨、叔叔交流了。

沉迷色情书刊

也许，我们现在最担心的一个问题就是男孩经常通过非法渠道获取黄色书刊以及阅读黄色书刊已经成为男孩们生活的一部分。而且现在的色情刊物比过去更加具体形象。色情行业是一个有利可图，而且高度组织化的产业。不用再去破旧的电影院看了，人们现在可以直接在自己家里看黄色视频。随着色情产品市场不断地扩大，产品内容越来越丰富，人们对这类产品的需求也增加了。现在，宾馆、网络、DVD、手机和付费电视上都会提供色情视频。

☆ 儿童色情作品

许多家长也许会忽视一点，就是当孩子开始接触色情内容时，他们常常倾向于选择观看那些非法儿童色情视频，因为那些可以让他们联想到自己。长时间地接触这些内容，孩子就越来越习以为常，甚至会将一些怪异行为视为"正常"性行为。然而专家们却越来越担心，孩子们在网络上的经历如此不堪，而我们却没有给予他们正确的指导。所以我们可能会教育出一代新的儿童性侵犯者。新西兰政府的一项调查揭露，观看儿童色情内容的大多是15~19岁的青少年。

总的来说，我们看到的大多是不到8岁的幼童被人残忍地强奸的

画面。

——弗林特·沃特斯，国际反儿童犯罪代理人

熟知这些情况的马克斯·泰勒教授说过："越来越多的孩子在还是婴儿或蹒跚学步的时候就开始上网了，而且情况越来越糟。色情内容的情节比以往任何时刻都要残忍。一般来说，接触非法儿童色情内容的孩子大多在6~12岁，而且有向低年龄发展的趋势。"事实上，网络上有成千上万的色情网站可以选择，男孩不缺这类资料。熟悉电脑的男孩可以通过非法途径找到任何他想要的东西，包括详细的性交场面和年轻女孩被强奸的画面。有个网站甚至鼓励男孩，如果他身边有喝醉酒的女孩，他们可以带上摄像机，再喊上他的朋友，一起和这个女孩发生性关系，拍成视频再上传到网上。在色情视频中，女孩常受到非人的虐待，被骂作妓女、婊子或者荡妇。

据儿童性虐待研究员盖尔·戴因斯博士所说，色情产品生产商也会遇到挑战，因为顾客对于激情内容的要求越来越高。而人们对暴力情节和性经历情节需求的增加大大地推动了色情行业的发展。色情影片的导演米切尔·斯皮内里认为，做好色情片的秘密就是"更残酷、更下流、更无情"。尽管是非法的，一些制作者还是会让未成年人参加拍摄，而且年龄越小越好。在视频中，这些孩子常要进行口交、肛交。近景镜头中，他们的身体里甚至还留有精液。年轻人越来越淫秽不堪，使得一些性主题网站不断地增多，这些网站经常以乱伦、猥亵年轻的护婴员为主题。众所周知，未成年人色情产品并不合法，一般而言，色情内容是针对成年人市场的，但是如果我们认为未成年男孩不会看这些东西，那我们就太天真了。

☆ 狡猾的运营商

网络儿童色情产品的利润很大，而且内容多样复杂，虽然是非法交易，但是运营商却能利用各种策略增加销售。他们不断更换网址，常常跨网销售，更换服务器，因为存储的图像可能会被网络过滤器扫描到。现在，一些运营商还开了远程商店，每个商店里的每一张图像都被分解为上千个碎片。当顾客点开主页面下载一张图片时，网站瞬间就会从不同的商店调集同张图片的所有片段。最重要的是，这种分开存储的方式不会被发现。

孩子们不用再去杂志店，或者一直等到回家才能看色情刊物。他们可以直接从电脑上或者手机上下载，也可以自己拍摄色情短片和微电影。此外，男孩看到的不仅仅局限于图片，一些可播放视频的手机和一系列高科技产品能让男孩在几分钟之内看到现场色情视频。在这些视频里，这个世界不再充满魅力，而是一个充斥着肮脏活动的地方。这里污秽不堪，常伴有暴力，泯灭人性，但是却会让人上瘾。梅琳达·坦克德·瑞斯特是一名作家和女权运动者，她最近参加了一次在伦敦召开的会议，会上她在与一位专家的谈话中了解到，华盛顿设立了一个警察局，专门负责将色情照片和电影中的孩子与失踪儿童的照片进行对比，从而帮助寻找这些失踪的儿童。

2005年，通过手机发布的色情作品在全球的利润上涨至1亿美元，而且在未来的几年里还可能会增长3倍。

——凯赛尔·布莱恩和大卫·普林格尔，《华尔街日报》

☆ 色情作品是流行文化的一部分

色情作品随处可见，现在已成为人们日常生活的一部分了。现在

如果有些小孩子模仿色情影星穿衣跳舞，他们就会被人喊成妓女或者荡妇。伴随着男孩成长的是非常露骨的MTV（音乐电视）和越来越出格的真人秀节目。

尽管色情世界看起来非常诱人，但从事这一职业的人却并不轻松。成人娱乐专栏作家卢克·福特对这些非常了解，他曾对那些所谓"叛逆者和浪荡者"的世界做了详细描述。在这里"大多数涉足色情业的女孩都会在拍完第一部色情电视或电影之后退出"，因为这些经历"太痛苦，令人恐惧、难堪，是对人格的羞辱"。

男孩的脑子里都有些色情思想。

——雅各布，17岁

☆ 色情产业

色情产品的生产和发行不再是小规模地进行，不少大公司现已开始投资这个行业。为了获得高额利润，色情产业雇用全职说客说服政府同意色情产业的存在，而且结果证明他们的确做得很好。仅在美国，人们一年在成人娱乐产品上的消费就高达100亿美元。这个数额已相当于主流电影、音乐和体育运动上的总消费额。尽管有线电视公司很少提到成人娱乐频道的利润情况，但是色情业绝对就是暴利行业。希尔顿、万豪、凯悦、喜来登和假日酒店都提供按次计费的成人电影，因为对他们来说，客人每时每刻都希望得到这样的服务。

色情行业是一个巨大的领域，利润非常惊人。

——比尔·莱昂，说客

和成年人一样，越来越多的青少年，以及年幼的小孩也会观看色情内容。2004年，《华盛顿邮报》的一篇文章揭露说，预计超过1100万的美国少年定期在网上观看色情影片。自那时起，色情内容的点击率不断飙升。现在手机就可以下载内容，而且仅仅这一点就给色情经营商带来了数百万美元的利润。

最初，我只是好奇，然后就变为喜爱，这也是色情内容的目的所在——性满足，既然这些东西这么容易接触到，那么为什么不看呢？
——加里，17岁

迈克尔·弗拉德，是反对女性暴力项目的负责人。他指出网络是男孩接触色情内容的理想媒介。因为在这里，他们可以匿名观看、预订无数的色情视频，还能保存下来以后再看。许多色情网站都尽可能长时间地对浏览者开放。新技术的使用让男孩很难舍弃色情网站，或者他们会自动地转入其他色情网站。这些新技术使观影体验倍增，比如，自《阿凡达》之后，成熟的3D技术已经用于色情影片中。

☆ 好奇因素

孩子们会对性产生好奇，这很自然。一些孩子之所以接触色情内容是因为他们想要扩展性知识，或者只是将观看色情视频当作一种叛逆行为。其他孩子则是因为觉得色情内容很新奇，或者只是想要摆脱孤独和孤立。关于孩子是如何观看色情内容的，家长们一无所知，也正是因为这一点，孩子们才有恃无恐。"父母根本不知道网上有色情内容，也不清楚孩子收到的那些即时信息意味着什么。"17岁的达里尔说道，"网上也许会有不为人知的风流韵事，也会有怪诞的事。"

观看色情内容，或者参与危险的性行为，会让男孩在同龄人中备受欢迎。"是的，青少年的手机和电脑里有大量的色情照片。"18岁的

亨特解释道，"在朋友圈里，大家都彼此散播这些色情照片。这很正常。"15岁的马克同意道："可能在与好朋友聊天时你会谈到色情照片，或者你会把它当作值得炫耀的东西，因为这样做会帮你赢得他们的尊敬。"或者，如17岁的加里所说的："一起看色情电影很棒，就像是，'我就看这些，我很酷。'这更像一场证明自己是雄性首领的竞赛。"

☆ 一起看色情片

因为接触色情内容的方式很多，我们很难知道孩子们正在看些什么，也无法估量有多少色情视频被售出。男孩常常在一起看色情片，共享资源。在一份针对加拿大13~14岁男孩的研究报告中，超过1/3的男孩说他们观看色情电影和DVD的次数多得都记不清了。而超过7/10的男孩在网络上看过色情内容。超过一半的男孩在特殊电视频道看到过色情内容。此外，还有1/5的13~14岁的男孩在朋友家看过色情片。

技术先进了，现在接触和购买色情片太容易了。

——亨特，18岁

"现在网络上有很多的色情文字、图片和视频。"15岁的哈里森解释道，"孩子们不需要像过去一样从年龄大的男孩那里买，网上就能找到。一些男孩经常看这些东西。看色情片现在已经成了一种文化，也是同龄人之间的一个话题。大多数男孩在谈论时毫无顾忌。我的同龄人圈子中，大多数人都承认是这样。性已经成为他们关注的焦点。他们了解到的有关性的信息越来越耸人听闻，也令他们非常愉快。而且就连他们之间的谈话方式也因为色情内容发生了改变。"

☆ 毫不知情的父母

父母毫不知情的原因之一就是孩子们善于隐藏自己的踪迹。一份针对13~17岁少年的研究结果表明，超过2/3的孩子知道如何掩盖自己的网上活动。超过1/3的孩子会清除浏览记录，而40%以上的孩子当父母在自己身边时，会关闭窗口，或者最小化窗口。16%的孩子有自己的私密邮箱和父母不知道的文件夹。

然而观看色情影片作为男孩越界的形式之一，并不是没有后果。"无论是哪种色情片，都会让男孩受到伤害，因为它限制了男孩的同情心和性能力，使他们处于危险的境地。就像小型定时炸弹，随时会爆炸。"一位临床心理学家告诉我。

有时候，你会听到这样的事，一个小女孩给某个男孩发送自己怪异的照片。不少和我同龄的女孩会认为，这样可以引诱男孩。

——马克，15岁

☆ 热衷于自我表现

专家们相信，如今的青少年做事毫无顾忌，原因之一就是很多孩子从一出生就被宠爱自己的父母拍摄照片或视频，甚至发布到网上。又因为生活在一个"炫耀文化"中，孩子们会自己拍摄露骨的照片也就不足为奇了。尤其是他们根本不会意识到，他们将来要为这些行为付出情感上的代价，甚至要承担社会法律责任。校长助理奥斯汀同意道："色情照片比以往更容易接触到，很难避免。不过女孩们会拍摄这样的照片确实让我很惊讶。"

同样，这种危险行为也会让男孩受到伤害。男孩很少会知道，给他们的未成年女朋友拍裸照或者录制色情视频，他们可能会被判刑。如果

他们传播这些照片和视频，那么他们还会受到其他的惩罚。这一代青少年不是最先拍摄裸照的人。但是，由于技术的便利，这些照片现在几乎不可能只保留在某一个人的手机上，而会立刻被上传到网上，由数百万人共享。由此可见，一时的冲动就可能会带来严重的后果，如家庭和朋友的决裂，遭受控诉，等等。当然，也许还会有长期性的影响，因为上传到网上的东西可能会一直流传。

每当有人看到我的照片，都是对我再一次的侮辱。

——桑德拉，16岁，儿童性虐待受害者

☆ 男孩只是男孩

有些家长误认为观看色情片是男孩长大成熟的标志。还有人认为，如果在家里看色情片，不会对其他任何人产生影响。但是事实却正好相反。"当我们追溯性侵犯案件发生的原因时，我们可以清楚地看到大多数案件和男孩观看了色情片有关。"罗恩解释道，他负责教育问题少年，"你同样能从男孩的行为方式上看出，他们很明显是在模仿色情片中的情景。"

根据上面提到的心理学家迈克尔·卡尔·格雷格所说："问题很严重，因为许多成年人由于缺乏技巧、知识或者策略，无法批判性地分析和理解色情片在男孩看待女孩，甚至男人看待女人的行为上会造成的长期影响。这些色情刊物或影片是对社会的最大危害之一，也是我们向那些传播这些内容的不法分子发起声讨的铁证，这场战争迫在眉睫。当公共健康的必要性得到人们的肯定之时，我确信这场战争将与反对烟酒产业、儿童配方食品生产商处于同样重要的地位。"

和许多专家一样，迈克尔·弗拉德强调，色情片是个差劲的性教育资料。他担心男孩们的感官意识会因此而被削弱。因为这些色情片很少关注人与人之间的心灵亲密感、感同身受以及尊重意识。在色情片中，女孩充其量是个性工具而已。而社会上的色情文化让男孩更加不能理解怎么做才是正确的。大量的研究表明，观看色情片可能会让男孩在性行为上更加偏激，让他们冒险做他们觉得能侥幸成功的事，模仿视频中看到的行为。在加拿大的一份针对14岁男孩的研究中发现，那些经常观看色情片的男孩更倾向于认为压倒女孩，强迫她接受性行为是理所当然的。

众多关注青少年健康的工作者担心，男孩对待女孩的这些方式受到了暴力的色情内容的影响。在悉尼，曾经发生了一起轮奸案。一个13岁的小女孩遇到了她喜欢的男同学。她信任他，约定过几天和他去附近的公园见面。令她惊讶的是，男孩的几个朋友也在那儿。之后的几个小时内，她遭到了性侵犯，被轮奸了。那些男孩强迫她为他们口交，还不断地告诉她"要微笑，就像在享受一样"。整个过程被拍摄下来，到处传播。类似的诉讼案件无一不反映出男孩因受色情内容影响完全丧失了同情心的事实。

一些男孩看过色情片之后，再看女孩就完全不同了。所以色情片根本就不是什么好东西。

——马克，15岁

☆ 大脑科学

在《改变是大脑的天性》一书中，诺尔曼·道伊奇描述了色情内容是怎样重塑男性的大脑，并令观看者不再满足于观看，而是渴望和异性发生性行为的过程。持续地观看色情内容会让人上瘾，使人沉迷于某

些性经历，不断要求更多的刺激，而当无法看到色情片时还要经历断瘾症状。道伊奇注意到，他的男性病人对做爱的兴趣被仅仅要求体验"高潮"所取代，这些男性由于需要不断地重复模仿他们下载过的色情片的性交场景，他们的"性创造力"也随之消失殆尽。结果表现为，他们对常规的性伴侣缺乏兴趣，性能力下降，还要应对不断上升的性需求。

现在由于"淫秽色情作品"也不再"躲躲藏藏"，它们的影响也越来越大，因为这些作品会对那些缺乏性经历尤其是心智不成熟的年轻人产生重大影响，改变和塑造他们的性需求和性偏好。

——诺尔曼·道伊奇，《改变是大脑的天性》的作者

☆ 色情作品对男孩有害

越来越多的专家意识到，过早观看色情作品对男孩非常有害，因为它会阻碍男孩的情感发育，扭曲他们对性的看法。"色情作品让男孩有了共同语言，让他们认为性行为是他们的权利，还会想当然地认为一切都是女孩自愿的，因为色情片上就是这么演的。"一位在悉尼一家大医院从事性侵案件研究的心理学家解释道："在起居室观看色情片已趋于'正常化'，这误导了男孩们的人际关系，结果导致性泛滥。"

"关于'在青春期长期观看色情片会造成什么影响'的研究引起了很多人的关注。"临床心理学家罗比·桑瑞格，他工作的重点在于帮助那些受战争、性虐待和自然灾害影响的孩子恢复健康，他表示，"除了影响性发育和鼓励早期性行为之外，色情产品还可能会破坏交往关系，扰乱心理健康，刺激男孩产生性暴力的意识和行为。"

罗比还谈到，男孩持续地观看色情内容与性虐待之间有一定的联系。"调查已经表明，色情内容会导致下一代成为性侵犯者。男孩定期观看色情内容，可能会让他们在无意识中形成赞成性侵犯的态度。一

222

些研究员认为，色情内容和性侵案件有直接的联系。性交图片同样会诱惑年轻的参与者。现在不仅越来越多的年轻人在网上购买色情片，警方数据显示，越来越多的儿童和青少年也开始拍摄并共享猥亵儿童的色情片。"

☆ 父亲的担心

大多父亲在与我的谈话中表示，他们非常担心色情内容会对男孩产生不良影响，以及他们是否能够建立快乐的长期交往关系。"我个人认为色情内容会对男孩造成毁灭性的伤害。但是，因为这些东西现在到处可见，他们就觉得没有什么了。"皮特说道，他是两个男孩的父亲，"色情片是网络交易最多的交易产品。当我10岁时，我在公园看到了一些色情杂志，我很好奇。我把杂志拿给妈妈看，她巧妙地避过了这些。当男孩们观看色情片时，他们看到的只是两个人在翻来滚去，费力地做动作，但是里面没有爱，也没有关怀。就好像做爱毫无价值。但是做爱应该是温柔的，是需要感觉和时间的，是值得尊重的。"

现在男孩经常逼迫女孩与之发生性关系。以往的色情杂志和现在男孩看到的色情内容根本没有可比性。色情业是一个突然兴旺起来的产业。只需手指点击几下，男孩就能看到全世界的色情内容。

——西沃恩，高中老师

☆ 家长能做什么

虽然家长们担心男孩接触色情东西，但是却不知道该怎样介入有关色情内容的话题，他们也不能监视儿子在网上的活动。但是，你可以制定明确的上网规则，规定好在家使用电脑和手机上网以及去网吧时什么

能做和什么不能做，这是至关重要的。最好让孩子远离那些名称粗俗的网站。家长们还要教孩子仔细辨别垃圾邮件和邮箱地址。同时，使用网络过滤器也很重要，不过过滤器也不是万无一失的。

家长们不懂电脑，孩子就易于受到伤害。在一份针对13~17岁孩子的调查中，结果显示，只有超过1/10的孩子上网时开启了网络过滤器。虽然大多数青少年男孩的父母很忙，又不精通电脑，但是他们可以让孩子的哥哥姐姐监督他们，检查他的文件，查询缓存，查看硬盘上存储的照片。这样做可以让父母了解到孩子行为上的任何可以看到的变化，也许孩子会沉迷于网络，而且，如果他悄悄地掩盖上网记录呢？如果是这样的话，你就更要注意了，看看他在偷偷做什么，并清楚他为什么要这么做。

这种程度的保护不会让男孩反感。当西奥发现13岁的儿子安迪在浏览色情网站时，他处理得很好。"那时，我并没有在电脑上安装合适的过滤器。"他解释道，"安迪从谷歌搜索'性'这个字，搜索出的结果全都是色情网站。于是，我和他谈了这件事。我告诉他，不必为此感到羞愧，对女孩感到好奇非常正常。在我的少年时代，女孩子穿比基尼并没有特殊的意义，但是现在网络上的色情内容却非常丑陋，保护他是我的责任。自那之后的一段时间内，他竟然称我为他的保护者。我很开心。当然，我也对他说，性是美好的，但是有些人却让性行为变得恶心，或者利用这些性行为视频赚钱。"现在，每当安迪在网上发现这些令他感到不舒服的东西，他都会告诉西奥。技术为男孩提供了许多好机会，但是男孩们需要知道哪些东西具有危害性，哪些东西是不合法的。

如果你的孩子沉迷色情内容，你可以这样做：

◆ 首先要承认你的儿子对性产生好奇心，这很正常。同时他可能承受着同龄人带来的压力。

◆ 不要吓唬你的儿子或者是羞辱他。

◆ 你要知道，这是一个让孩子理解性的好机会。

◆ 鼓励他以后经常和你公开坦诚地交流。

◆ 倾听孩子的想法。

◆ 谈话不能莽撞。

◆ 将话题引到男孩的界限上去，即让他明白哪些事不能做。

◆ 谈话要包括色情内容中的虐待和上瘾的问题。

◆ 让孩子清楚地知道，一个好男孩和一个令人讨厌的家伙之间的区别。

◆ 清楚自己对孩子的期望。

◆ 鼓励他继续和你交谈，向你询问问题。

视频男孩

　　在这种性文化普遍存在的社会，我们难以预见男孩会受到何种伤害，然而因为我们一次又一次地忽视，让他们受到了各种各样的伤害。在那些最令人难过的故事中，有一个13岁的加利福尼亚小男孩贾斯汀·贝里，他自己买了一个网络摄像头，希望能与网络上的新朋友视频。很快，他得到了许多男人的友好回应，有的给他送礼物，有的吹嘘赞扬他。因为他的父亲和他并不亲近，所以网络上的这些男性的反馈很吸引他。当一个男人给了贾斯汀50美元，让他对着摄像头裸着上身时，他觉得这不是什么大问题。于是贾斯汀脱去了T恤，这个男人就毫不吝啬地夸奖他。久而久之，贾斯汀也成为那些在摄像头前脱衣、手淫、表演性行为来赚钱的男孩之一了。

　　因为有了实时信息、快速网络链接以及网络摄像头等，网络猎食者就更容易接触到这些在家上网的孩子们。像贾斯汀这种精通网络的小男孩最后常会变得市侩狡猾，只要这些男人肯花钱，他们就可以买到他的色情视频，或者看到他现场表演性行为。贾斯汀在网上上传第一张照片时完全没有想过有什么后果。他在spotlife.com网站上上传了照片和联系信息。这个网站其实就是一个摄像使用者的名单，希望其他的孩子也能加入进来。于是贾斯汀就受到了网上猎头的注意，这些人装成与贾斯汀同龄的男孩网友。刚开始，他们不断地用礼物和金钱来奉承他。贾斯汀的一个新"朋友"曾经教他用"贾斯汀摄像男孩"的昵称在amazon.com网站上建立自己的愿望清单。然后，他的那些"爱慕者"就会买下这些东西送给他。一切看起来都很正常，而且相当安全，因为没人知道他住在哪儿。

然而，一段时间后，他的"爱慕者"们为他花的钱越来越多，他们对贾斯汀的要求也越来越多。每个新要求似乎都很合理，所以贾斯汀就欣然接受了。他变得越来越大胆，然后他的知名度就越来越大，直到他有了1500个订阅者。这些订阅者中大多是专业职员——医生、律师、老师，等等。这些人很喜欢他的视频录像。而贾斯汀只需要在他的愿望清单上添加物品，他的粉丝们就会很乐意买给他。为了给那些到手的新物品找借口，他告诉妈妈他在网上学做生意赚了钱，然后自己买的。而他的妈妈毫不怀疑。贾斯汀现在有着自己的色情网站，这个网站是他的一个粉丝帮他建的。

随着越来越深入网络色情世界，贾斯汀也知道与其他"同行"竞争来获得更多的关注。当贾斯汀才只有13岁时，一个粉丝邀请他去参加计算机夏令营。他的妈妈并没多想，就同意他去了。在这次活动中，贾斯汀被这个男人性骚扰。而且后来这个男人还诱惑贾斯汀，表示会为他找个性伴侣。于是，贾斯汀又一次被性骚扰了。

贾斯汀越深入这个黑暗世界，他就越辛苦，因为要努力留住现在的这些订阅者。到现在，贾斯汀已经开始和这些人见面了，然后收费。一位名为"Tunno先生"的网友约他在拉斯维加斯的一家旅馆见面，会支付他上千美元，而在那里贾斯汀与这个男人见了很多次面。

在贾斯汀15岁时，他的"生意"更加红火。考虑到妈妈也许会发现他这些事，贾斯汀说服这位"Tunno先生"为他在附近租了一个公寓。在那里，贾斯汀继续工作，和往常一样地工作。这是个很理想的借口，

贾斯汀只要装作出去拜访朋友就行了。但是当有些他的熟人发现了他的网站之后，同龄人就到处传播他的照片，还不断地暴打他。现在贾斯汀非常绝望，他只能躲在家里。而他的妈妈还以为学校的同学会欺负他，所以她也同意了。

自此之后，贾斯汀的生活愈加糟糕。现在，他开始上传和妓女性交的视频，吸引其他的未成年男孩来自己的网站。他还吸食大麻和可卡因。没人知道结局如何，但是到了他18岁之后，贾斯汀受邀去见一个陌生人。这个人就是库尔特·艾欣沃尔德，一名记者。他希望能更多地了解网络色情的内幕。贾斯汀同意帮忙，并且对这个记者演示自己是如何做的。几天之后，贾斯汀同意远离这个色情世界，向警察坦白他知道的一切，他的确这样做了。

然而，大多数男孩的结局并不是像贾斯汀这样的。贾斯汀的初衷只是想结交新朋友而已。13岁时，他非常脆弱，易受外界影响，难以抵抗赞扬、礼物和金钱的诱惑。他曾经是个聪明的孩子，成绩很好。但是，在这样一个以色议价的网络世界，贾斯汀过得很辛苦。幸运的是，他最终能够解脱出来。但是，我们却不得不提出这样的问题：其他的视频男孩和女孩会怎样呢？

你要保护你的儿子，免受网络性猎食者的侵害：

◆ 和孩子讨论使用新技术时会有什么风险。

◆ 让他清楚那些虚假欺骗的技巧。

◆ 和他谈谈孤独，谈谈想要获得别人认可的想法。

◆ 和他谈论和网上陌生人见面会发生什么样的后果。

◆ 鼓励健康轻松的性话题。

当性变成性侵害

　　生活在这样一个性文化蔓延的社会，男孩十分困惑。正如波士顿儿科医生及媒体和儿童健康中心主任迈克尔·瑞奇所说，如果你注意一下视频短片和歌词内容的话，那么你也会认为约会暴力和性胁迫现象的出现与这些内容有关。由于不断地受到这些信息的影响，男孩会产生"不论在什么时候，在什么地方你都要为性做好准备，而且要愿意接受"这样的想法。而有这种想法也是情有可原的。我们并没在孩子们小的时候就和他们谈论界限和偷尝禁果的后果，但是如果等到情况糟糕到不可收拾的地步，那就真的晚了。而现在，尤其是现在，男孩迫切需要这方面的教育。

　　在我去过的一所学校里，一个12岁的小女孩曾告诉我，她最好的朋友（同样是12岁）和男孩做过各种各样的性行为。"你不需要爱他们，"她朋友告诉她，"你只要这么做就行了。"这个小女孩并不觉得这样的行为好，但是又不确定是否必须做这种事。这种情况很常见。越来越多的未成年人参与到频繁的性活动中，因为他们很好奇，或者想受欢迎，又或者是想取悦同龄人，让别人觉得自己很成熟。这些孩子也许知道性的基础知识，但是他们很少有人清楚，一旦他们参与到这些活动中，他们可能要面对身体上和情感上的伤害，甚至还可能要承担相应的法律后果。但是他们根本不知道应该如何处理这些问题。所以，常常是

学校和家长们来为他们收拾残局。

"现在我们要处理的性暴力问题越来越多。"一位校长助手告诉我。他认为这些问题的出现一部分要归咎于孩子们看到的色情内容。"你不得不承认，就算你不想看到，色情图像还是无处不在。这些图像会让男孩搞不清到底应该如何看待和对待女性。"他解释道。而且他还告诉我，每学期的第一个星期，老师们都要谨慎消除假期里色情内容给孩子带来的不良影响。

现在，遭到性侵犯的女孩年龄越来越小，这在一定程度上是由于网络上的猎食者造成的，但更是因为青少年现在的生活十分混乱，他们不够成熟，生活经验比以往的孩子更少。幼时就参加聚会，让他们更加容易受到伤害。我曾和一位急救站护士聊天，她说她曾照顾过一些只有12岁的小孩子，她们喝得太醉了甚至无法呼吸，而且身上还常常带着伤。经常地，这些女孩都发生过性行为，但是却记不得和谁发生了关系。

☆ 男孩读不懂女孩的信号

虽然，女孩通常比男孩更容易意识到周围发生了什么事，但是她们却不能确定她们到底想从男孩那里得到什么。她们想变得性感，因为这样能吸引异性，但是她们却并没想过这样做的后果是什么。而男孩倾向于从相貌上评价女孩，这对每个人来说都是灾难。17岁的达里尔同意道："女孩喝醉了，男孩也喝醉了，事情就发生了。女孩做些放荡的行为，然后就成了男孩的错。男孩并不会考虑性行为发生的原因。"18岁的迪伦也有同感："男性激素上升导致男孩渴望发生性行为，这是很正常的现象。但是他们不明白，也看不懂肢体语言，因为有些女孩也许想拒绝，但是她们却表现得不想拒绝的样子。男孩很不成熟，他们认为他们自己想做，所以女孩肯定也想做。"

☆ 魅力猛男

流行文化鼓励男孩成为真正的男子汉。男性杂志里展示的都是性感照片和怎样让卧室充满激情。然而，很少谈论情感、感受和克制。为能吸引读者的眼球才是它们关注的重点。据17岁的加里所说，男孩常常"想模仿看到的照片"。18岁的亨特同意道："色情片中的内容尽管让人蠢蠢欲动，但是若真的这么做了，男孩不会有好下场。"小男孩知道成熟的大男孩对女孩非常有吸引力，所以他们也想变得成熟。"小女孩经常选择和大男孩约会，所以小男孩也想长大。"18岁的迪伦说道。

☆ 错误的地点，错误的时间

当我和那些在大医院负责性犯伤害的专家们谈话时，他们认为男孩的行为十分可恶，而且不会为男孩辩解。布伦特·桑德斯曾研究过性侵犯者和连续强奸犯的犯案动机，他现在主要从事青少年性问题和性行为的教育工作。他同意道："在一些约会强奸案中，你会发现案件起因非常复杂，也许是因为犯案者不清楚犯案后果，也许是因为时间和地点错了，又或许是因为喝得太多了，事后才知道做了什么，还有可能是因为来自同龄人的压力他才这么做。甚至有可能以上原因都有。"

"我们的孩子现在发生的一些事情真的令人很担心。在这个时代，各种信息扑面而来。他们看到的所有东西都在告诉他们要变得性感，因为只有这样才能受人欢迎。但是也许这些东西会与法律背道而驰。"罗恩说道。他负责问题少年的工作。西沃恩是一位经验丰富的老师，在市区和乡村都工作过。他认为："孩子们渴望得到某些体验，但是并不理解其实质。我怀疑男孩们没有意识到模仿他们看到的事物常常是不妥的，而且也看不出对方也不想做这件事。"

☆ 意识到后果

男孩应该对他们的性行为负责。父母应该告诉他这些，否则他怎么会知道什么行为是越界了呢？这些问题之所以会产生，部分是因为男孩经常无法意识到和女孩发生性关系会有什么后果。布伦特·桑德斯同意道："社会上有一种误解，即认为男孩到了某个年龄段就会突然懂得许多事，就像魔法似的，然而这种想法却不一定是对的。"他相信，男孩现在缺乏的就是"对后果的传统的敬畏心"。男孩需要知道，如果他们犯下罪行，那么他们终身都会留有案底，这将成为他们以后求职生涯的一大障碍，因为许多公司在雇用员工之前会事先调查员工的基本信息。有案底的男孩也许永远无法实现自己的事业目标和人生目标，不管他的能力多么出众。

我们需要品行端正的男人帮助我们把男孩从媒体和市场营销制造的破坏性的行为模式中解救出来。

有些男孩的下场很令人惋惜，也许他们只是想证明自己，或者只是因为担心丢面子而出现性侵犯行为，但是这些都不能成为犯罪的借口。男孩要明白，这种不顾一切的行为会让他们深陷危险之中。我相信，正是因为我们忽视了男人对男孩的教导作用，忘记了把男孩培养成有责任有担当的成年人，才会让我们处于如此被动的地位。因此，我们需要品行端正的男人帮助我们把男孩从媒体和市场营销制造的破坏性的行为模式中解救出来。

☆ 女孩受到伤害

不管我们想不想承认，扭曲的性文化正在对孩子造成极其严重的危害。"我个人非常担心，"一位高级临床心理学家说道，他是一家大医院的性侵犯案件小组的负责人，"女孩现在易受到和成年女性相同的危险。回家的路上可能被出租车司机伤害，甚至被她们的男朋友伤害。"性侵犯受害者支持组织目前正在解决这个问题，小女孩和高中男孩外出约会已经不流行了，所以她们将目标转向聚会上的大男孩，但这样往往会让她们受到伤害。"在大多数案件中，12~14岁的小女孩是17~18岁大男孩的捕猎目标。"这位专家告诉我，"这些小女孩希望快快成熟，但她们还小，容易轻信别人，没想到会陷入事先策划好的阴谋之中。她们受到酒精甚至是毒品的困扰，常被肛交强奸。在过去，强奸者只有一个男孩，现在却成了2~3个男孩，强奸过程还常常被拍下来。"

☆ 承担后果

我们很少听说，男孩会因不当的性行为而造成情感上的后遗症。但是这种情况值得我们认真思考。有人推测男孩对不当性行为感到无所谓，但事实并非如此。"当男孩被卷入某些性场景中，他们也可能会受到伤害。"罗恩说道，"也许别人会羡慕他，认为他很幸运，但是他可能会后悔，会迷惑，会感到羞辱。然后，他会出现一些不正常的现象，比如突然失去信心。男孩以前在学校也许表现得很好，但是成绩可能会突然一落千丈，或者干脆退学，甚至还可能开始对同龄人进行身体伤害。"

布伦特·桑德斯现在与高中生和大学生谈话，他深深地感到男孩迫切需要获得性知识，而且他们会非常感激有人能够直接与他们讨论这些问题。如果父母想帮助男孩，引导他们处理青少年约会场景中出现的复杂问题，他们就必须让男孩清楚成为一个真正的男人意味着什么，同时也要让他们知道他们会遭遇到什么打击。

当然，家长们常常发现这类谈话很难进行，但是与男孩在越来越复杂的性世界中孤立无援相比，这只是小问题而已。正如我们前面所看到的，如果你不是一味地说教，而是和孩子交流这些问题，你们的谈话就会得到深化。在孩子做出后悔的事之前，我们最好让他们清楚关于性爱的问题，包括性的误区。

帮助你的儿子避开性雷区的方法：

◆ 把新闻故事作为谈话的切入点。

◆ 明确告诉他，非自愿的性交、口交、肛交都将构成强奸。

◆ 确保孩子知道酒精和毒品会损害他们辨认事物的能力。

◆ 让他明白，他也可能会成为性侵犯受害者。

◆ 确保他明白任何非自愿的性暗示（骚扰），即使没有发生性交行为，都有可能让他遭到起诉。

◆ 让他明白，即使女孩可能会同意和他进行一定的亲密行为，但这不意味着她同意发生性行为。

◆ 确保他明白，即使男孩女孩都酒后乱性，也不能让他免受起诉。

精神健康问题

近几年来，人们越来越意识到男性抑郁和自杀问题的严重性。这是值得庆幸的一点。只要我们能够更多地了解他们，那么我们在面对他们的问题时就能够更加坦然，同时在处理这些问题时给予他们更多的帮助。有时候，男孩要应对的问题太多了，他们需要专业的帮助。然而，据统计，患有精神健康问题并且需要帮助的年轻人中只有一半的人得到过帮助，另外一半的人则因为父母不清楚他们的情况，或者不知道该如何帮助他们而得不到帮助。重要的是，不管是什么原因，我们都要清楚精神健康问题不会自己消失。

社会和文化的改变让他们（年轻男孩）很难有自己的尊严感、目的感、归属感和安全感。简言之，就是男孩无法感受到生活的多姿多彩和价值。

——理查德·埃克斯利，社会分析家，《从没这么好——或者越来越糟？》的作者

☆ 大多数孩子有困难，需要帮助

1/5的孩子在成年之后会出现精神问题。这些问题中有一半左右来自青春期，也有些是来自8~12岁年龄段。青少年精神健康问题不断增加。社会分析家理查德·埃克斯利表示，每时每刻20%~30%的青少年

正处于"严重的心理痛苦"之中，而一般的人在遭受压力之后会出现如头疼、失眠和胃疼之类的症状。这些可能由任何事引发——包括学习压力、工作压力、家庭烦恼或家庭破裂、饮食不规律和技术媒体的影响等。此外，儿童消费主义也引起了越来越多的关注。青少年对自己的穿着容貌和所有物时常过度关注，使得自己远离了真实的支持感和归属感。

☆ 注意力缺陷多动症

在男孩遭受的所有精神问题中，注意力缺陷多动症（ADHD）是最普遍的。男孩比女孩更易患上这种病症。患上多动症的男孩常常在上学之前就会出现一些症状，包括难以集中精神，丢三落四，一直不停地说话，制造混乱，以及常常忙个不停。因此，家长们千万不能误把注意力缺陷多动症当成男孩精力旺盛，活泼好动。儿童精神病学家和心理专家都能够诊断这个病症。治疗也许会有效，但是我们也要明白，尽管治疗能控制病情，却不能根治。当然，有了专业帮助，男孩能够更好地安排日常生活。制定每日任务清单，专家定期心理辅导，保证充足的睡眠和适量运动，有效地细化作业或工作，规定在一段时间内集中做一件事等，这些都是有帮助的。伦敦国王学院精神病研究机构的研究表明，ADHD患者对时间的认知与常人不同。因此，也许在我们看来很短的一段时间，在他们看来却长到无法忍受。极度活跃的行为会产生多巴胺激素——让身体感觉良好的化学元素，专家们现在认为这可能是男孩通过保持自然的兴奋来消除无聊的一种方式。不过，不管出现这种症状的原因为何，家长们现在可以借助很多资源来帮助这些孩子。

☆ 抑郁症

抑郁症是众多严重精神疾病中的一种，由愤怒、悲伤或者绝望情绪主导之后产生。如果悲伤，男孩常会以愤怒、过激行为发泄出来，但是真正的抑郁会让男孩变得虚弱。一般情况下，男孩无法靠自己摆脱抑郁症的困扰。当男孩感到沮丧时，他会对生活失去兴趣。饮食和睡眠习惯也常会因此发生改变。他可能不会再充满热情或者积极地面对日常生活，还会对别人的批评极其敏感。甚至，他还会常常抱怨说身体疼痛。沮丧也可以表现为做出危险行为，自信心下降，不想上学，成绩一落千丈。甚至男孩会因为抑郁而离家出走，或者滥用药物。

真正的抑郁会让男孩变得虚弱。一般情况下，男孩无法靠自己摆脱抑郁症的困扰。当男孩感到沮丧时，他会失去对生活的兴趣。

最新的理论研究成果显示，沮丧的情绪一般由激素失衡造成，压力是诱导物。经常，男孩出现抑郁症都是不知不觉的。如果不及时诊治，孩子可能会做出危险的行为，或者依靠酒精或毒品来"自我治疗"。科学家发现血清素载体基因发生突变之后可能会让一些孩子的抑郁症加重。然而，我们要知道，如果这些孩子不是处于压力环境——家庭纠纷、关系破裂或者同龄人问题下的受害者，那么他们也不会得抑郁症。所以，稳定和睦并能给男孩支持的家庭生活对男孩的成长非常重要。

睡眠专家玛丽·卡斯克敦教授认为，青少年失眠和抑郁症之间也许存在联系，因为缺少睡眠会引发情绪波动。而对于那些身心脆弱的男孩，失眠会让抑郁变得更加严重。那些长期抑郁的孩子会习惯这种思维方式，摆脱这种消极思维可能会很难，甚至会让他们觉得不舒服，因为他们已经忘了快乐的感觉是怎样的了。对于家长们来说，重要的是要支

持孩子，和孩子保持亲近，还要让他知道他在你们心中的地位很重要，并且要寻求专家的帮助。

☆ 自杀

放任不管，抑郁症可能会引发自杀。男孩比女孩自杀的成功率更高。尽管我们常说，说要自杀的人一般不会自杀，但是研究却发现，自杀的人中大约有75%在死亡之前已经表现或透露出他们情绪情感上的问题。也许在家长看来不值得一提的小问题，对于青少年来说却是极其痛苦的。男孩和女孩一样在面对关系破裂这一问题时会非常脆弱，因此家长们一定要明白，它们可能会对孩子造成很大的伤害。男孩的行为也许正常，但这不能表明他没有问题。如果你对孩子的精神状态持有疑虑，那么就不要犹豫了，直接寻求专业帮助吧。

很多抑郁症的表现都可能是自杀的信号。和处于深度绝望之中一样，对于男孩突如其来的兴奋行为、提到自杀或者开玩笑要自杀，或者放弃所有物我们都要留意，因为这些迹象都可能已经表明，男孩的意识中已有了要自杀的打算。而那些已经尝试过自杀的人仍然非常脆弱，因为他们很可能会再次尝试自杀，还可能会成功，所以他们需要不断的支持与关怀。由于众多的精神健康问题的出现，自杀倾向不可能在一夕之间就被发现。一份芬兰完成的研究发现，超过7／10自杀的男孩在8岁时就被诊断患有精神疾病。

☆ 易受外界影响的男孩

对待青少年自杀事件我们要小心处理。我们不能排除男孩盲目听从别人的唆使而自杀的可能，因为他们太易受别人的影响，特别是在他们情绪低落或者压力大的时候。现在有些人会在网络上大加赞美青少年自杀是勇敢的行为，所以父母们要特别小心（自己的孩子可能会受到这些言论的影响）。儿童心理学家金伯莉·奥布莱恩指出，如果孩子认识的一个男孩自杀了，他也可能会觉得低落、孤独，认为别人都排斥他，然后他们会觉得自杀对他们自己来说也是种解脱。而事实上，很多案例都证明了这一点，真令人感到伤心。这也是为什么每出现自杀事件之后，学校都会及时向学生提供心理咨询，一些负责任的媒体也会选择一笔带过这类自杀事件，而不是大肆宣扬，以免给男孩更多的心理暗示和压力。

通过以下方式来支持你的儿子：

◆ 保证你的家庭可以为孩子提供一个稳定的成长环境。

◆ 确保让孩子知道，你会无条件地爱他，会永远支持他。

◆ 如果你怀疑孩子有问题，就要保持与他的坦诚交流。

◆ 仔细倾听他告诉你的一切。

◆ 让他知道你听得很认真。

◆ 给予他情感上的反馈，但不要带有评价或是说教。

◆ 如果你一直担心他，那么就不要犹豫，去和他的老师或者你的家庭医生谈谈。

◆ 多看一些有关青少年精神健康的读物。

活在暴力世界

当我们提到男孩和暴力时，我们常常认为男孩天生就有暴力倾向。但事实真的如此吗？有些男孩的确是这样的。但我们真正应该关心的是，他们的暴力行为是由什么引起的。我们通常只用简单粗鲁的方式教育男孩，这对他们的成长毫无益处。男孩哭泣或者不安的时候，我们责备他们，却忘了他们还太小了。然后，在他们遇到冲突时，我们又鼓励他们要以牙还牙。的确，我们应该让男孩明确地知道他们要遵守的界限和规则，但是他们也需要我们的关心、教育、鼓励和保护。正如我们看到的，如果男孩没有安全感，他就可能会伤害到自己和他人。

☆ 暴力游戏，暴力男孩

在暴力游戏和儿童卡通动漫里，暴力已经成为最主要的娱乐形式。在一些暴力游戏中，伤害别人被视为幽默，杀害别人被视为有趣。在大多网络游戏中，伤害其他玩家会得分。而为了玩得好，他们就需要知道身体上的致命部位。而且，这些游戏中的动作英雄往往是通过消灭他人及炸毁所有现存的建筑和风景来摆脱困境。在这些游戏中，暴力还呈现在性上，而且男孩很容易学会。

暴力游戏越来越火爆。他们每时每刻都在"杀人"。

——瑞贝卡，一位母亲，也是儿童保护工作者

240

研究公共健康的哈佛教授黛博拉·普罗斯洛·斯蒂斯并不认为男孩本性是暴力的。她相信暴力是后天学得的。她提醒道，当男孩第一次看到某人受到伤害时，他会觉得难过。但是如果一次又一次地看到同一个暴力场景，他就会变得麻木。而麻木带来的结果就是同情心的下降，且不能完全理解某些行为将造成的后果。当暴力变为乐趣时，这种场景会让男孩变得麻木不仁，可能会鼓励他们模仿屏幕上看到的行为。

几年之前，我们还质问男孩为什么玩玩具枪。再看看他们现在玩的东西，那还真是小巫见大巫。

——安德鲁·莱纳斯，一位父亲，也是"仪式之旅"网站的创始人

☆ 身处暴力之中

人们一般都会低估男孩在成长过程中看到的暴力场景的数量。事实上，男孩到了18岁的时候，他很可能已经见过40000起谋杀事件和200000起其他暴力现象。除了暴力游戏会让男孩受不良影响之外，很多人发现现实世界也很令人担心。某电视暴力研究小组在对孩子们进行调查时发现，当看到新闻播报暴力事件时，有2/3的孩子情绪受到影响。有关战争和暴动的报道尤其会扰乱孩子的行为，让他们认为世界很危险。青春期男孩在开始扩展自己的生活界限之前需要拥有安全感，需要家长通过帮助他们找到最适用的话语和行动来应对自己面临的困难，从而教会自己如何处理不愉快的境况。

如今，我们在谈到界限和规则时会非常焦虑，因为大家不想表现得不好。但是作为一个正常的成年人，我们需要界限和规范。我们要知道，如何才是与人相处的最佳方式。当然，要达到这个目的不能只是嘴上说说而已，男孩应该培养力量和勇气，学会忍耐，掌握与家人和邻里

相处的技巧。具备了这些品质之后，他们才能开始明白融入团体生活的价值要比一个人独处大得多。这会让他们产生一种真正的归属感。男孩们需要体验这些品质，这样他们才能成长成熟。否则，男孩只能自己在艰难的摸索中前行。

☆ 武装与危险

当男孩没有安全感时，他就会伤害自己和他人。如果他觉得被人威胁了，第一反应就是回击。这也是越来越多的男孩携带刀具和其他武器去学校或者加入帮派的原因之一。现在，仅仅在新南威尔士州，禁止使用或携带武器的学校就增加了17%，而禁止青少年暴力行为的学校比例则上升了20%，另外还有45%的学校明令禁止严重犯罪。英国议会委员会最近的一项研究发现，已经有7岁的小孩开始带刀具上学，还有1/3的11~16岁的孩子承认曾在某段时间内携带武器去学校。

> 今天一天我想的全是战斗，只是想想就激动不已了。哦，我知道现在大家都不喜欢和我在一起，因为我只会"大吵大闹"，但我就是喜欢这样。
>
> ——玩家柯尔特451

一些和我谈过话的老师现在发现，很多男孩在高中变得更危险，他们下定决心要吸引别人的注意。许多年长的青少年也发表过类似评论。老师们怀疑，这些情况之所以出现，正是因为他们在小时候过多地接触网络上和DVD上的暴力游戏，以及迫切地想要证明自己已经长大。"最近我们发现，因暴力停学的男孩中大多数都很幼稚。"一位老师告诉我，"他们不会处理问题，而是通过愤怒和暴力行为来回应。这些孩子进入高中后会变得更加暴力。他们似乎视自己为阿尔法组织（特种部队）的小成员，并且试图用暴力行为来与老师对抗。"愤怒、偏激的男孩还不在少数。近两年内的数据显示，几乎有30万起暴力犯罪是由青少年所为，而犯案男孩大多在15~19岁之间，超过1/4是惯犯。

☆ 成年男性的影响

成年男性的言行对男孩的影响很大。以前的男孩热爱真实的冒险和探索。但如今，男孩们缺乏这种激情和精神，他们将时间湮没在流行文化中，一味地追崇电影英雄、体育明星和好莱坞名流。因此，在克里斯·布朗怒殴女朋友蕾哈娜被曝光后，参与波士顿调查的青少年中超过一半的人认为他是被冤枉的，还有近一半的人认为蕾哈娜是自找苦吃。他们有这样的评价一点儿都不足为奇。

成年人的不良言行也被孩子们看在眼里，因此，国际青年体育联盟主席和《为什么约翰尼讨厌体育》一书的作者弗雷德·恩格曾大声谴责"狂暴运动"。一位父亲告诉弗雷德，在儿子参加体育活动时，教练把椅子拿起来砸碎，结果孩子开始模仿，继而变得暴戾。

☆ 好男人在哪里

由于人们越来越关注恋童癖的问题，所以很多男人故意避开男孩。而男孩从成年男性那得到的指导就更少。但是，好男人对于男孩来说具有重要意义。他们是男孩成长的最好的督促者。当男孩对健康男性模范产生敬仰之情时，他们就更有可能修正自己的行为。因为男孩所有行为的目的只是想成为一个好男人。男孩们需要借助好男人的帮助来改变自己，重新认识自己。如果缺少这种积极正面的影响，大多数男孩就会迷失方向，或者无法发挥自己的潜能。

我们的话对他们（男孩）很重要。我们的赞赏、我们的行为对他们来说都很重要。

——普斯洛斯教授，哈佛公共健康教授

☆ 两面性

男孩很善于掩盖自己的行径。不少老师表示，有些孩子在学校的表现非常好，但是他们对同龄人的所作所为简直就是恐怖。萨拉对我说，她有一个学生，随和、善于交际、做事专心。结果却被发现他在校外痛殴别的男孩。

《蠢蛋搞怪秀》之类的电影对他们不起作用。男孩认为，互相踢打腹部，击打对方头部，直到一方昏迷，以及把人放在火上烤极富娱乐性，这些人才是英雄。

——萨拉，高中老师

很多老师还提到，男孩对老师并不尊重，也不担心自己的行为会带来什么后果，因为他们觉得自己不受规则的约束。"学校新来了一个转校生，"凯伊特说道，"刚来一周就开始欺负其他男孩。当我把他拉到一边时，他变得狂暴起来，还叫嚷着一定要知道是谁说了那些话，'我一定会让他吃点苦头的，看他还敢不敢抱怨'，他根本不担心对我说这些。"

☆ 相互攻击

随着手机、网络、照相机的普及，校园暴力和报复行为甚至成了一项观赏性运动。以前的小打小闹已经演变成了现在的大打出手。受瞬间成名的诱惑，以及众人的教唆，越来越多的男孩喜欢对同伴进行令人心寒的暴力攻击。"一旦开始打架，各种细节很快会传遍学校。"萨拉告诉我，"大家都会去旁观，并把打架的过程录下来，再上传到网上。然后每个人都会进行评论，这种行为简直是丧失人性。"

在一次打架比赛之后，我住进了重病监护病房。打架时，别人按着我的头，不断地把我撞到墙上。

——网友J

幻想与现实之间的界限再一次被模糊，孩子们抓拍各种暴力行为，并传到网上共享。"我发现暴力行为的表现方式已经发生了很大改变，现在是成群结队地施暴。"萨拉说道，"以前，你在广场上撂倒某人就行，但这种一对一打架的日子已经结束，现在他们会成群结队地殴打某个人。以前单打独斗不会造成太大伤害，但现在往往有人会受重伤。虽然他们不会堂而皇之地在学校上演全武行，但周末就说不准了。"现在，孩子们会相互打电话和发短信，提醒对方老师来了，所以老师们很难了解真实的情况。

☆ 搏击俱乐部

现在，青少年打架出现了新的形式。4个月前，在位于悉尼的一家搏击俱乐部里，9岁小男孩史蒂芬·卢在参加聚会时被击打倒地。之后他感到头晕，被哥哥带回了家。到了傍晚，史蒂芬的情况开始恶化，然后被紧急送往医院。在接受脑部出血的急诊手术后，很快就因为抢救无效而死亡。短短几个月里发生的类似案件还有很多，这只是其中之一。近来，男孩们开始创办秘密搏击俱乐部，而且人数不断增加。

这似乎是《格斗之王》暴力视频游戏一代的独有现象。搏击俱乐部

为暴力幻想带来了可能，但也制造了危险。

——奥林·斯塔恩，文化人类学家

有些人认为男孩对搏击俱乐部的兴趣来源于布拉德·皮特的电影《搏击俱乐部》，在电影中"搏击俱乐部里发生的一切即成永恒"。但其他人将男孩们的搏击俱乐部增加归咎于终极格斗锦标赛。这是一种囊括了拳击、摔跤和武术的综合格斗术的升级搏击俱乐部形式，也有人称之为"斗鸡"。短短几年内，终极格斗锦标赛就拥有了百万资产，其猛虎出笼系列先后在36个国家播出。曾经，这项比赛因为过于暴力而引起公众反对，在被迫转入地下一段时间后，现在又开始播出，而且势头更甚。

它让我热血澎湃，我爱看。

——德克兰，18岁，地下搏击俱乐部参与者和组织者

警察和健康专家对这种不正规的搏击俱乐部十分担心，认为男孩可能会受到严重的伤害。神经科专家们警告说，严重的头部创伤可能无法当即发现，而是呈现头晕、思维模糊、头疼或者喜怒无常等症状。尽管学校也知道地下搏击俱乐部的存在，但缺乏应对之法，因为这些活动都是在放学后秘密进行。那些颇有胆量的孩子会录制搏击过程，设置音乐背景，然后上传到YouTube视频网站；其他人则把录像出售给青少年。想加入这种残酷俱乐部需要受到邀请，观众们也都是搏击手，所以一切都被隐藏得很好。

我们都跃跃欲试，希望赢得比赛，非常激动。

——科迪，16岁

搏击俱乐部不仅仅吸引那些贫困低下、无依无靠的人。"你会发现，现在更多的搏斗被当作娱乐，人们越来越喜欢暴力。"黛博拉教授说道，"我们曾以为这只是市内贫民区现象，但是现在这种活动已经延伸到郊区，几乎遍布所有地区。"她提醒我们，青少年暴力也是成年人的问题，我们要促使孩子参与积极的活动，让他们既能在户外探险又能锻炼能力。大卫·史密斯经营一家专为问题少年开办的邻里搏击俱乐部，教他们拳击。在严格的监督和健康体制下，他发现男孩变得安定、自信，开始积极地表现自己。"男孩们的内心深处有抱怨，他们需要发泄，这很正常。"他解释道。同时，他还指出成为一个勇士和成为一个恶徒完全不同，"尽管地下搏击俱乐部非常危险，但是合理练习搏击运动同样能帮助男孩控制他们的冲动情绪，让他们变得更坚强、更自立。"

☆ 暴力对待父母

令人担忧的是，越来越多的男孩开始用暴力对待父母。这种暴行可能体现在情感、精神或者身体上，包括推挤、击打或者恐吓父母，还有夜不归宿、玩攻心战、破坏东西、威胁要离家出走、自杀或者自残、偷家里的钱、提不切实际的要求、毁坏家里的东西或者借债，等等。不少家长表示，这种情况让他们十分痛苦。

相对来说，这是一个新的研究领域，所以我们目前掌握的信息还不够多。据已有资料显示，2002—2006年，维多利亚市的青少年家庭暴力上升了23%，其中有1/10出自青少年之手。现有的资料让我们认识到问题的严重性：很多家长说他们睡觉时都必须将卧室反锁，把家中的刀和锋利的东西都藏起来，而且从不会让这些男孩和年幼的弟弟或者妹妹待在一起。在新南威尔士州的一份调查中，接受调查的女性有一半的人表

示，自己遭受过孩子的暴力对待，其中单亲且低收入的母亲受到的危险最大。在男孩虐待女性家长的案例中，这些孩子往往目睹并经历过家庭暴力，并且还存在学习障碍等问题。孩子遭到暴力的时间越早，他们就越有可能变得更加暴力。有时候，家长并不知道孩子的暴力行为是否为偶然的，所以他们也不知道是否需要更多的担心。而且，青少年的暴力行为并不仅仅发生在低收入地区。忙于工作的父母总希望用金钱来弥补对孩子的陪伴过少，而过度溺爱也可能导致同样的问题。

☆ 帮派

在西方世界，帮派的数量在不断增加。传统的观点认为，只有"坏男孩"才喜欢拉帮结派，但其实喜欢拉帮结派的男孩常常是因为缺少成年男性模范的教导。那些在危险社区生活的男孩，就像那些爱冒险或喜欢寻求刺激的男孩一样，需要通过成群结队来获得安全感。尽管通过这种方式获得安全感需要付出代价，但是比单独行动要容易得多，帮派让男孩拥有了实实在在的归属感。这些男孩经常遭受暴力或剥夺。学校对他们毫无意义，因为没有人会在乎他们，他们也很少存有期望。在他们看来，帮派生活很有趣、充满魅力。帮派对那些在其他方面没什么指望的男孩很有吸引力。

男孩需要重新认识暴力行为，家庭则是学习的最佳场所。和男孩谈谈帮派生活，告诉他们只有令人厌恶且自暴自弃的人才会加入帮派，加入帮派只会自取灭亡。这点非常重要。

帮助你的儿子认清自己所见到的暴力行为：

◆ 注意儿子的娱乐活动。

◆ 让他经历具有积极意义的冒险。

◆ 设定行为界限和行为期望。

◆ 和他讨论动作电影中的暴力行为和所谓的大男子行为。

◆ 在真实生活中寻找可以让他学习的好男人榜样。

男孩何时会受到暴力伤害

男孩也会受到暴力伤害，这点经常被人们忽视。我们对男孩被痛打的新闻报道习以为常，以至于没有深入思考，直到它发生在我们身边的人身上。我们是不是经常能听到这样的消息：男孩独自或和一群朋友，或和女朋友外出玩耍时，突然就成为袭击事件的受害者？我们可以看看澳大利亚2007年的犯罪记录，一半以上的受害者都是男性，其中以15~24岁的年轻人最为严重。男性受害者往往是在公共场所被一个或一群陌生人袭击。有时候，挑衅会引发事端，而这一般是由酗酒引起的，但大多数受害者只是因为在错误的时间出现在错误的地点而已。伤害往往很严重，甚至有可能是致命的。因此，男孩应该知道，什么时间他们最容易受到攻击，也应了解如何化解失控的局面，还应该清楚何时何地最危险。

☆ 约会暴力

女朋友也可能让他们成为暴力的牺牲者。据一份以2003年美国高中学生为研究对象的报告显示，男孩女孩遭受约会暴力的比例均为8%。而2005年国家青年危险行为调查结果则显示，近1/10的男孩承认遭遇过约会暴力，包括言语谩骂、拉扯头发、被打耳光、拳打脚踢或者跟踪骚扰、恐吓威胁甚至强迫发生性行为。那些遭受严重暴力行为的男孩往往是被推下楼梯或者是被拳打脚踢，甚至是遭到武器袭击，等等。

此外，暴力女友也可能通过各种途径虐待自己的男朋友，包括接二连三的言语羞辱和威胁。了解到这点，我们也就无须惊讶为什么男孩的自信会直线下降。男孩可能因此感到受困、尴尬或者抑郁消沉。施虐者时常会将受害者和他们的朋友分开，通过孤立他来强化控制行为。尽管不断遭受虐待，男孩很可能会矢口否认，甚至在同伴跟自己讨论女朋友的暴力行为时为她辩护。因此，在这种情况下，单纯地批评他的女朋友收效甚微，更重要的是跟男孩保持亲近，有技巧地和他讨论虐待关系，告诉他如何才是正确的交往方式，与好朋友保持联系，获得他们的支持，避免让孩子受到更加严重的冷落。

☆ 强奸

我们已经认识到女孩容易受到性伤害，但男孩也不该被忽略。男孩们更要明白，他们也可能成为不恰当性行为和强奸的受害者。然而，我们很少讨论成年男性和未成年男孩的悲剧事件。因此，即使当他们遭到暴力时，他们也不会说出来，更不会寻求外界帮助。在我参加的一次晚宴上，我们谈起了被虐待这一话题。其中8个人有4个遭受过性虐待，两个人在还是男孩的时候遭受过暴力虐待，有一个还被家人强奸过。男孩通常是被认识的人虐待，但这个话题并不会受到重视，男孩只能保持沉默，忍受痛苦生活。类似的虐待事件还在家庭、学校、聚会以及外出玩耍时不断上演。

你教导男孩不要控制女孩，但是却忽略了男孩的脆弱——这是种思维模式。

——托尼，26岁

☆ 真正了解男性性暴力

性侵犯常伴随着暴力行为。男孩被侵犯并不能说明他是同性恋，相反，他可能会对男人产生恐惧或不信任。和遭受强奸的女孩一样，男孩对这种经历会感到充满暴力、令人恐惧。此外，即使男孩在遭遇侵犯时产生了性反应，这也不能说明他希望发生这些。这种痛苦和女孩被强奸时的感觉完全相同，有些男孩甚至更为痛苦，因为相对于女孩来说，他们很少会意识到这种事情会发生在自己身上，或者这种事会带来如此大的痛苦。因此，我们还需要更多的努力来全面了解男性性侵案件。

我们都明白，青春期是男孩最危险的时期。来自美国的一份调查显示，1/10的强奸案受害者为男性。另一份调查则发现，7/10以上的男性受害者在18岁之前就遭受过性侵害。男孩在遭遇性侵犯时还会受到身体上的暴力攻击，但他们常常对此缄默不言，因为他们认为这种事让他们感到羞辱，或者害怕被贴上同性恋的标签。和其他强奸案受害者一样，他们也会出现典型的创伤后遗症——不断重现情节、恶心、无法集中精力、没有胃口、失眠。他们需要及时寻求专家的帮助。

帮助孩子抵抗暴力：

- ◆ 告诉他，男孩可能会遭遇的伤害。
- ◆ 鼓励他遇到问题时来找你。
- ◆ 确定孩子明白成为受害者并不意味着他就是弱者。
- ◆ 帮助他增长社会经验。
- ◆ 让他清楚在什么时候、什么情况，以及什么地方可能会发生危险。
- ◆ 确保孩子知道他可以对你倾诉他所有的事情。

父亲的重要性

从童年到成年是一段很长的旅程。和母亲一样，父亲也十分重要。"对于男孩来说，与父亲关系亲密更是难能可贵。"16岁的托比解释道。男孩需要父亲的力量、安慰、引导和保护。与我谈过话的男孩完全认同父亲的存在价值。"父亲在你身边，就意味着他的存在让你充满力量，让你有了奋斗的目标。"15岁的卢卡说道，"如果不是这样，你就不知道该如何做，你只能从朋友那里获得支持。没有父亲，你就很难了解自己的身体以及许多事情。"12岁的汤姆表示认可："如果父亲和儿子生活在一起，并且强壮可靠，他就会是孩子的靠山，引导他的成长道路。"

如果你的父亲很仁慈并且关爱你，你的家庭生活会很棒，你自己也会变得仁慈，能够关心和爱护他人。但是如果你的父亲根本不和你交流，那么你很难明白该怎么做。

——扎克，15岁

☆ 了解男人

男孩同样需要父亲帮助他们了解男性世界，否则，男孩很难定位自己。青少年地区指导项目的负责人布莱恩·杜克认为，男孩有时候会因为对别人的期望感到迷惑而深陷悲伤的情绪中，从而对未来失去希望。男孩们需要感受到他们的男子气也是有价值的，只是这点常常被我们忽

略。但是，男孩需要知道，世界上有很多方法能让他们变成真正的男人。同时，他们还需明白，表现得坚强并不代表有力量，而表达自己的情感并不代表着软弱。教育家阿姆瑞塔·霍布斯对此深表同感，她致力于成年人和青少年协助工作室已经有30多年。"我感到男孩们现在很危险。男子汉气概的本质受到了挑战。如果大多数男性无法肯定自己的价值，那么女性也会对自己产生怀疑。"

> 父亲展示出成年男人生命中的创造性、复杂性、生命价值、全神贯注、全力以赴，以及百折不屈的品性。
> ——凯尔·普鲁特教授，《父亲养育者》的作者

☆ 渴望父爱

许多男孩对那些跟父亲不亲密的同龄人表示同情："我有许多朋友，他们没有爸爸。"12岁的莱尔说道，"在大多数情况下，他们想念爸爸，想念爸爸曾经给予自己的支持。"泰勒也有相同的经历："我认为，这些没有爸爸的男孩很可怜。他们错过了许多有趣的事，比如看电影、游乐场、购物。"16岁的弗林也说道，那些没有爸爸的男孩非常嫉妒有好爸爸的同伴。

> 对于男孩而言，没有父亲，他们的成长将受到严重的影响，因为没有人引导培养他们的人格品行。
> ——汤米，12岁

那些没有父亲陪伴的男孩们往往非常想念自己的父亲，男孩们经常会因为缺乏父亲的陪伴而相互吐露自己的失落感，这真的令人很吃惊。即使是那些父亲外出工作的男孩也会产生思念。"我最好的朋友的爸爸

每周会离开4天，他很想念爸爸。对他来说，一周里最开心的时候就是周六，因为他爸爸会带他出去玩儿。"12岁的汤米告诉我。有时候，由于工作要求，父亲们在周内无法待在家里。因此，男孩们只能通过周末和爸爸单独相处，一起参加活动来弥补这种缺失。

☆ 父母离异

对男孩来说，父母离异是导致痛苦的原因之一，因为这使得他们更难和父亲待在一起。有的父亲甚至会直接走开，拒绝和男孩接触，其他父亲则会尽一切努力让男孩感觉到他们还是很亲近。在我和他们的谈话中，分离的父亲和儿子都十分想念对方，很珍惜过去共同生活的经历。

没有父亲的帮助，男孩会迷茫和困惑。

——莱尔，12岁

此外，单亲父亲和单亲母亲一样，苦苦维持完整的局面，但常常得不到支持。不管情况如何，离异的父母都要注意，当他们离婚时，男孩受到的伤害和女孩一样。母亲们还要特别小心她们向孩子传递的有关前夫和其他男性的信息，而父亲也要警惕自己的说话方式。父母们要保证孩子永远不会感到和一方在一起就是对另一方的背叛，也不能让他充当间谍或者信使。父母都可以给予男孩们独一无二的东西。如果父母们明白这一点，那么父母们会过得好，孩子也不会受到伤害。

和爸爸在一起，就意味着身处男性世界之中，并且能够在行为中感受这个世界。当爸爸不在身边时，男孩也会在情绪上表现出来，这会让人们更加不开心。

——大卫·马拉德，父亲，高级主管，男性调研小组负责人

255

　　父母离异之后常常会建立新的关系，那时男孩就要面对继父继母。尽管很多继父人都很好，但我和大多数男孩谈过话后却发现，他们同继父的关系很难得到进展。"我和继父并不亲近，妈妈不在的时候，我和他交流，他很少会明白我在说什么。"17岁的奥古斯告诉我。10岁的泰勒也十分同意："我的一些朋友有两个爸爸，有时候继父并不像亲爸爸那样爱护、信任或者谅解他们。"

　　有时候，家长并不明白他们给孩子造成了痛苦。青少年论坛上有人抱怨："我爸爸有个女朋友，"Back to Grey（网名）说道，"我知道有女朋友没什么不对，虽然我没有这样想的权利，但是我就是不喜欢。我朋友提到这事，但我不想讨论。我讨厌看到他们触碰对方，我讨厌知道他不回家是因为和她在一起。我讨厌这一切。他应该要快乐，我知道他的确很快乐，但是我却觉得糟糕透了……我只是很烦。我真的讨厌这样。"又或者如P所说："我觉得我爸爸和他的女朋友在楼上做爱，真恶心，我还在家里呢。他怎么能这样呢？我就不会这样。他都已经50岁了，天哪！"父母有权开始新的交往，但是他们也要照顾孩子的感受，孩子们会认为自己已经不再是最重要的人，或者尚未准备好面对他们的亲密关系。因此，和新成员一起进行家庭聚会是非常必要的。此外，与父母单独相处也非常重要。

☆ 交流沟通的必要性

　　虽然男孩希望和父亲保持亲密的关系，但是如果父子间的交流不够，不能亲近对方，那么男孩也许会觉得他们的父亲太难以相处了。直到今天，许多父亲还是用老一辈的方式来教育儿子，但是正如17岁的奥古斯所说，今天的男孩需要更多："我们这一代已经改变，我们希望能够表达自己的情感。"

一个父亲必须要让儿子知道，男子气概和情感可以并存。

——凯尔·普鲁特教授，《父亲养育者》的作者

我们要积极地鼓励男孩，倾听他的心事，帮助他弄明白为什么父母分开之后又再次建立新关系。在这方面，许多父亲仍然需要努力。"父亲确实让我失望，"15岁的哈里森说道，"他们深深地以你为傲，但却闷在心里，他们并不觉得有表扬的必要。那些'建设性的批评'看起来更像攻击，你会觉得烦扰，也会感到沮丧。"这也是马克的经历："父亲们本来可以倾听男孩们的，但是他们却很少这样做，他们就是太固执、太难以接近了。"然而在很多时候，交流的机会往往因为父亲对儿子期望太高而被父亲放弃。正如17岁的奥古斯所说："一些朋友的父亲非常严厉专横，他们是那种生活在自我世界中的人。"而那些得到积极鼓励的男孩则幸运得多。

我爸爸对我真的很重要。我们有很多东西可以分享，有很多话题可以讨论。也许我们讨论的东西不太有意义甚至无关紧要，但是他教会我很多，父亲的教导对我很有帮助，他是我的偶像。

——托比，16岁

☆ 当父亲不与孩子交流时

男孩需要了解的知识很多，如果无法从父亲那里得到，他们只能在别处寻找。16岁的弗林表示："如果父亲没有向孩子传递好的信息，男孩就会从同龄人那儿学到不好的东西。"如果男孩不能和父亲谈心，或者不能和父亲谈论对他们来说重要的事情，他们就会感到深深的孤独。"我爸爸并不和我说一些个人的事。"10岁的马克说道，"我猜，如果有人能和我谈谈的话，我会非常感激他。"找到合适的交谈时机可不

容易，但是即使时间不够，如果父亲们能表现出对孩子的欣赏和理解也能产生不同的效果。我很惊讶，因为男孩非常清楚父亲所承受的诸多压力，而且很感激父亲抽时间和自己交谈。"爸爸工作的时候，我不会和他聊天，不过他的思想很开明，这点很棒。"17岁的蒂姆说道。

男孩们的身上有一种率真的美丽天性，而善意的父母却往往会在不经意间阻止孩子的天性。当然，父母也会沮丧，但是他们必须能够随时敞开心扉，和孩子进行深入的交谈。
——迈克尔·华林，男性调研小组负责人，也是一个男孩的祖父

良好的沟通不仅体现在谈话交流，还在于一起活动，哪怕是出去闲逛。当父亲带男孩玩耍时，男孩会表现得非常激动。"父亲会带我打保龄球、游泳。"10岁的马克兴奋地解释道，"爸爸真的非常非常棒，他可以跟我一起运动。"泰勒说道。其他的好男人行为模范对男孩的成长也很重要。一些男孩和男性老师无话不谈。"我和男老师们经常在一起，聊了很多事，所以我不再烦恼。我觉得有一个男性老师对男孩更加有利，他们理解男孩，明白男孩的想法和行为。"12岁的莱尔解释道。安德鲁·莱纳斯让我们更深刻地了解了男孩的世界："在每个学年结束之前，我总能很惊奇地发现很多男孩跑来对我说'谢谢你听我诉说'。他们非常渴望被倾听。"

☆ 男孩的叛逆期

随着男孩的成长，保持无话不谈并不容易，尤其是当青少年开始和父母叫板的时候。"被压抑的童年开始释放，"18岁的迪伦告诉我，"父亲就是你的引导者。男孩不想按父亲的话做，他们的关系就会变得紧张。我早早地就告诉爸爸，告诉他不要这样对我。诚然，我是幸运

的，我不断变得成熟。"对男孩来说，与父亲背道而驰是必然的转变，因为他们需要找寻属于自己的路，但这对某些男孩来说很难做到。"还是小孩子时，他们向往成为父亲一样的人，"12岁的汤米对我说，"但是，当你希望成为自己的主人时，父亲对你的影响却又如此巨大。"这并不意味着父亲不再重要，而是随着青少年的成熟，父子之间的关系开始改变，开始变得更加复杂。正如达里尔所说："你想在各个方面反击父亲，同时你也盼望得到男性的引导。父亲的影响是生活的基石，是我们可以学习借鉴的东西，他让你充满了积极性。"

对大多数孩子来说，父亲并不是榜样人物。直到你9岁的时候，他才是你的英雄。他和你一起做任何事，然后一切都开始改变。

——迪伦，18岁

☆ 当父亲不是最好的朋友

今天，儿子和父亲要想建立亲密的联系非常具有挑战性，因为同龄人和流行文化带来了压倒一切的影响。那么，父亲还有什么用呢？男孩要的不是父亲穿着时髦，也不是所谓的最好的朋友。他们想要父亲能够时刻关心他们所面临或处理的问题。正如18岁的迪伦所说："大多数父亲并没有意识到，世界的变化如此之大。你不能用他们年少时的眼光来看待现在，现在与过去迥然不同。在父亲们成长的时候，很少有厌食症、抑郁症、精神疾病等问题。"要想和儿子拉近距离，父亲首先要明白世界跟以前迥然不同，然后花时间去理解当下，去了解男孩所面对的一切问题和机遇。如果不这样做，就会被男孩疏远。父亲们需要努力，努力终会有回报，父亲们需要和孩子同步成长。"家长们在苦苦挣扎，"蒂姆承认道，他也是一位父亲，"我们没有把自己融入孩子们的

世界，所以不了解他们的世界。"如果家长自己不转变，那么很可能会被孩子认为是局外人。

☆ 纪律与规则

"改变"并不是要父亲们忘记规则。那些对儿子期望明确的父亲，会给儿子制定行为规划，帮助他们规范自己的行为，从而给孩子一个良好的开端。"如果爸爸说什么，你照做就是，"16岁的弗林说道，"这是他的支持方式，能够保证男孩走在正确的成长道路上。"男孩们这种对父亲的看法真的很有趣。弗林表示在他做某件事前，他的妈妈常常要叮嘱三四遍。17岁的雅各布也承认道："男孩对待父亲更加谨慎。你非常努力地让他认同你。如果你闯祸了，你也更害怕父亲，而不是母亲。"

同样，父亲们要时刻掌握儿子的动态，并及时应对。开明的父亲发现，他们要思考儿子面对的这个日新月异的世界，而且要灵活，经常和他们谈谈界限的问题，有必要的话，为他们建立新的界限。"我每天都在纠正儿子的行为，"法兰克说道，"你无法对那些脱轨的行为视而不见。而且我深刻体会到了你必须用正确方式来应对，并问自己：'那样做有好结果吗？'"这并不是要免除给孩子设定的规则界限，而是要让父亲和儿子生活的这个世界联系起来，因为这已经不是三四十年前他们生活的那个青少年时代了。当父亲们清楚规则，并和孩子们提及越线的后果时，男孩会更加清楚他们该做些什么。制定一份家庭规则的书面协议是一个不错的办法，这样就不会产生误解。父亲们还要养成一个习惯，就是男孩做对某些事时，不要吝啬赞扬。

☆ 男孩和他们的梦想

父亲的期望也是给孩子造成困扰的原因之一。"实际上，很多父亲希望孩子能和他一样，"17岁的加里说道，"如果孩子不能，那么他们可能会感到失望，不过这给孩子带来了巨大压力——尤其是那些崇拜父亲、信任父亲的孩子。"17岁的奥古斯深有同感，"很多青少年有很多梦想，但是父亲对他们却很苛刻。"这也是雅各布的经历："父亲的想法更加理性化，如果你表露出志向，他会更加关注你怎么实现，而母亲一般是鼓励居多。大多数时候，父亲表现出来的是威慑，而不是鼓励。"

"父亲—儿子"的距离虽然可能会变远，但是父亲依然可以是孩子最有影响力的榜样。不过，新兴一代是在信息和合作的氛围中成长起来的，男孩希望能表达自己的需求和观点。他们希望不断成长，而不仅仅是被说教或者被命令。只要采取正确的方法，父亲们自然能和孩子建立更加坚固的关系。

☆ 一起分担成长的压力

父亲不必一个人承担男人的压力。越来越多的父亲十分珍惜和儿子单独相处的时间，也希望能够分享和儿子在一起的宝贵经历，现在提供这种机会的项目很多。身为公司主管的大卫工作繁忙，但他还是带着正处于青春期的儿子参加"桥梁课程"，这是一个父子共享的项目，在这里男人们可以畅谈男孩感兴趣的所有话题，而且还能为男孩提供真实的倾诉机会。当我和大卫的儿子聊天时，他说这个经历真是"太棒啦"。在他的生命中，他第一次意识到自己不是一个人面对很多青少年问题的挑战，听成年男人坦诚自己的弱点也让人觉得安心。现在，他迫不及待

地想支持其他的男孩变得坚强，成为真正的男人。对男孩们来说，这些机会极其有利，而且会产生巨大的影响。

当父母理解并接受了现在男孩们生活的世界，能齐心协力地在孩子们成长的道路上予以积极的支持，那么每个人都会受益。

作为一个父亲，你可以这样支持你的儿子：

◆ 和儿子一起做些他喜欢的事。

◆ 告诉他你爱他。

◆ 倾听他尝试想告诉你的事。

◆ 定期和儿子单独相处。

◆ 参加儿子的校内外活动。

◆ 坦诚你在少年时代的弱点。

◆ 给他发送一些肯定他的留言和信息。

◆ 鼓励他和其他的好男人交朋友。

榜样和成人之路

令人难过的是，由于同龄人和流行文化带来了压倒性的影响，如今的男孩很少像以往的青少年一样与成年男性接触。不过，男孩还是需要父亲和其他男性长辈为他们提出中肯的建议，并像以前那样教导他们。儿童保护工作者瑞贝卡对此深有同感，她也是一位母亲："过去，小男孩常常模仿父亲、叔叔或者其他社区成员的行为。我发现，现在的男孩的成熟速度相对较慢，因为他们主要是与同龄人接触，而不是和不同年龄段的人交往。"

女孩有青少年杂志、时尚杂志之类的东西，但是男孩却没有真正的榜样。不可否认，有些人可以是男孩们的好榜样，但大多数"榜样"都不怎么好。

——扎克，15岁

☆ 有问题的榜样

如果父亲"缺席"男孩的生活，那么男孩就会找到自己的榜样，也许这个榜样没有理想中那么好。男孩模仿媒体和名流文化中的名人，但是其中很多人物并不是什么好榜样。而由于现实生活中男孩们没有选择的余地，他们只能紧紧抓住这些榜样。正如15岁的扎克所说："体育明星对男孩的影响很大，他们不会认真考虑自己的行为是否合适，但如果

263

你常在电视上见到，就会认为这些行为是被接受的。"

我们往往没有为男孩提供应有的支持。然而，当他们离开正轨，批评和指责会立马出现。"我们不能责怪孩子，"布莱恩·杜克说道，他是一位父亲，也是一个地区指导项目的负责人，"你知道他们继承了什么？由于技术、色情产业和市场的发展，他们继承的是一种商业文化，一种音乐电视文化。"大卫·马拉德表示认可，他是一位父亲，同时是一位高级主管和男性团体的成员："对男孩来说，当他们不得不依靠自己时，通往成年生活之路就显得异常艰辛。成长在这样一个社会中，男孩没人珍惜没人教育，不知道何为自我，那么男孩的心理健康肯定会受到影响。我认为，我们要做的还有很多。"

由于技术、色情产业和市场的发展，他们继承的是一种商业文化，一种音乐电视文化。

——布莱恩·杜克，父亲兼学校导师

☆ 成人之旅

在成长的过程中，男孩确实需要不断扩展他们的界限，来验证他们有多大的潜力。帮助男孩建立成长的重要里程碑可以帮助他们为成年生活做准备。"仪式之旅"的创始人安德鲁·莱纳斯，同时他还是一位老师和父亲，正是出于这个目的举办了一项校内活动。"男孩和工作人员一起策划挑战项目，"他解释道，"我们常常会以简化问题开始，比如他们能做多少个俯卧撑和仰卧起坐。在课堂一开始，他们就做了这些，并且制定出一个在学期末要达到的目标。他们记录下自己的进程，一些男孩甚至拼命也要实现自己的目标。所以我们发现，有时候压力能帮助我们做得更好。挑战包括空中绳索课程和长跑等，在这个项目中，男孩要选择一个男性导师。我们希望通过这个项目，能加深男孩对成年生活的理解，帮助他们加强与成年人的积极关系。同时，我们还尝试让男孩明白'失败也无所谓，有的时候失败也是成功之母'的思想。

"在第一学期，他们注重自我内心的发展。我们还会努力'结束'他们的童年，鼓励他们体验成年之旅。在第二学期，我们检查他们和别人的关系——着重于交流、友谊、性和精神方面。第三学期我们检查他们和世界的关系——培养合适的冒险精神和目标感。在这一年，我们一起讨论了许多问题，包括他们最后一次哭是什么时候，为什么会哭等。

"我们同样注重岩石和水的自然规则——来自于正当防卫和武术之中。因此，面对相同的情况，他们可以做出不同的选择：可以用武力回应（岩石规则）；或者像水一样灵活机动，借力打力，借助对手的力量进行反击。这样做的目的是让他们在处理矛盾时能够游刃有余。到年底，他们基本能够用空手道切开木板。他们正在朝着这一目标前进，同时也是在为未来做准备。这非常强大。

"男孩也会独自工作，他们拿着话筒，在一群男孩面前讲述自己的故事。他们每个人都充满激情，似乎有用不完的精力。对于男孩来说，讲述自己的经历并不容易。这个项目包括击鼓、唱歌、杂耍等活动。长期以来，男孩只注重增强体力、强壮体格。而这个项目吸引人的地方就在于它还对男孩的情感生活进行指导，帮助他们达到精神的满足。""仪式之旅"如今在学校得到了大力推广。

好男人积极参与男孩的生活，是男孩建立自尊和做出正确决策的重要因素。

——杰夫·普赖斯，作家，"桥梁课程"的总裁

☆ "桥梁课程"

"桥梁课程"也是一个很优秀的活动，在这个活动中，13~15岁的男孩会同父亲、其他父子，以及男性导师们共同生活5~6天。在野外露营中，"桥梁课程"项目通过帮助男孩们更加深入理解作为一个男孩和作为一个男人意味着什么来培养男孩的自信和积极性。"这是父亲和导师教育男孩的好机会，通过向他们展示男孩与男人的不同之处，帮助男孩成为独立的男人。"杰夫·普赖斯总裁说道，"我们欢迎男孩来到男性世界，这与他们的学习成绩或其他因素无关，只是因为他们是独一无二的。

"男孩最想做的事，莫过于和信任的成年人开诚布公地谈话。在此，我们为男孩提供了一个安全的场所，在这里男孩和成年男性都可以坦诚地讲述关于自己的故事。在这里，成年男性是真诚的，男孩也不会受到评价。通过这种方式，男孩得以跨过进退两难的境地，找到前进的道路。从中他们可以获得智慧，帮助他们理解自己，做出明智的决定。"普赖斯认为，父亲的参与至关重要，"对男孩来说，跟父亲相处很重要。有些研究表明，许多父亲一天中只有1分钟陪伴孩子，而其他一些研究表明有的只有8分钟。不管怎样，很多父亲都没有尽到做父亲的责任，没有给予孩子应得的教育。"

当男孩成为少年时，请为他们提供成长的"工具"。但是要记得，这并不是强迫，而是让他们自己找到前进的步伐。如果他们无法自己拿起"工具"，那么就请创造更多的机会，帮助他们找到前进的路。

——卢卡，15岁

当你和儿子谈起"桥梁课程"时，他们表示自己有所收获。卢卡告诉我："'桥梁课程'很棒！那里都是男人，我很放松。我不在乎要做些什么，其实只是和大家待上一周而已。"卢卡在这项活动中受益匪浅，他发现这个年纪的男孩面临的问题都是相似的。"现在，我明白我不是独自一人，"他补充道，"在知道这点之前我非常痛苦。"卢卡现在非常希望能回到"桥梁课程"，帮助其他正在成长的男孩，"作为一个领导者，帮助其他人的感觉真不错：保留空间，消除他们的疑虑，让他们了解事情真相，以此来帮助男孩成为真正的男人。"

这些都是针对男孩提供的好机会。在成人之路上，每个男孩都值得拥有最好的支持和指导。对此，家庭和社区中的男性可以发挥巨大的作用。

你可以通过以下方式来支持你的儿子：

◆ 抽时间和其他父子一起度过亲子周末。
◆ 确保家庭成员用积极向上的眼光看待男性。
◆ 以特殊的方式来庆祝儿子的成年之旅，让儿子参与年长家庭成员的重要时刻。
◆ 鼓励儿子和不同年龄层的家人、朋友建立友谊。
◆ 以一种放松的方式，定期和孩子谈谈好男人身上那些最令人敬佩的品质。
◆ 在家里讲述关于家族男性的有趣故事。

当男孩越界时

　　男孩在很小的时候就会开始喜欢体育锻炼和冒险，这是男孩生活的重要组成部分。但是，我们也会担心男孩伤害自己，担心来自陌生人和交通事故的伤害，担心他们缺乏社交技巧。因此，当男孩追逐打闹，或者在公共场所玩耍时，我们常认为他们是在制造麻烦。我们只会向他们提出警告和意见，却很少想到为男孩创造安全而有趣的场所来让他们流连忘返、冲破限制、尽情玩耍。当我们尝试去抑制他们的热情时，总是会采取不恰当的做法，最终导致男孩在网络或其他媒体上寻求刺激。一位父亲也提到了这种孤立感，他说："昨天，我在一处新的住宅开发区散步。那儿有个男孩在玩滑板。他技术熟练，令人惊叹，是个很漂亮的男孩。我能看出他希望吸引我的注意，空虚和孤独包围了他。"

☆ 滑板作用

　　有些人对男孩聚众在公共场所玩滑板表示忧虑，担心滑板会伤害别人。那么我们怎么做呢？如果禁止玩滑板和其他活动，那么就得面对挑战。北部海岸的青年工作者特里·都令指出，他们当地在过去的10年里建了两个滑板公园：一个建在社区外面的隔离区，但是很快就被毁坏，成为了一个危险区；第二个建在商场旁边，家长在购物时会让孩子在这里玩。这个公园得到了很好的利用，而且常常成为当地报纸的话题。女孩在公园里也很安全，很少有乱涂乱画的痕迹。"当男孩感觉到他们是这个社区的一员时，结果相当令人吃惊，你无法想象这种归属感在他们心中的地位。"特里补充道，"但令人伤心的是，情况往往与此相反，男孩们生活的社区往往没有给予男孩们归属感。"

☆ 创造社区归属感

特里积极与玩滑板的孩子互动，希望能给他们更多的归属感。每隔6个月，他会将孩子们聚集起来，一起观看他们在冲浪和玩滑板时的视频和照片。他们还在当地的滑板公园进行每月一次的免费烧烤，社区会评选出最棒的照片进行奖励。获胜者的照片会用相框裱起来，当地的报纸上还常常刊出表扬文章。在不到一年的时间里，孩子们在社区中就建立了强烈的身份感。特里还收到了家长们的友好反馈，一位父亲在街上拦住了特里，告诉他自己的儿子因为获得认可而变得更加自信。

☆ 积极参加重要的活动

鼓励男孩参与一些能拓展他们自身能力的活动，让他们有机会释放热情。例如，全球摇滚音乐挑战赛已经有近20年的历史了，对学音乐的男孩是极好的机会。当然，在上百人面前表演并不是件容易的事，但却是男孩实现理想的重要里程碑。现在，超过100万的孩子在亚伯丁、奥尔巴尼、约翰内斯堡、德累斯顿、墨尔本，以及星期四岛屿的舞台上进行表演，而且人数还在不断增加。一份研究显示，参加摇滚音乐挑战赛的孩子们反应更为灵活，很少发生酗酒或者吸毒。进一步的调查则显示，在大会上表演是"提升孩子心理幸福感的独一无二的机会"。

☆ 获得自我价值

一些男孩很少有机会承担责任，很少能发现自己的价值感，所以他们也不清楚自己的定位以及自己的角色。对此，家长如果能让孩子干些小活，可能会大有裨益：可以从帮别人喂养宠物、打扫卫生开始。等孩子上手之后，还可以帮父母涂漆、修理花园的水管和自行车、建造花园的篱笆。这类工作会让男孩得到自信，掌握实际的技巧，以及增强目标感，帮助孩子为成年生活做好充分准备。

我们时常忽略男孩，没有意识到他们错失了多么宝贵的生活经验。事实上，让男孩参与到一些需要人做的工作中可能让他们受益匪浅。但最重要的是，鼓励而非强迫男孩参与。1989年旧金山地震，成千上万的人遭遇灾难性的伤害，事后据青少年心理学家林恩·巴顿观察，"由于救灾工作十分紧迫，受灾地区的男孩被允许，甚至被鼓励参与其中。虽然令人筋疲力尽，但他们却感到很高兴。在救灾工作中，男孩们很少会做出危险性行为。"青少年也能够贡献力量，他们也是社会中宝贵的成员，只是我们常常不承认这一点。

悉尼国王学院的蒂莫西·霍克斯校长意识到男孩们的需要，曾经进行过为期4年的领导能力培养课程，从制定策略到与困难人士相处，内容涉及各个方面，包括诚实、真实和正直在内的核心生活品质在课上均有涉及。此外，霍克斯博士还注意到，好莱坞会大大妨碍男孩的成长，国王学院的男孩们现在正在探索那些在历史上做出过卓越贡献的人的生活历程，例如解放者西蒙·玻利瓦尔，玻利维亚就是以他的名字命名的；又如圣女贞德，等等。

同时，霍克斯博士还举办了"走向成年"的综合项目。该项目的一大创新就是，为男孩提供学习急救和车辆维修的机会，还有教他们如何修理洗衣机、如何循环利用资源以及做饭。"实用性知识让男孩在

生活中拥有自信，"霍克斯解释道，"这些都很重要。要知道，抑郁症
已经成为男孩成长中越来越严重的问题之一。原因之一就是许多男孩缺
乏社会技能，而这些课程能够帮助他们。让他们拥有社会生活能力和适
应力。"国王学院的男孩们还得对城市地理位置有一个全局的了解，包
括殡仪馆、墓地、银行、法院，等等。"我们将整个世界作为我们的课
堂，"他说道，"课堂上有许多真实且重要的资源。"在这里，男孩正
在学习如何应对孤独以及理解时间的重要性，以此来缓冲生活中出现的
过度刺激。"目前，我们正在让孩子们真正变得头脑充实起来，而不仅
仅是让他们博闻广见。男孩需要时间来学习解决生活中的问题，进行辩
证性思考，从而为他们以后的生活做准备。"霍克斯补充道，"我们能
够从流行文化中过滤大量有用信息，然后补充给男孩们，没有我们的帮
助，他们也许永远不会获得这些资料，或者很难从中获得洞察力和智
慧。"

☆ 发现失败的价值

让孩子从经历中发现，胜败乃兵家常事，这点十分必要，因为过
度保护并不会让他们变强。正如阿德莱德西摩学院的服务学习课程主任
林恩·摩登所说："孩子们要遭遇打击才能在情感上得到成长。"要学
习应对失败和失望，还有什么地方会比家里更好呢？家长可以向孩子们
展示，如何面对失败，如何从失败中学习并获得成功。因此，首先家长
要坦然面对自己的缺点，为他们做榜样，真诚地面对失败，以及怎样认
真对待生活。有的时候，男孩会下定决心做某件事，或许这件事不是个
好事，但只要他不会伤害自己或者他人，那么让他拥有这样的经历也未
尝不可。而且在他失败后与他坦诚交流如何用更有效的方法处理类似问
题，这也将让他受益良多。

　　当男孩发掘真实的自己，以及自己的能力后，他们就可能实现非凡的成就。当理查德·布兰森还是小孩的时候，他的母亲把他留在郊外，教导他如何回家。在失败很多次之后，他终于成功地找到了家门。著名作家兼老师约翰·加托告诉我有关他的学生罗兰·劳拉的事，在父母双亡、没有经济支持的情况下，他全靠自己走遍了美国。"他在成年后决定制作一个关于尼加拉瓜的电影，尽管缺少资金，也没有制作电影的经历，他却拿到了国际大奖。要知道，他的正职是个木匠。这是不是很神奇呢？"加托问道。并非所有男孩都能取得如此灿烂的成就，但是如果他们能打好基础并发现真实的自我，自然会有一个好的开始。

> ### 要成长，我们的男孩需要：
>
> ◆ 有切实的目标感。
> ◆ 以积极的方式冲破界限的机会。
> ◆ 父亲和（或）其他男人给予真诚的指导。
> ◆ 了解男孩们内心深处的故事和经历。
> ◆ 能够发挥作用的机会。
> ◆ 经历失望和失败。

增强心理承受力

　　男孩需要了解自己的能力，以及知道在失败后如何重新振作。这种能力对他们处理未来的挑战尤其重要。作家和心理学家伦纳德·萨克斯在谈到"缺乏斗志的男孩不断增加"时提到，与20年前相比，如今的男孩缺乏恢复能力和雄心壮志。等他们成年之后，男孩要学会如何与难处的人相处，适应不熟悉的情景，还要把握自己的道路以及承受失望和失败的压力。然而，由于生活经验匮乏、朋友圈仅限于同龄人，男孩未来的生活可能会更加艰难。由于同辈压力、占有欲、表现欲，以及缺乏正面榜样等问题，如今的男孩很少有学习生活技能的机会。

　　传统的观点是，男孩比女孩的承受力更强，但是研究结果告诉我们，现实并非如此。在大多数情况下尤其是面对情感危机时，女孩的承受力明显比男孩强。我们期望男孩们坚强独立，却没有帮助他们弥补缺陷，也没有给他们示范如何变得坚强独立。同样重要的是，我们不能误把溺爱当作帮助他们变得坚强。正如作家和心理学家迈克尔·卡尔·格雷格所说："每周来参加课程的那些男孩中，有不少被家人养成了骄纵的性格。这样的孩子常让成年人觉得很无助，他们的付出是徒劳无益的。"国际承受力专家迈克·安戈尔则强调"启发性自尊"的重要性，这会帮助男孩巩固自我价值观念，并通过为家庭和社区服务而获得归属感。他还鼓励男孩多参与"风险管理"，让男孩脱离"舒适圈"，同时

帮助他们学习有益的生活技能。想要促进男孩成长，我们就得让他们接受来自身体、情感以及社会的挑战。

☆ 社交自信

我们还可以鼓励男孩与他人交往，在各种场合中培养自信，以此来帮助他们为未来生活做准备。这样他们就能更加容易交到朋友，学会尊重他人，以及适应各种环境。在为孩子创造社区归属感上，父母们起着至关重要的作用。在家庭聚餐和烧烤聚会上给男孩分配具体的工作，包括招待客人，让他成为聚会的重要成员。在诸如婚礼或葬礼的大场合中，让男孩也帮忙做事，如果男孩能够真正地参与其中，他们的社交自信就会瞬间飙升，这也是男孩们期待家庭聚会和朋友聚会的原因所在。

☆ 不同年龄段的朋友

只和同龄人玩耍会导致男孩生活经验单一，不了解不同年龄层次人的不同想法，也不能像成年人一样知道自己应该期望什么。一群青少年在参加一个周末活动中帮助孤寡老人让他们发生了改变。在这个周末，这些男孩慢慢发现，老人也有自己的生活、得失和成就。他们开始学着调整步调，帮助老人准备食物和处理其他生活琐事。"真的令人很伤心，"一个男孩在描述和那些又老又脆弱的人在一起的情景时说道，"每件事都要事先考虑，例如家务事。"

当他们和老人更加亲近时，不少男孩变得活跃起来。他们向这些老朋友询问一些关于交往的难题，诉说其他烦心事——那些他们不愿意向其他任何人问的问题。他们对老人们的过往也很感兴趣，比如，老人们是如何处理生活中的挫折的——在战争中失去爱人，终身的疾病和痴呆症。有些男孩喜欢和新朋友亲近，他们还写信邀请他们的新朋友参加自己的活动。在这次集体活动中，给男孩们印象最深刻的是老人们告诉男孩们他们很特别，而且十分感谢他们的帮助，他们和媒体上报道的一点都不一样。受到如此之大的鼓舞，男孩对自己有了新的定位，而且老人们也感受到了被人关心的温暖，每个人都受益匪浅。

从家庭中、社区中，从邻居中或店铺老板那里获得长辈的友谊，男孩们会因此而收获比同辈友谊更多的归属感和成就感。那些与祖父母很亲近的男孩们心怀温暖地谈到老人对自己人生的有益影响。他们非常珍视这种忘年交，并深感自己受到了爱护。

☆ 情商

在生活中，并非每件事都很有趣或者容易做到，但如果能在困境中得到支持，孩子们就更能在经验中受益。鲍勃·赖特迈尔创办了"儿童社会"研究机构，该机构代表儿童的利益，负责挽救危险儿童。他指出，"我们鼓励孩子们追寻梦想，或许这些关于美好生活的梦想是以团结为基础的，而不是建立在个体价值上。"

☆ 正在成长的男孩

近几年来，阿德莱德西摩学院的服务学习课程主任林恩·摩登一直在从事男孩教育工作。她策划了一项活动，带一些16~18岁的男孩到印度的"母亲特里萨（Mother Theresa）"机构工作。在几周的时间内，他们为智力上和身体上有残疾的儿童工作，为他们穿衣，和他们玩耍，喂他们吃饭，还帮助他们进行锻炼。"男孩错失的还包括接受情感挑战的机会，所以他们的情商没有得到发展。"她解释道，"如果你要让他们面对挑战，你必须同时给予他们支持。当你真的这样做时，你会看到

他们的自信和忍耐力在增长，而且你会发现他们能够做得更好。"每天的工作结束之后，他们休息、汇报情况、写日记，从而更进一步理解和体验自己的经历。

最初，男孩们无法接受这些残疾儿童，无法忍受和这些孩子待在一间屋子。但是一周之后，他们却可以拥抱这些孩子，并给他们喂饭。几天之后，这些男孩就学会如何跟那些孩子进行有意义的接触。接着，他们来到偏远的学校，那里的部落居民很少见到西方人，在那里他们帮助并鼓励当地的孩子，和他们一起唱歌跳舞。参加活动的男孩觉得心情舒畅，因为他们很少有机会接触这些。

在交流中，男孩和当地的孩子打板球，没有任何保护措施，光着脚，连最基本的设备都没有。当地的孩子很擅长打板球，每场都赢。"对我们这些拥有一切资源的男孩们来说，这堂课棒极了。"林恩说道。在印度的最后几天里，他们在一所学校和那些残疾程度更加严重的孩子一起上学。同样地，男孩们在日常活动中帮助这些残疾孩子，这种经历改变了他们的生活。

"去印度之后，男孩们变得自在，因为他们不必担心在印度会被人评价。"林恩回忆道，孩子们开始用不同的视角看待西方价值观，"在飞机上，一个男孩说一切过得太快了，"她说道，"他哭了，其他男孩很生气，他拍着座位的扶手说他们回去以后还得面对'你开的什么车''你的邮箱是什么'这样的生活。"但是回去之后，他们看待生活的方式明显不同了，他们意识到，对待生活要充满感激。一个男孩甚至表示自己不需要任何圣诞礼物，因为他已经拥有了很多。这些男孩对自己有了更深刻的认识，对未来充满了期待，他们对于自己成年后的能力有了更强的意识感。

☆ 参与志愿者工作，改变生活

现在，每年有成千上万的高中学生报名参加"挑战世界"这一活动。通过一系列的志愿者活动和在发展中国家徒步旅行，孩子们通过新的机会来挑战自己。男孩们在指导下制定自己的活动日程，同时接受募捐和持续的体能训练。他们甚至会长途跋涉到柬埔寨，在那里的一所孤儿院教孩子们基础英语，还参与挖井以及其他活动。

除了野营和徒步旅行，一个学校团体还在喜马拉雅山山脚建起了一个回收工厂。16岁的萨姆和一群13岁的孩子历经一个月到达尼加拉瓜和哥斯达黎加。然后在长达6天的徒步旅行中，他们经过了27条河，每天跋涉20公里。之后继续在一个贫困地区工作，帮助修复当地的小学，协助建设植物和野生动物保护区。对于萨姆来说，最艰难的挑战之一就是为进行这次旅行募捐了6900美元。"当你成功时，一切都值了。"他解释道，"总体来说，这是一次全方位的体验和锻炼。"对他来说不可或缺。通过这一活动，他增加了许多新见解和生活技能。对萨姆来说，最重要的是他对职业道德有了深刻体会，以及认识到如果你想做成某件事，那么你就得为之努力。

据"挑战世界"项目的组织者汉娜·克鲁斯所说，参与挑战的孩子回来后自信心明显增加，也更加同情那些不幸的人。在旅行中，他们每个人都要负责其中一个方面，包括预算、食物、交通等，所以每个人都要肩负领导职责。在背着双肩包行走的几个星期里，他们学会了团结和忍耐。最重要的是，这些改变人生的经历和见识让他们为进入成年生活做好充分准备，改变了这群孩子的价值观和志向。

☆ **在乌干达参与援助活动的孩子们**

每过两年，悉尼圣卢克语法学校的志愿者都要去乌干达的瓦托基督教教会孤儿院帮忙。回到家后，男孩们会谈论说他们更加珍惜现在拥有的一切，包括他们所受到的教育。他们还说虽然乌干达人拥有的东西很少，但他们依然想要报答这些孩子的帮助，那里的人们和他们一样非常开心。令校长简·罗宾逊印象最深刻的是，男孩们在回来的路上非常开朗，十分乐意分享自己的经历。一个男孩说当他在孤儿院抱着一个小婴儿时，他突然意识到这个小孩子将会在没有亲人的情况下成长。像他一样，这个小孩子也会成为一个男人，但将为此付出巨大的努力。而另一个男孩放弃了购买新款iPod的打算。

在孤儿院，男孩为乌干达学校的老师建造了两间房子。男孩也会去教堂，在那里反思自己的信仰。据许多男孩反映，在孤儿院这个大家庭中，关爱无处不在，尽管他们并没有血缘关系。他们还看到，在没有喝酒的情况下，这些乌干达人是多么的快乐。在帮助孤儿的同时，男孩还去攀爬肯尼亚山。在旅行结束之时，他们进行了一次非洲探险，参观野生动物公园，在尼罗河上进行白浪漂流。为了建房子，全校师生都参与到集资的工作中来，这样他们就拥有可以一起分享的经历。简正在努力让孩子们和澳大利亚贫困儿童一同工作。"这个项目帮助富有的男孩开阔视野，"她补充道，"如果孩子们能做些有意义的事，他们的承受能力一定会增强。"

☆ **社会与亲人的支持**

只有在家庭和学校的强力支持下，男孩们才能享受丰富的成长历程。我们的男孩也应该知道，他们是家庭和社会不可或缺的一员，因为有他们的陪伴，我们才更加快乐。我们要鼓励他们去经历困境，通过这种方式，在他们的生活出现新的挑战时，即使无法及时做出反应，他们也能充满自信地找到解决方法。父母的信任与支持会让他们的责任感慢慢增加。知道如何寻求帮助之后，男孩就会变得坚强，就会更进一步挑战自己的承受力。此外，如果有一个广泛的朋友圈，男孩们就不必总是向父母求助，他们也可以向其他成年人寻求帮助。

☆ 支持孩子自己解决问题

国际承受力专家邦尼·贝纳德强调，我们不应该把孩子当作麻烦，他们是能够为家庭、学校和社区做出贡献的非常棒的资源。社会分析家理查德·埃克斯利深表同意，他在研究中提到："年轻人非常珍惜和同伴以及成年人讨论未来的机会；在学校、家里、社区里，他们都需要更多的机会去明白世界和生活的意义；在事关自身的问题上，他们更有发言权。创造更多的谈话机会使他们在面对挑战时更有信心和能力。"

如果我们能跟男孩一起解决问题，可能会产生意想不到的效果。正如作家兼老师的约翰·加托所说："让孩子帮忙解决问题，孩子们从中得到了尊重，他们会关注整个成年世界，这无疑对我们所有人都有好处。"当我还是一名教师时，我常常会基于我研究中出现的问题而得出方法，并让学生按照方法来准备作业，在他们寻找解决问题的方法时，我会强调他们在这一过程中扮演的角色很重要，他们对此感到非常兴奋。正如我们所见，有许多的方法可以让男孩兴奋，让他们知道，自己也能为家庭、学校、社区，乃至国家做出应有的贡献。

你可以这样帮助他提高承受力：

◆ 把孩子看作潜力股，而不是麻烦。

◆ 通过帮助他建立良好的社会关系网络来鼓励他在社交活动中变得更加轻松自如。

◆ 通过参与慈善和社区活动，在家中建立"付出"文化。

◆ 知道孩子的热情在哪里，并帮助他找到方法释放热情。

◆ 让他不断地增强责任感，也给他自由。

◆ 鼓励他去尝试去冒险。

◆ 让他明白失败和犯错能够成为有价值的事。

◆ 记住，成为男人不是只有一条路，允许儿子寻找属于自己的成年道路。

现在处于什么阶段

如今，抚养男孩的过程中确实有许多挑战，但也不乏机会。我们不能袖手旁观，放任商业市场影响他们的价值观与志向。即使感到难堪，我们也要承认正是因为我们的疏忽让男孩出现了如此多的问题。但在很大程度上，男孩的价值就是我们的价值。

我们需要明白，猖獗的消费主义正在剥夺孩子们的个性和想象力，减少他们增加生活阅历的机会，扭曲他们的世界观。我们每个人都应该积极努力，通过我们信奉的价值观、休闲娱乐的方式，以及追求的目标来改变现状。更重要的是，我们要大胆提出抗议，争取让那些以孩子为目标的广告和营销手段规范化。

如果我们不希望孩子在焦虑、无聊和幼稚中度日，就必须时刻陪伴着他们，熟悉并理解他们所生活的21世纪的世界。此外，我们要多赞扬，让他们以身为男孩而骄傲。我们应该更加关注他们的情感生活，因为在一个不承认他们的情感的世界里，要让他们建立情感上的自信是很难的。

男孩需要明确界限和准则。然而，他们必须被倾听、被鼓励、被保护。要成长为坚强可靠的男人，男孩还要多和好男人待在一起。如果缺少男性积极的影响，男孩就很难知道做什么是可行的，转而寻求媒体和市场炮制的偶像作为榜样。

如果我们不希望男孩迷失在暴力的虚幻世界里，真实的生活就必须要有吸引力。让他们参加更多的社区活动，在社区中寻找可以尽情玩耍的地方。男孩还需要有被需要感和价值感，他们需要获得比现在更强的归属感。

在短短几年内，童年和青少年生活发生了巨大改变，我们要正视这一点。如果一味地用自己年轻时的经历来看待现在的问题，我们就大错特错了。仅仅让男孩认识毒品、酒精和广告营销的危害是不够的，我们还应该明白他们心灵深处的痛苦，也应该知道，动作电影和名流生活都会引发类似问题。

因为我们在这个充满性的世界里已经变得迟钝了，所以我们常常无法意识到色情之类的东西会对男孩造成伤害。所以我们要给他们提供积极有用的信息，让他们对性形成正确的看法，这样他们以后就不会做出令自己后悔的行为。男孩，有些甚至是小学生，大量观看色情片，这让我们很担心是必然的，因为他们在网络空间里看到生活中的方方面面，包括最好的和最糟糕的。虽然我们还不能完全掌握过早接触色情片对男孩可能产生的影响，但越来越多的人在担心仅仅因为网络的影响就可能导致我们的下一代成为性侵犯者。在缺少指导的情况下，男孩们很难从网络世界里解脱出来，他们也不可能对潜在的危险和后果有清晰的概念。

此外，男孩对自身形象越来越关注。现在，市场营销者把男孩当作目标，使得他们过于关注外表，表现欲也越来越强。对此，我们要积极努力，帮助他们建立健康的自我价值观，否则他们将在过度关注外在形象的焦虑中长大。

青少年经常跟同龄人在一起，他们了解彼此，也乐于向彼此求助。许多男孩希望同父母沟通，但是缺乏沟通的方式和技巧。在大多数情况下，父母没有时间了解青少年的生活，孩子们只能无奈地放弃，另寻帮助。因此，我们要时刻关注男孩，了解他们的世界，这样，才有可能在家里和他们进行必要的交流。

这本书里有很多问题让人感到不安，这也是为什么男孩迫切需要父母的支持和帮助。他们不求能和以往的孩子一样被父母关注，他们只需要父母稍微留意一下他们就可以了。我们必须记住，男孩们现在每天都生活在一个高度色情化、快速变化、充满暴力以及挑战的世界中，如果要让他们安全地度过这一时期，我们就要经常和他们交流，这样他们才会知道如何以最好的方式应对困难。

正如教育家肯·罗宾逊所说，我们的任务是教育孩子形成完整的人格，这样他们才能面对未来，实现理想。为了达到这一目的，我们需要平衡对孩子在职业上的教育和对他们在生活上的教育。在吃饭、出行和散步时，男孩同样需要和父母交流。不同年龄段的友谊会给男孩带来受益终身的经历。让他们感到自己很有价值，给他们自我发挥的机会，让他们拥有冲破界限、服务社区、得到回报和感受他人生活的特殊经历。当我们做到这些时，他们的人道精神也就得到了培养。此外，还要教他们如何获得精神食粮，如此一来，他们在未来几年里就能学会指导他人。

在如今的生活中，我们会遭遇种种挑战，即使大多数媒体向我们传递的是消极情绪，我们还是要积极乐观地面对生活。当我们告诉男孩，他们才是我们期望未来的原因时，我们就是在提醒他们在创造自己的世界时他们扮演着重要的角色。作为成年人，当我们参与男孩们的活动，时刻了解、关心他们的状况，将自己融入到他们的世界中时，我们就已经在培养男孩的能力，唤醒他们的想象力。这样，他们才可能实现我们对他们的所有期望，以及获得更多的收获。

扩展阅读

- 阿德勒·帕特里夏，彼得·阿德勒，《同伴压力：青春期前的文化与认知》，新不伦瑞克：罗格斯大学出版社（1998）

- 阿普特·泰瑞，《成长的秘密：家长能教给孩子什么》，纽约：W.W. Norton and Co（2001）

- 阿龙·葛雷奇，《如果男人能够交谈：他们想要说》，纽约：小布朗公司（2001）

- 爱德文·施耐德曼，《心理痛苦自杀：自我毁灭行为的临床医学》，诺斯韦尔，新泽西：Jason Aronson（1993）

- 艾丽萨·夸特，《名牌：青少年的买与卖》，纽约：Basic Books（2003）

- 奥尔加·希尔弗斯坦，Rashbaum·贝丝，《立志培养好男人》，纽约：维京出版社（1994）

- 保罗·狄龙，《青少年，酗酒和毒品：你的孩子想要什么，以及酒精和毒品须知》，悉尼：艾伦优恩出版社（2009）

- 贝里·T.布拉策尔顿等编辑，《情感发展初期》，诺伍德，新泽西：阿布勒斯出版社（1986）

- 比多尔夫·史蒂夫，《大男子主义：改变男人生活的行动指南》，悉尼：芬奇出版社（1994）

- 大卫·L.西格，《儿童购买机器：如何切分儿童市场这块蛋糕》，纽约：迪尔伯恩出版社（2001）

- 丹·金德伦博士和迈克尔·汤普森博士及特里萨·巴克尔，《危情羔羊：保护男孩的情感生活》，纽约：贝兰亭出版社（1999）

- 丹尼尔·皮特，《父亲时间：和孩子待在一起》，悉尼：泛麦克米伦出版公司（1998）

- 蒂姆·凯萨尔和凯那·艾伦，《心理学与消费者文化：为了物质世界里的幸福生活而斗争》，华盛顿：美国心理协会出版社（2003）

- 盖拉尔德·许特，《富于同情心的大脑：同情创造智力》，墨尔本：维京出版社（2006）

- 国家健康医疗研究委员会，《全国青少年自杀预防策略：澳大利亚实证调查研究日程：文献回顾》（1999.3）

- 哈里森·G.蒲波，凯瑟琳·A. 菲利普斯，罗伯托·奥利佛迪亚，《猛男情结：如何鉴定、对待和预防身体着迷》，纽约：西蒙与舒斯特出版公司（2002）

- 加里·克洛斯，《孩子的东西：玩具和美国童年的变化世界》，剑桥，马萨诸塞州：哈佛大学出版社，（1997）

- 杰夫·普锐斯，《青春期男孩》，悉尼：艾伦优恩出版社（2005）

- 凯瑟琳·A.菲利普斯，《破镜：理解和对待BDD》，纽约：牛津大学出版社（1996）

- 坎蒂丝·M.凯尔西，《青少年的秘密网络生活：MySpace时代的家庭教育》，纽约：马洛与康帕尼出版社（2007）

- 里奇，凯伦，《向X一代营销》，纽约：列克星顿出版社（1995）

- 理查德·埃克斯利，《很好：道德、意义和幸福》，墨尔本：Text出版社（2004）

- 理查德·埃克斯利，《再好不过或者更糟糕：年轻的澳大利亚孩子的健康和幸福》，堪培拉：Australia 21,（2008）

- 琳恩·罗等，《我只希望你快乐：预防和发现青少年抑郁症》，悉尼：艾伦优恩出版社（2009）

- 林恩・E.巴顿医学博士，《浪漫风险：青少年为何如此行事》，纽约：基础读物出版社（1998）

- 伦纳德・萨克斯，《少年漂流记：导致动机不明男孩和成绩不优异男孩增多的五大因素》，费城：基础读物出版社（2007）

- 玛姬・汉密尔顿，《男人不愿说的话》，墨尔本：维京出版社（2006）

- 马丁・林斯特龙，帕特里克・希博德，《名牌儿童：洞察当代儿童的内心及其与名牌的关系》，伦敦：科根图书出版公司（2003）

- 马丁・林斯特龙，《买卖科学：购买的真实与谎言》，纽约：双日出版社（2008）

- 麦克・安戈尔，《为自己好：危险和责任感如何帮助青少年生存》，悉尼：艾伦优恩出版社（2008）

- 麦克・安戈尔，《将"我"世代转为"我们"世代：育儿心经》，悉尼：艾伦优恩出版社（2009）

- 迈克尔・E.兰姆编，《父亲在儿童发展中的作用（第三版）》，纽约：约翰・威利父子出版公司（1997）

- 迈克尔・格里安，《妈妈、儿子和情人：男人与母亲的关系影响他的后半生》，波士顿：香巴拉（1995）

- 迈克尔・卡尔・格雷格，《公主症》，墨尔本：企鹅出版社（2006）

- 迈克尔・路特，史密斯・J. 大卫编，《青少年心理异常：年龄趋向和原因》，学术欧罗巴，奇切斯特：约翰・威利父子出版公司（2009）

- 米利安・梅德塞，《男孩就是男孩：打破男子汉和暴力的联系》，安克尔—矮脚鸡—道布尔戴纽约：双出版集团公司（1991）

- 尼尔・波斯特曼，《技术：屈服技术文化》，纽约：古典书局

（1992）

- 诺曼·道伊奇，《自动改变的大脑：大脑科学浅显的个人胜利故事》，伦敦：企鹅出版社（2007）

- 乔·特尼伯姆，《男性和女性现实：两性理解》，得克萨斯舒格兰：Candle 出版公司（1989）

- 琼·索尔斯，《澳大利亚青少年的性生活》，悉尼：兰登书屋（2007）

- 苏·帕尔默，《21世纪的男孩：摩登生活怎样让他们脱离轨道，我们怎样让他们回到轨道》，伦敦：猎户星出版社（2009）

- 托马斯，苏珊·格雷戈里，《买买宝贝：市场营销对0至3岁幼儿的致命影响》，波士顿：米夫林出版社（2007）

- 威廉·波拉克，《真男孩：将男孩从神秘的男孩期拯救出来》，纽约：兰登书屋（1998）

- 沃伦·法雷尔，《男权的秘密：为什么男人随意性关系》，悉尼：兰登书屋（1994）

- 西莉亚·西莉亚，《监狱之路：谁，为什么》，奥克兰：哈伯·柯林斯出版社（2002）

- 亚当斯·杰拉尔德编，《青春期必读》，牛津：布莱克威尔出版公司（2000）

- 詹妮弗·白金汉，《男孩的烦恼：理解上升的自杀、犯罪和教育失败》，独立研究中心政策论文46，圣利纳兹（2000）

好书热荐

家教新经典
《父亲塑造女儿的未来》
That's My Girl
How a Father's Love Protects and
Empowers His Daughter

[美] 里克·约翰逊 著
安珍 盛海霞 译

对待女儿，母亲细致周到的照顾纵然无可替代，但是父亲的爱和教育更加高远开阔、沉稳深刻、坚定不移，父爱不仅带给女儿快乐，更多的是对女儿情商、人生观、爱情观的深远影响。

父亲影响着女儿一生的各个方面，让女儿明白：女人应该如何被对待，男人该如何向女人表达健康的爱和情感。最重要的是，父亲树立了一个男人呵护女人的标准。很明显，这是一项艰巨的任务。

里克·约翰逊阐述了父亲该如何与自己的女儿建立起彼此都渴望的亲密关系，帮助女儿健康成长、获得内心的幸福和满足。作者用坦率、睿智、平和的语言传递着知识、经验和道理，还有一语中的的心理剖析，智慧和幽默浮现于文字间。

忙着挣钱的父亲们！你们给女儿真正的财富不是金钱，而是当她面对这个世界时，内心的力量和信心！

里克·约翰逊 美国"好父亲"组织的创始人，该组织12年来致力于帮助男性经营好家庭，与妻子、孩子共同成长，成为好男人、好丈夫、好父亲；同时也是美国和加拿大许多大型子女教育和婚姻专题会议备受欢迎的演说家。他著有多部畅销书，如《好爸爸，强儿子》《更佳伴侣是怎样炼成的》，等等。

品好书，做好人，享受好生活！